KB000136

니체
작품의
재구성

니체
작품의
재구성

초판 1쇄 발행 2021년 3월 5일

초판 2쇄 발행 2023년 6월 5일

—

지은이 강용수

펴낸이 이방원

책임편집 정우경   **책임디자인** 박혜옥

마케팅 최성수·김 준   **경영지원** 이병은

—

펴낸곳 세창출판사

　　　　　신고번호 제1990-000013호 **주소** 03736 서울특별시 서대문구 경기대로 58 경기빌딩 602호

　　　　　전화 02-723-8660 **팩스** 02-720-4579 **이메일** edit@sechangpub.co.kr **홈페이지** http://www.sechangpub.co.kr

　　　　　블로그 blog.naver.com/scpc1992 **페이스북** fb.me/Sechangofficial **인스타그램** @sechang_official

—

ISBN 979-11-6684-004-3 03160

ⓒ 강용수, 2021

이 책에 실린 글의 무단 전재와 복제를 금합니다.

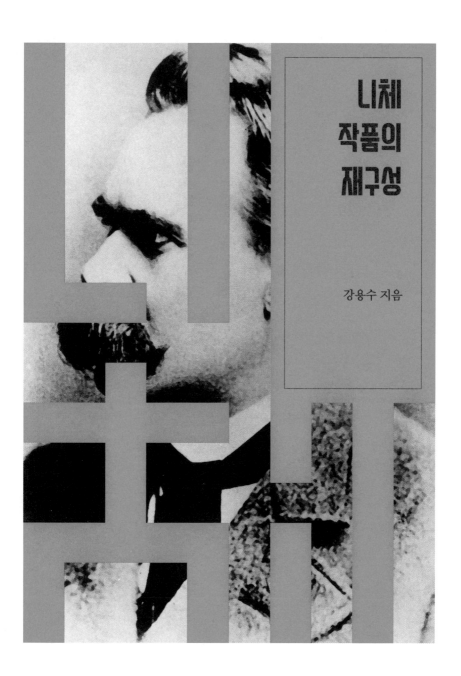

니체
작품의
재구성

강용수 지음

세창출판사

들어가는 말

이 책은 니체의 작품 가운데 다섯 권을 골라 그의 본래 의도를 살리면서 이해하기 쉽게 재구성한 책이다. 따라서 적절히 축약한 원문에 새로운 시각과 색다른 표현을 덧붙여 작품의 의미를 구성할 때, 니체의 글이 오늘날 어떻게 읽힐 수 있는가를 고민했다. 니체는 대중적으로 인기가 많은 독일 철학자로서 국내에는 전집이 번역되어 있을 정도다. 다만 니체의 작품에 접근하기 쉽지 않은 이유 중의 하나인 난해함을 극복하기 위해, 이 책은 각 원전의 주제를 몇 가지로 뽑아서 가독성이 높아지도록 재구성하였다. 무엇보다 니체가 세계를 들여다보는 관점의 높이와 깊이, 그리고 사유의 생생함을 우리말로 담아내는 데 중점을 두었다. 이 책에서 다루는 다섯 작품을 간단히 소개하면 다음과 같다.

『도덕의 계보』(1887)는 도덕의 종류와 기원을 비판하기 위해 논문의 형식으로 쓴 후기 작품이다. 도덕의 기원을 주인도덕과 노예도덕으로 구별하고 그것의 발생이 어떻게 다른지 계보학적으로 밝힘으로써 선과 악의 구별이 오류임을 드러낸다.

『비극의 탄생』(1872)은 음악가 바그너에게 헌정한 저서로서 예술에 대한 탁월한 해석을 담고 있다. 그리스 비극예술의 근원이 아폴론적인 것과 디오니소스적인 것의 조화로 가능했다면, 나중에 소크라테스에 의한 합리적인 것의 과잉은 과학적 이성에 근거한 근대문명으로 이어져 삶을 파괴한다고 비판한다.

『차라투스트라는 이렇게 말했다』(1885)는 차라투스트라의 이름을 빌려 영원회귀, 신의 죽음, 초인 등의 개념을 설파하는 문학적인 형식의 작품이다. 차라투스트라가 동굴에서 내려와 지상의 오랜 여행을 통해 많은 것을 경험한 다음, 동굴로 되돌아가는 과정에서 자신의 그림자를 대면하고 이를 극복하는 과정을 그리고 있다.

『안티크리스트』(1895)는 목사의 아들로 성장해 온 니체가 가졌던 기독교의 본질에 대한 비판을 담고 있다. 삶 자체에 맞서는 기독교를 인류에 대한 범죄로 규정하면서 '모든 가치의 전도'의 출발점을 기독교적 가치의 종말에서 찾았다.

『이 사람을 보라』(1908)는 니체의 마지막 저서로, 니체 자신의 삶을 소개하면서 자신의 작품을 이해하는 방법을 보여 주고 있다. 매우 짧은 글에서 자신의 작품에서 의도했던 바를 다시 되짚어 볼 수 있게 하고 본래적인 자기가 되는 방법을 알려 준다.

니체의 사유가 많은 여정을 거쳐 변화한 것이 사실이지만 세계와 자신의 삶에 대한 예외 없는 긍정을 일관되게 담고 있다. 역설적이게도 니체가 말한 긍정은 고통이라는 부정성을 포함한다. "이것이 인생이던가, 그렇다면 '다시 한번 더'" 원할 때, 좋은 것만 선택하는 것이 아니라 나쁜 것(고통)도 함께 원하는 것이다. 니체의 철학이 다다르고자 한 마지막 지점은 자신의 그림자마저도 품을 수 있는 삶 전체에 대한 용기를 뜻하는 운명애amor fati였다. 차라투스트라가 길을 갈 때 독수리와 뱀이라는 두 친구가 필요했던 것처럼, 이 책이 독자들에게 니체의 철학을 이해하는 '사유의 길'을 함께 걷는 좋은 벗이 되었으면 하는 바람이다.

끝으로 이 책이 나오기까지 훌륭한 아이디어를 제안하고 꼼꼼한 교정과 세련된 디자인 등 온갖 수고를 아끼지 않은 세창출판사 여러분께 감사의 말씀을 드린다.

2021년 2월
강 용 수

차례

III

차라투스트라는
이렇게 말했다

*Also sprach
Zarathustra*

도덕의 계보

Zur Genealogie der Moral

도덕의 계보란 무엇인가?

계보는 뿌리에 대한 연구다

'계보系譜'는 일반적으로 족보를 뜻한다. 가령, 김金씨 성을 가진 집안의 계보는 그 혈통을 거슬러 올라가면 집안의 내력을 알 수 있다. 아버지, 어머니, 그 위로 올라가면 할아버지, 할머니가 있는데 이처럼 혈통을 연구하는 것을 '계보학'이라고 한다. 그렇다면 왜 니체는 계보학이라는 말을 사용한 것일까? 과일을 예로 들자면, 인간은 열매를 따 먹고 열매가 어떤 나무에서 열렸는지, 나무는 어떤 씨앗에서 자랐는지 그 유래를 생각하지 않는다. 맛있는 과일만 먹으면 그만이다. 그러나 니체의 생각은 달랐다. 계보학은 그 열매를 연구하는 것이 아니라, 열매가 어떤 토양에서 성장하고 자랐는지를 연구하는 것이다. 그래서 니체는 계보학자를, 땅을 파헤치는 광부에 비유하기도 한다. 땅을 파헤치다 보면 겉과 달리 지층이 드러나고, 돌과 여러 가지 이질적인 것이 포함된 것을 알 수 있다. 니체는 우리의 도덕적인 판단인 선과 악도 땅 위에 보이는 줄기를 거슬러 깊은 뿌리를 내리고 있는 토양을 파헤치고, 그 유래를 연구하고자 한다. 즉 열매가 얼마나 달콤한지가 중요하지 않다. 그 열매의 뿌리가 어떤 토양에 뿌리를 두고 자랐는지 파헤치는 일이 중요한 것이다. 우리가 당연하게 생각하는 '선과 악'의 유래, 즉 뿌리를 탐색하는 것이 바로 니체의 '계보학'이다. 니체는 계보학을 통해 인간이 걸어온 '도덕의 과거사'를 풀어내고자 한다. 여기서 필요한 것은 해석이다. 마치 '소'가 '되새김질'하듯이 선과 악의 의미를 곱씹어 생각할 필요가 있다는 것이다.

니체가 말하는 '계보학'은 우리가 사물을 볼 때 겉만 보지 말고 그것의 속과 깊이를 보라는 비유이다. 사실 열매가 자라기 위해서는 무엇보다 땅에서 물을 끌어올리는 뿌리의 역할이 크다. 사람들이 열매만 보고 '달다', '시다'라고 말하는 것은, 눈에 보이는 결과만 두고 하는 말이다. 식물이 자라는 것처럼 선과 악도 그렇게 자란다. 그 뿌리는 바로 사람들의 마음속이다.

인간은 왜 자신을 제대로 인식하지 못하는가?

철학을 흔히 자기인식의 학문이라고 한다. 아폴로의 신탁을 받던 그리스의 델포이 신전 입구에는 이런 문구가 쓰여 있다. '너 자신을 알라.' 이것은 신탁을 받기 전에 자기가 누구이고, 어떤 사람인지 먼저 생각해 보라는 말이다. 니체도 같은 맥락에서 인간이 꿀벌처럼 꿀을 모으기만 할 뿐, 이게 왜 필요한지, 누구를 위한 일인지, 그 의미에 대해 생각하지 않는다고 비판한다. 책을 많이 가졌다고 공부를 잘하는 것이 아니고, 경험이 많다고 현명한 사람이 되는 것은 아니다. 풍부한 경험을 바탕으로 의미를 만들어야만 진정 가치 있는 삶을 살게 된다. 꿀벌처럼 부지런히 꿀만 많이 모으지 말고, 그 꿀의 의미를 생각할 때 의미가 생겨나는 것이다. 니체는 인간이 자신을 잘 모르는 이유가 '나'는 자신에게서 '가장 먼 존재'이기 때문이라고 한다. 늘 함께하는 나 자신이지만 살아가면 갈수록 더 낯설게 변한다. 매우 역설적이다. 가깝지만 멀고, 잘 아는 것 같지만 낯선 존재가 바로 나 자신인 것이다.

"인간은 자신에게서 가장 먼 존재다"라는 말의 뜻을 되새겨 보자. 매일을 살아가면서 나는 나에게 가장 '친숙한 존재'이다. 누구보다 나는 자신을 잘 알고 있다고 확신하지만, 니체는 그렇지 않다고 말한다. 니체는 늘 자신의 의미를 찾아야 한다고 말한다. 꿀벌이 꿀을 왜 모았는지 끊임없이 생각하지 않는다면, 그 의미와 목적을 잊어버리게 된다. 아무런 생각 없이 오래 산다고 해서 자신의 존재의미를 저절로 알지는 못한다. 그런 맥락에서 살면 살수록 더욱 낯설게 느껴지는 나 자신에 대한 물음, '나는 누구일까?'라는 물음은 평생 마주치게 될 낯선 질문이다.

도덕은 선과 악의 문제다

니체는 철학자답게 어린 시절부터 선과 악의 문제를 고민했다. 이러한 물음 속에서 신의 존재를 다룬 신학을 연구했고, 열세 살에는 '악의 기원'을 철학적으로 탐구하다가 심리학, 역사학, 문헌학으로 관심을 옮겼다. 『도덕의 계보』는 니체의 어린 시절부터 시작된 물음, 악은 어디서 유래하는가를 탐색한 글이라 할 수 있다. 이러한 잘못된 '도덕적 편견'의 기원을 밝히기 위해 니체는 선과 악이 어떤 삶의 조건에서 자랐는지 묻고 있다.

선과 악은 가치판단의 기준이다. 따라서 단순히 '너는 나쁘고, 쟤는 착해'라고 말할 것이 아니라, 선과 악이 어떤 조건에서 성장했는지에 주목해야 한다. 만약 열매가 사막에서 자랐다면 그 열매의 맛이나 모양이 비옥한 땅에서 자란 것과 다를 수밖에 없는 것처럼, 우리가 말하는 선과 악도 민족마다, 계급마다 다를 수밖에 없을 것이다. 그렇다면 인간은 어떤 조건에서 '선과 악'이라는 가치판단을 만들어 냈을까? 니체는 가치가 아니라 '가치의 가치'를 묻는다. 선에 대해 묻지 않고 '선의 유래'를 묻고, 악에 대해 묻지 않고 '악의 유래'를 묻는다. 여기서 선과 악을 나누는 기준은 인간의 삶이다. 즉 인간의 삶을 성장시키는 것인가, 아니면 저지하는 것인가? 삶의 넘침과 풍요인가, 아니면 삶의 빈곤과 퇴화인가를 묻고 있다. 선과 악은 한편으로는 삶을 더 발현시키는 기능을 하지만, 다른 한편으로는 억압하는 기능을 하기도 한다. 열매가 서로 다른 토양에서 자라나면 맛과 크기가 다를 수밖에 없듯이, 어떤 배경을 가진 사람이냐에 따라 선과 악의 가치평가가 달라질 수밖에 없다.

우리는 보통 선은 선한 사람의 행동에서 나오고 악은 나쁜 사람의 행동에서 나온다고 생각한다. 하지만 니체는 사람마다 선과 악에 대한 기준이 다르다고 말한다. 생명력이 강한 사람은 긍정적인 사고방식을 갖지만, 약하고 병든 사람은 삶을 부정적으로 본다. 따라서 그 사람들에게 무엇이 선하고, 무엇이 악한지 물어본다면 정확히 일치하는 답변은 없을 것이다. 이처럼 니체는 상대주의의 입장에서 과연 어떤 사람들이 최초로 선과 악을 정했는지 탐색했다.

누가 말했는가?

니체는 선과 악이라는 가치가 어떤 토양에서 자라서 열매를 맺었는지 탐구했다. 계보학을 통해 이를 밝히는데, '무엇'이 선과 악인지가 아니라, '누가' 선과 악을 정했는지에 주목했다. 가령 기독교의 계율에는 십계명이 있고, 불교에는 살생을 하지 말라는 가르침이 있는데, 니체에게는 이러한 도덕적 명령이 어떤 의미를 갖는지 중요하지 않다. 누가 이런 계명을 만들었는지가 중요할 뿐이다.

'선과 악'은 '귀족'과 '노예' 계급에 따라 다르게 판단된다. 니체는 귀족주의를 옹호하기 때문에 노예계급 윤리의 핵심인 '금욕', '이타주의', '풍습'의 유래를 밝히고 있다. 니체가 가장 강도 높게 비판한 것은 바로 쇼펜하우어Arthur Schopenhauer가 말한 '동정'의 윤리이다. '동정'은 독일어로

'고통을 함께한다Mit-leid'는 뜻으로, 약자의 고통에 대해 갖는 공감과 연민을 말한다. 공감과 연민을 긍정적으로 보는 학자는 많다. 경제학자인 애덤 스미스Adam Smith는 시장경쟁에서 탈락한 약자에 대한 공감능력이 중요하다고 말했다. 그런데 니체는 왜 이러한 공감, 동정, 연민에 반대했을까? 쇼펜하우어가 말한 '동정'은 불운에 놓인 타자의 고통에 대한 상상력을 발휘함으로써 약자를 도울 수 있다는 점에서 도덕적인 의미가 있지만, 니체는 동정의 본능을 인간을 병들게 하는 위험한 것으로 보았다. 그 이유는 동정이 바로 약자의 본능을 대변하기 때문이다.

'동정'에 비판적인 학자는 니체만이 아니었다. 플라톤Plato, 스피노자Baruch de Spinoza, 라 로슈푸코La Rochefoucauld, 칸트Immanuel Kant 역시 동정을 거부한다. 동정은 타인의 삶을 고양하거나 성장시키기보다 퇴행시키고 몰락시킨다. 스토아학파 철학자인 에픽테토스Epictetos는 '너의 콧물은 너 스스로 닦아라'라고 말하면서 동정을 거부한 적이 있다. 만약, 어린아이가 콧물을 흘리는 모습을 보고 연민을 느껴 누군가 닦아 주면, 그 아이에게서 스스로 콧물을 닦을 수 있는 기회를 빼앗는 것이다. 어쩌면 잠깐의 동정 때문에 아이는 자립의 기회를 잃을 수도 있다는 것이다. 또한 동정은 상대방의 자존심을 손상시킬 수 있다. 그렇다면 우리가 동정을 거부하면 어떻게 될까? 도움이 없다면 약자들은 스스로 자신의 삶을 꾸려 나갈 것이다. 스스로 불운을 딛고 자신의 힘으로 삶을 살아가려고 노력할 것이다. 약자에 대한 연민은 자기완성을 방해하고 그 사람의 삶을 수치스럽게 할 수 있다는 것이다.

동정이란 '고통을 함께 나눈다'는 뜻이다. 우리 속담에도 '고통을 나누면 반이 된다'는 말이 있다. 하지만 연민이 좋기만 한 건 아니다. 예를 들어, 존 롤스John Rawls의 『정의론』에 등장하는 합리적인 인간은 모순적이게도 타자에 대한 연민이 없는 사람이다. 그는 타자에 대한 무관심, 자신에 대한 무지를 통해 정의구현이 가능하다고 했다. 따라서 불쌍한 사람을 도와주려고 하지 말고 니체처럼 오히려 자기 운명에 맞서 싸우도록 용기를 주는 게 더 의미가 있을 것이다.

선과 악, 좋음과 나쁨의 유래

니체는 '신은 죽었다Gott ist tot'라는 말로 유명하다. 그렇다면 '신'이 없는 인간에게 선과 악의 구분은 사라지게 되는 것인지 묻지 않을 수 없다. 도대체 니체가 말한 선과 악은 어떤 의미를 갖는 걸까. '신'이 없으니 이제 인생을 마음대로 악하게 살아도 괜찮다는 뜻일까.

귀족계급과 노예계급

니체는 선과 악을 구분한다. 선은 good이며, 악은 evil이다. 그런데 니체가 주목한 것은 좋음과 나쁨의 구분이다. good과 bad에 해당된다. 니체의 계보학이 선악의 뿌리에 대한 연구라고 한다면, 인간의 서로 다른 계급이 바로 뿌리가 된다. 즉 인간의 다양한 생각과 경험이 반영되어 선과 악, 좋음과 나쁨이 생겨나는 것이다. 따라서 우리는 사람들의 마음속뿐만 아니라 무의식의 지층까지도 파헤쳐야 한다.

니체는 선과 악, 좋음과 나쁨이 어떤 계급의 사람에게서 나왔는지 따져 묻는다. '좋음'은 '좋은 인간' 안에서 나온다. 귀족은 천민이나 노예들로부터 자신을 구별 짓는 방식으로 자기 행위가 '좋다'고 판단한다. 우선 귀족들은 자신의 삶에 만족하고 행복을 느끼므로 자신을 긍정할 줄 안다. '좋음'은 '좋은 것(객관적 목록)'이 아니라 '좋은 사람'에게서 나온다. 즉 좋은 사람들이 가진 용기·정직·강함과 같은 덕목이 바로 좋음이다. 바로 귀족계급이 갖는 '주인도덕'인 것이다.

귀족은 '좋음'과 '나쁨'으로 세상을 판단한다. 원래 세상에는 좋음과 나쁨의 구별에 따른 귀족적인 가치판단이 지배적이었다. 예를 들어 귀족 사회에서 군인은 죽음을 두려워하지 않는 용기를 덕목으로 여긴다. 이런 귀족적인 덕목이 없다면 국가는 존재할 수 없고 국가의 주권은 지켜질 수가 없다. 유명한 그리스 철학자들이 '용기'를 덕 가운데 하나로 꼽은 것은 바로 이런 이유에서다. 전쟁에서 싸울 용기가 없다면 아테네는 사라지기 때문이다. 만약 전쟁이 났는데, 모두 도망가 버리는 '비겁'한 자만 있다면 그 나라는 해체될 수밖에 없다. 그래서 귀족에게 전사의 덕목, 즉 전쟁에서 자신의 목숨을 걸고서라도 발휘해야 할 용기는 '좋음'이다.

그러나 이러한 판단은 노예나 천민들이 판단하는 '좋음'과 사뭇 다를 수밖에 없다. 전쟁에 나가서 싸우지 않는 노예들은 다른 판단을 한다. 전쟁에서 싸우지 못하는 자신을 선하다고 변명하는 것이다. 용기보다는 비겁함이 '좋음'으로 둔갑한다.

노예는, 어원적으로 라틴어의 '전사bŏuns'를 뜻하는 귀족계급과 대립하면서 약자의 입장을 대변한다. 전사적, 귀족적 가치판단에는 건강, 전쟁, 모험, 사냥, 춤, 결투가 포함되어 있다. 그러나 전쟁에 대한 노예적인 판단을 옹호하는 성직자들은, 전쟁을 치를 수 없는 무력한 노예들이 귀족에게 갖는 증오심을 동일하게 갖게 된다. 그래서 싸움으로는 절대로 이길 수 없는 귀족들을 정신적인 승리를 통해 이기려고 한다. 성직자들은 이러한 노예의 무력감과 복수심을 바탕으로 새로운 가치평가를 만들어 내는데, 바로 좋음과 나쁨을 선과 악으로 전환한 '원한Ressentiment'이다. 이것은 로마인에 대한 유대인들의 생각에서 유래했다. 로마의 식민지배를 당하던 유대인은 '귀족의 가치 등식(좋은=고귀한=강력한=아름다운=행복한=신의 사랑을 받는)'을 인정하지 못하고 귀족에게 증오심을 갖는다. 그러나 증오심은 결국 자신의 무력감에서 생겨나는 법이다. 노예들은 다음과 같이 말한다. '비참한 자만이 오직 착한 자다. 가난한 자, 무력한 자, 비천한 자만이 오직 착한 자다. 고통받는 자, 궁핍한 자, 병든 자에게 축복이 있다.' 이와는 반대로 고귀하고 강력한 자는 '영원히 사악한 자, 잔인한 자, 음란한 자, 탐욕스러운 자, 축복받지 못할 자, 저주받을 자'가 된다.

전쟁에 나가 멋지게 싸울 수 있는 귀족들의 모습을 보면서 노예들은 시샘한다. 사실 노예들도 전쟁터에서 갑옷을 입고 싸우고 싶지만 그럴 수 없다. 여기서 오는 열등감, 패배감 속에서 새로운 발상이 떠오른다. '귀족은 생명을 파괴하는 악한 자이고, 노예인 우리는 평화를 사랑하는 자다.' 이런 식으로 거짓말을 하게 되는 것이다. 같은 맥락에서 이웃사랑도 거짓말이다.

성직자들이 말하는 예수의 사랑은 무력감, 복수, 증오에서 생겨난 거짓이다. '이웃을 사랑하라'는 노예의 사랑에는 귀족에 대한 증오심이 감춰져 있다. 귀족들이 전쟁 대신 이웃사랑을 실천해야만 그 이웃사랑의 힘으로 노예들이 살아남을 수 있기 때문이다. 이웃사랑은 노예 입장에서 보면 자신의 생명을 지킬 수 있는 좋은 거짓말인 셈이다.

사랑의 복음을 전하는 예수가 가난한 자, 병든 자, 죄지은 자에게 축복을 준 건 맞지만, 니체가 볼 때 이것은 '노예들의 반란'의 단초가 된다. 노예의 반란은 물리적 폭동이 아니라 가치의 반란, 즉 주인도덕good-bad이 노예도덕good-evil에 의해 뒤집히는 현상을 말한다. 이를 니체는 '독살'에 비유하기도 한다. 귀족들이 갖는 '주인도덕'과 반대되는 노예계급의 '노예도덕'이 생겨나 귀족에게 승리를 거둠으로써 인류는 병들게 된 것이다.

우리나라를 예로 들면, 조선 시대에 양반과 중인이 있었고, 그들의 시중을 드는 노비가 있었다. 상류층은 대체로 삶에 긍정적이다. 지식과 명예와 부를 가지고 있기 때문이다. 그러나 그것을 갖지 못해 시샘하고 시기하는 사람은 '내로남불(내가 하면 로맨스 남이 하면 불륜)'의 자세를 취한다. 예를 들어, 남이 돈이 많으면 탐욕스럽고 악한 자들이라고 비난을 퍼붓는다. 그러면서 정작 자기는 마음속으로 그들과 같은 부와 명예를 누리고 싶어 한다.

노예 반란

도덕에서의 '노예 반란'은 유대인과 함께 시작된다. 귀족의 도덕을 뒤집은 노예의 도덕은 '원한'을 통해 가치를 만드는데, 정확히 말하자면 조작하면서 시작된다. 니체가 주목하는 원한은 외부에 반응하는 수동적 감정이다. '남의 잘난 점'이라는 외부 사건에 반응하여, 이를 인정하지 못하고 시샘하며 부정하는 수동적인 감정이 발생한다. 무엇보다 원한은 실제가 아닌 '상상의 복수'를 통해 만들어진다. 이는 정신승리를 말한다. 앞에서 말한 귀족이 가진 주인도덕은 자신을 향한 긍정에서 출발하는 반면, 노예도덕의 핵심인 원한은 타자를 향한 부정에서 시작한다. 즉 '처음부터 밖에 있는 것, 다른 것, 자기가 아닌 것'을 부정한다.

이러한 부정을 통해 노예도덕은 자신을 합리화하는 가치를 만들어 낸다. 귀족도덕은 자신을 향한 긍정에서 타자에 대한 긍정을 만들어 내지만, 노예도덕은 타자를 향한 부정에서 자신에 대한 긍정을 이끌어 낸다. 문제는 이 같은 과정에 깔린 노예들의 시샘, 증오, 원한이다.

노예는 주체적이지 못하며 늘 외부의 타인을 비방함으로써 자신을 긍정할 줄 안다. 이러한 점에서 귀족도덕이 능동적active이라면 노예도덕은 반동적reactive이다. 귀족의 긍정은 자신에 대한 감사, 고귀함 등이 먼저고, 부정적인 것은 2차로 만들어진다. 그러나 노예의 긍정은 타자에 대한 부정이 먼저고, 긍정적인 것은 2차로 만들어진다. 따라서 '귀족의 좋음'과 '노예의 좋음'은 전혀 다른 것이다.

노예들이 귀족의 가치를 자신의 입맛에 맞게 조작한 것을 니체는 '화폐위조'라고 비판한다. 노예는 귀족의 탁월함, 좋음, 고귀함을 '악함'으로 깎아내려서 자신의 열등한 특성을 '좋음'으로 포장한다. 귀족은 증오심이 없고 솔직하며 정직하고 순박하다. 그러나 노예는 열등감을 갖고, 정직하지 않고 곁눈질한다. 무엇보다 영리함을 발휘하여 귀족을 속이려 든다.

요약하면, 귀족의 덕목이 '고귀함, 정직, 능동적 행복, 신뢰, 개방'인 반면, 노예의 덕목은 '증오, 수동적 행복, 거짓, 경박함'이다. 노예는 귀족을 사악하다고 상상하면서 오히려 자신을 기만한다.

고귀한 인간은 적마저도 사랑한다. 왜냐하면 적과의 경쟁agon을 통해 자신이 더 성장할 수 있다고 생각하기 때문이다. 반대로 노예는 적에 대한 사랑이 없고, 오직 악으로 증오하면서 자신을 선한 자로 포장한다. 고귀한 귀족에게는 적마저도 장애물이자 대립물이지만, 동시에 자신의 고귀함을 드러내는 데 필요하다고 생각한다. 따라서 귀족은 훌륭한 적을 존경한다. 즉 적과 동지의 이분법적 구분이 없다. 좋은 적은 또한 좋은 친구로서 가치가 있다.

그러나 노예는 원한을 갖고 적을 악한 사람으로 상상한 다음, 그 대립물인 자신을 선한 인간이라고 생각한다. 1차로 적을 악으로 상정한

다음, 2차로 자신을 선이라고 생각하는 것이다. 노예에게 악함은 1차적인 시원이자 본래적인 것이지만, 귀족에게 나쁨은 2차적인 것, 부차적인 것이다.

요약하면, 귀족은 자신의 좋음에서 시작해서 타자의 좋음과 나쁨을 만들어 낼 뿐, 악함을 말하지 않는다. 왜냐하면 적도 좋은 친구가 될 수 있기 때문이다. 그러나 노예는 남을 비방하고 헐뜯어서 자신을 선한 자로 규정한다. 그에게는 자신을 제외한 모든 사람이 악한 자이며, 그렇게 그들이 살아가는 곳이 지옥이 된다.

'아곤agon'은 그리스 신화에서 유래한 경쟁, 결투를 의미한다. 경쟁은 서로의 능력을 극대화하는 데 도움이 된다. 그래서 1등, 2등, 3등 각각 상을 줌으로써 그 탁월함을 높이 산다. 따라서 경쟁자의 존재는 '나'의 발전에 도움이 된다. 니체가 말하는 귀족적인 인간은 경쟁자를 존중하고 존경한다. 그것이 좋은 친구의 조건이되기도 한다. 니체는 공정한 경쟁을 통해 승리한 자를 시샘하지 않고 '함께 기쁨을 나누는 것'을 진정한 우정이라고 말한다.

독수리와 양

니체가 문제 삼는 것은 약자들의 '상상력'이다. 누가 악한 자인가? '악한 자'란 좋은 사람, 고귀한 자, 강한 자, 지배자를 시샘하여 만든 노예들의 거짓 해석이다. 강한 자가 악한 자로 뒤바뀌게 된 이유는, 힘으로 귀족을 이길 수 없는 노예들이 말로 귀족을 이겼기 때문이다. 이를 통해 노예들은 자신보다 더 강한 자를 지배하기 쉬워졌다.

니체는 근대문화를 '금발의 야수'를 길들여 온순한 '가축'으로 만드는 과정이라며 비판한다. 이것은 사자와 같은 '금발의 야수'에게 공포감을 가진 동물들이 사자의 힘을 빼서, 왜소하고 약하게 만들려고 시도하기 때문이다. 그 예를 니체는 독수리와 양에서 찾는다.

니체는 '좋음'의 기원을 두 가지 다른 곳에서 찾고 있다. 하나는 독수리가 생각하는 '좋음'이고, 다른 하나는 양이 생각하는 '좋음'이다. 독수리는 양을 잡아먹는 포식자이고, 양은 자신을 잡아먹는 독수리를 두려워한다. 두 동물은 각각 귀족계급과 노예계급에 해당된다. 중요한 것은 두 동물의 가치판단이 전혀 다르다는 사실이다. 양을 잡아먹는 독수리는 고기 맛이 좋다 나쁘다good-bad로 대상의 가치를 판단한다. 즉 '육즙이 살아 있고 고기 맛이 부드럽다' 등으로 판단할 뿐, 이들에게는 악하다는 판단이 없다. 독수리는 양을 사랑한다. 고기맛이 좋기 때문이다. 그러나 양은 공포감을 주는 독수리를 선과 악good-evil으로 판단한다. 정확히 말해, 독수리를 악하다고 먼저 판단하고 자신이 선하다고 나중에 판단한다.

좋음good의 반대말에는 두 가지가 있다. 하나는 독수리(귀족)의 판단인 나쁨bad이고 다른 하나는 양(노예)의 판단인 악evil이다. 독수리는 양을 좋음과 나쁨으로만 판단한다. 양의 고기가 자신의 입맛에 맞는지를 판단할 뿐이다. 반면에 독수리를 두려워하는 양은 독수리를 싫어할 뿐만 아니라 악하다고 위조한다. 양들이 생각하는 좋음은 원한에 뿌리를 두고 있다. 강한 자들에 대한 두려움, 공포, 더 나아가 그들의 힘을 약화시켜 지배하려는 욕망에 근거하고 있다. 다시 말해 양은 거짓말로 독수리를 이기고 싶어 하는 것이다.

니체는 '주체主體, subjects'라는 개념을 비판한다. 즉 모든 행위는 그냥 일어나는 것이 아니라 주체를 상정하고 일어난다는 것이다. 니체가 예로 드는 '번개가 번쩍이다'라는 문장은 원래 눈으로 볼 때 한번에 일어나는 현상을 표현한다. 주어와 동사가 따로 작용하는 것이 아니라 동시에 일어난다. 그런데 우리는 둘을 쪼개서 마치 '번개'가 원인이 되어 '번쩍임'이 나왔다고 오해한다. 문장을 구성하다 보면 마치 주어가 술어를 가져온 것처럼 착각이 들기 때문이다.

니체는 왜 이렇게 주체를 비판하는가? 주체에 대한 비판은 1980년대 유행했던 포스트모더니즘의 흐름과 연결되는데, 언어, 신, 생각하는 자아cogito도 주체로 비판받는다. 니체에게 주체는 환상이며, 활동에 덧붙여진 것이다. 니체에게는 활동만 있다.

무엇보다 주체가 비판받는 데는 다른 이유가 있다. 약자들이 활동에 주체를 덧붙여야만 강자에게 자유와 책임을 물을 수 있기 때문이다. 주체의 설정에는 강자를 두려워하는 약자들의 계략이 들어 있다는 비판이다. 모든 작용의 원인인 주체가 자유롭게 행위할 수 있다고 전제해야 독수리라는 주체에게 책임을 물을 수 있게 된다. 예를 들어 독수리는 양을 낚아채 가거나 해치지 않고 그냥 지나갈 수 있다. 독수리에게 선택권이 있다는 말이다. 바로 여기서 '주체'의 윤리학이 탄생하게 된다. 양은 자신을 보호하고 지키기 위해 '주체'라는 개념을 만들어 낸다. 주어와 술어를 사용하는 문법적인 습관에 따라 생겨난 주체는, 언어학적으로는 허구로 해체되지만 윤리학적으로 재구성된다. 즉 '중립적인 기체'를 주체로 설정하여 마음대로 할 수 있는 자유의지와 함께 행동의 결과에 대한 책임을 묻도록 한다. 그래서 독수리에게 양을 해치지 않을 수 있는 자유를 주면서 양을 해칠 경우 책임도 물을 수 있게 만든다. 이런 식의 주체는 환상일 뿐이다.

만약, 인간의 입장에서 양이 불쌍하다고 독수리를 없애 버리면 어떻게 될까? 양의 개체수가 너무 늘어나서 생태계에 혼란이 올 것이다. 인간의 기준으로 선과 악을 판단하면 자연에는 혼란이 올 수밖에 없다. 자연에서는 양이 독수리를 이길 수 없지만, 인간 사회에서는 약자들이 강자를 이기는 경우가 많다. 다수의 이익을 위해 소수의 권리가 침해당한다면, 니체는 즉각 이를 비판한다. 그래서 니체의 사유는 민주주의나 공산주의, 공리주의와 거리가 먼, 강자와 귀족을 옹호하는 엘리트주의라고 비판을 받기도 한다.

화폐위조

니체는 이 같은 노예도덕을 '화폐위조'라고 비판한다. 독수리의 공격을 악이라 비난하면서, 자신의 무력감과 무능함을 선으로 포장한다. 결국 양은 영리함과 잔꾀를 발휘하여, 자신의 약함, 방어적 태도, 소심함, 순결, 비겁함을 덕이라고 부른다. 그러면서 자신의 인내와 가련함 덕분에 신의 선택을 받게 된다고 상상한다. '화폐위조'를 통해 양은 갑자기 선하고 정의로운 존재가 된다. 그렇다면 양은 왜 '상상'을 통해서라도 이토록 독수리를 이기고 싶어 하는 걸까? 니체에 따르면 인간의 본질은 '힘에의 의지Wille zur Macht'다. 서로 더 많은 힘을 가지려고 노력한다는 것이다. 강자는 전쟁을 통해 자신의 힘을 확대할 수 있지만, 약자는 전쟁은 할 수 없으니까 거짓말로라도 이기고 싶어 하는 것이다.

전쟁을 치를 수 있는 용기는 공동체를 위해 좋은 것이다. 목숨을 건 용감한 군인들의 희생을 통해서 공동체가 존립할 수 있지만, 비겁한 군인으로는 나라가 망하기 때문이다. 그러나 이러한 이치에 맞지 않게 약자들은 공격하지 않는 행위, 정확히 말해 공격하지 못하는 무능력을 선으로 둔갑시키면서 자신들을 폭력적인 군인과 달리 평화를 사랑하는 사람으로 소개한다. 양은 자신의 무능함을 감추기 위해 '화폐위조'와 '자기기만'을 이용하고, 자신의 약함을 미덕으로 변조한다. 결국 거짓말을 통해 약함과 선함이 동일시된다.

그렇다면, 이러한 노예도덕이 지향하는 바는 무엇일까? 노예들은 왜 '화폐위조' 같은 부정한 방법을 동원해서 이상을 만드는 걸까? 강자들의 덕목과 반대되는 자신들의 '무력감'이 미덕이 되며, 궁극적으로 강자에게 선심을 써서 복수하지 않겠다는 '용서'로 탈바꿈하게 된다. 이러한 도식을 통해 그들은 지상의 행복보다 더 크고 좋은 것을 신으로부터 받을 것이라고 굳게 믿는다.

더 나아가 '최후의 심판' 이후에 신의 나라인 천국에서 축복받을 때까지 모든 상황을 인내하면서 사랑해야 한다고 말한다. 그렇지만 그 사랑 안에는 강한 자를 악인으로 낙인찍어서 지배하고자 하는 욕망이 숨어 있다. 약자들도 그러한 거짓말을 통해 강자를 이기는 진정한 강자로 거듭나고 싶은 것이다. 이처럼 타자는 악하고 자신은 선하다는 망상의 바탕에는 원한과 증오가 자리 잡고 있다.

그렇다면 '천국, 구원, 축복' 역시 사랑이 아니라 타인 강자에 대한 증오가 창조한 것이다. 그 결과 천국의 축복이란 바로 '저주받은 자, 강한 자'가 지옥에서 벌 받고 불타는 모습을 천국에서 내려다보며 기뻐하는 것과 같다. 양들은 언젠가 독수리들이 심판받아 불타 죽기를 갈망한다. 역사적으로 볼 때, 대립되는 두 가치판단인 '좋음과 나쁨' 그리고 '선과 악'은 수천 년 동안 싸움을 벌여 왔다. 긴 싸움 끝에 로마인과 유대인의 싸움에서 노예도덕이 승리를 거뒀다. 유대인은 원한을 가진 성직자의 민족이었고, 그래서 민중과 다수의 승리로 싸움이 끝났던 것이다. 자연의 질서에는 강한 동물이 약한 동물을 지배하는 게 당연하지만, 인간 사회는 이 질서를 반전시켰다. 그리고 이렇게 발전한 민주주의와 공산주의가 양들이 독수리를 지배하는 근대정치의 모습이다.

니체가 말한 '힘에의 의지'는 쇼펜하우어의 '삶에의 의지'를 변형한 개념이다. 차이점이라면 쇼펜하우어가 '영원히 살려는 욕망'을 인간의 본질로 봤다면, 니체는 더 많은 힘, 예를 들어 명예, 부, 권력 등을 가지려고 '다른 사람들과 경쟁하는 모습'을 인간의 본질로 봤다는 점이다. 이것은 모든 사람들이 갖고 있는 성향이기 때문에 귀족이나 노예나 마찬가지이며 예외가 없다. 겉보기에는 권력을 원하지 않는 사람, 권력을 부정하는 사람, 가령 '정치를 하지 않겠습니다'라고 말하는 사람들이 오히려 더 권력을 원하는 법이다.

죄, 양심, 양심의 가책

우리는 흔히 양심을 선하고 좋은 것으로 생각한다. 그렇다면 니체는 양심을 어떻게 해석했을까? 히틀러도 니체를 옹호했다고 하는데, 대체 양심은 니체의 사상 속에서 어떤 역할을 했던 걸까?

인간은 약속하는 동물이다

인간이란 무엇인가?

많은 철학자들이 인간을 '이성적 동물', '정치적 동물' 등으로 정의했지만, 니체에게는 간단하게 정의할 문제가 아니었다. 고심 끝에 그는 인간을 '약속이 허용되는 동물'이라고 규정한다.

"약속할 수 있는 동물을 기르는 것—이것이야말로 자연이 스스로 인간에게 부여한 바로 그 역설적인 과제 자체가 아닐까? 이것이야말로 인간에 대한 본래의 문제가 아닐까?"

약속은 기억을 전제한다. 자신이 미래에 할 일을 정한 다음, 그것을 이행하려면 기억이 필요하기 때문이다. 그렇다면 인간과 동물은 기억능력에서 어떤 차이가 있을까? 동물은 망각의 존재다. 기억은 그러한 동물의 상태를 극복하는 것이다. '동물에게 망각이 하나의 힘, 강건한 형식'이라면 인간에게 약속이란 '능동적인 의욕 상태, 일단 정한 것을 계속하려는 의욕, 즉 의지의 기억'인 것이다. 기억은 미래에 대해 사고하고, 예견하는 데 필요한 능력이다. 따라서 목적과 수단을 미리 생각해야 하는 약속을 위해서도 반드시 필요하다. 기억은 지난 경험을 담은 과거뿐만 아니라 장차 어떤 행위를 하게 될 미래에도 중요한 역할을 한다. 약속은 자신의 미래를 예측하고 규칙을 만들어 필연적인 의미를 갖게끔 한다. 따라서 약속이란 매우 긍정적인 느낌을 준다.

그렇다면 인간은 어떻게 약속을 할 수 있으며, 약속을 위한 기억능력을 갖게 될까? '약속하는 동물'은 인간이 가진 '풍습의 도덕'을 통해 강제로 만들어졌다. 즉 사회적인 윤리에 종속됨으로써 인간은 그 규범을 지킬 의무를 갖게 되었다. 마치 정신이상자에게 입히는 구속복 Zwangsjacke처럼, 인간을 규정함으로써 통제가 가능하게 된 것이다.

그렇다면 사회적인 강제는 어떤 의미를 지닐까?

부정적인 측면에서 양심은 고통을 겪으며 형성된다. 망각하는 동물에게 기억을 새겨 넣는 주입과정의 결과인 것이다. 어떻게 인간이라는 망각의 화신에게 기억을 새겨 넣는가? 니체는 망각의 동물이 잊어버리지 않도록 각인하는 것을 기억술이라고 말한다. 그런데 기억은 잔인하고 무서운 고통을 주었을 때 깊이 남게 된다. 결국 확실한 기억을 위해서는 고문, 희생, 피가 필요했던 것이다. 불로 달구어 찍어 남은 상흔, 그것이 바로 양심이다. 따라서 양심은 인간이 타고난 도덕적인 성향이 아니다. 사회적인 강제에 의해 새겨진 고통의 기억이다. 니체는 기억술의 역사를 크게 두 가지로 보고 있다. 하나는 종교의 잔인함에 있다. 금욕주의적 교리를 인간에게 잊을 수 없는 방법으로 주입하는 것이다. 둘째는 형법에서 찾아볼 수 있다. 잔인한 형벌은 인간이 망각을 극복하여 사회계약을 지키도록 만든다. 이처럼 잔인한 고통을 수반하는 기억 덕분에 인간은 이성과 숙고의 능력도 차츰 갖추게 된다.

그러나 니체가 양심을 고통이 내면화된 결과물로서 부정적으로만 보는 것은 아니다. '주권적 개인'의 양심은 긍정적으로 본다. 양심에는 두 가지 차원이 있다. 양심은 자신의 목소리가 아니라 '타인의 목소리'가 내면화된 것에 불과하다. 이것이 첫 번째 차원의 양심이다. 그러나 '주권적 개인'은 점차 그것을 넘어서, '자율적이고 초윤리적인 개체'로 성장한다. 이것이 두 번째 차원의 양심이다. '주권적 개인'은 더 이상 사회의 규범을 따르는 윤리적 개체가 아니다. 주권적 개인은 타자와의 약속이 아니라 자신과의 약속을 실행하는 존재로 거듭난다. 주권적 개인은 자신과 약속을 하면서 믿음을 지키는 자다. 자신에 대해 책임을 지는 주권적 개인에게 양심은 '자유정신'을 선물한다.

니체는 기억의 중요성을 말하기도 하지만, 기억이 인간에게 질병이나 부담이 될 수 있다고도 한다. 그는 『반시대적 고찰』의 제2논문 「삶에 대한 역사의 유익함과 해로움」에서 과거를 높게 평가하려는 경향을 '역사병'이라고 보고, 역사를 기념비적 역사와 골동품적 역사, 비판적 역사, 세 가지로 나누어 설명한다. 또한 『정신의 세 가지 단계』에서 '낙타, 사자, 어린아이'[1]를 거쳐 정신이 자유로워지는데, 마지막 단계에서 '망각'은 끝이 아니라 '새로운 시작'이라면서 기억을 극복할 것을 강조하기도 한다.

죄의식의 탄생

그렇다면 죄의식은 어떻게 생겨나는 걸까? 일반적으로 선과 악의 목록이 있을 때 이를 어기면 죄가 된다. 기독교나 불교나 모든 종교에서도 마찬가지다. 그러나 니체는 독특하게도 죄라는 도덕적 관념이 경제 개념에서 유래했다는 점에 주목한다.

독일어로 'Schuld(en)'은 뜻이 두 가지다. 하나는 도덕적인 개념

---

1 '낙타'는 타자의 명령에 복종하는 정신이고, '사자'는 신의 명령을 부정하는 정신이며, '어린아이'는 자신을 긍정하는 본래적 정신을 말한다.

으로서의 죄이고, 다른 하나는 경제적 개념인 부채다. 니체는 도덕적인 죄가 물질적인 부채에서 유래했다고 주장한다. 부채는 남에게 갚아야 할 재화이고, '갚아야 한다'는 점에서 채무가 발생한다. 만약 채무를 불이행하는 경우, 형벌이 따르게 되며 형법상의 죄가 생겨난다. 따라서 죄의식은 원래 도덕적인 전제와는 무관하게 교환이라는 경제적 약속의 불이행에서 발생하는 것이다.

앞에서 말했듯이 인간은 약속이 허용되는 동물이다. 약속은 반드시 지켜야 하는데, 만약 어기게 되는 경우 피해를 보상해야만 한다. 이를 니체가 주목하는 경제적인 교환관계로 다시 보자. 만약 내가 돈을 빌렸다면 반드시 돌려줘야 하는데, 의무를 파기하는 경우 채무자가 겪게 되는 손해에 배상을 해야 한다. 따라서 경제적인 채무관계에서 성립하는 정의가 파괴되었을 때 그 손해를 배상하는 제도가 신체형을 포함한 형벌의 형태로 나타났다는 말이다.

대출을 받아 집을 사는 사람들이 많은데, 그것 자체는 전혀 문제가 되지 않는다. 그러나 쌓인 빚을 갚지 않는다면 경제적인 정의가 지켜지지 않게 된다. 세상에는 여러 가지의 정의가 있지만, 니체는 무엇보다도 경제적인 채무관계에서 생기는 의무가 잘 지켜지는 것이 사회 정의의 출발이라고 보고 있다.

경제적 채권, 채무

니체는 경제적인 계약관계에서의 약속의 의미를 부각한다. 즉 채권자에게 약속을 지켜야 한다는 기억을 새길 필요가 있으며, 이것을 위해 '냉혹함, 잔인함, 고통'이 수단으로 사용된다. 채무자는 빚을 갚겠다는 약속을 양심에 새겨야 한다. 상환의 약속을 지키지 못한 경우에는 자기 재산을 저당 잡히게 되는데, 과거에는 그의 신체, 자유, 생명까지도 포함되는 경우가 있었다. 무엇보다 채무자가 빚을 갚지 않을 경우, 육체에 고문을 가할 수 있었는데, 부채의 액수에 비례하여 정확한 단계의 고통을 주었다. 따라서 채권자는 채무자가 의무를 이행하지 않을 경우, 소유물로 보상받는 대신 채권자에게 고통을 줌으로써 쾌락을 누릴 수 있었다. 채무자에게 고통을 줄 수 있는 권한을 갖게 되면서 채권자는 그를 학대, 경멸할 수 있다는 점에서 우월감을 가졌다. 이런 형벌의 과정을 통해 채권－채무관계는 완전히 해소되었다.

니체의 관점에서 죄, 양심, 의무 등 도덕적 개념도 이러한 경제적 채무법과 관련이 있다고 본다. 경제법, 형법, 도덕법칙의 순서로 넘어오면서 빚이 죄책감의 형태로 변형된 것이다. 그렇다면 죄의식은 어떤 기원을 갖는 걸까? 일반적으로 고통은 죄나 벌과 결합되어 있다고 오해하는 경우가 많다. 즉 고통이 있다면 그 원인이 '죄'에 있다고 생각하는 것이다.

니체가 볼 때 '고통'과 '죄'의 직접적인 결합은 없었다. 다만 경제적인 채권-채무관계에서 도덕적인 가치가 생겨난 것이다. 채무 불이행의 형벌로 가해진 잔인함은 자연스러운 것이었고, 축제의 일부이기도 했다. 그러나 주는 자와 받는 자, 채권자와 채무자의 관계에서 '값을 정하고, 가치를 측정하고, 등가물을 만들어 내고 교환하는 과정'을 통해 인간은 죄와 의무에 대해 새롭게 생각하는 법을 알았다. 교환, 계약, 죄, 권리, 의무, 보상은 그러한 비교, 측정, 계산과 연결된다. 그래야만 모든 사물에 가격을 매겨, 계약이 파기된 경우에 대가로 지불할 수 있기 때문이다. 정의의 출발은 경제적인 교환관계에서 주고받음이 제대로 이루어지는 것이다. 정의는 모든 것은 대가로 지불될 수 있다는 전제로 '공정', '선한 의지', '객관성'의 단초다. 따라서 최초 단계의 정의는 거의 동등한 힘을 지닌 사람들 사이에서 타협하고 조종하여 합의하려는 의지이며, 정의는 개인과 공동체 간의 채권자와 채무자의 약속에서 이루어지는 것이다. 채무자가 되돌려준다는 계약을 지킨다면 죄책감은 생겨날 수 없다.

외국에는 형벌 집행소를 보여 주는 박물관이 있는데, 잔인하고 끔찍한 고문이 이루어졌던 기계들이 많다. 우리나라에는 대표적으로 곤장을 치는 형벌이 있었다. 아무리 큰 죄를 짓더라도 이렇게 등가물로 보상하거나 육체적인 형벌로 되갚으면 더 이상 죄인이 아니다. 니체의 이러한 생각을 이어받아 탄생한 미셸 푸코Micheal Foucault의 『감시와 처벌』에는, 고통을 정확하게 계산하는 방법이 나와 있다. 결론만 말하자면 죄에 따른 정확하고 합당한 고통을 줘야만 형법상의 정의가 실현된다는 말이다.

처벌과 자비

경제적인 관계에서 받은 것을 되갚는 행위를 의무로 정한다면, 그 계약을 파기한 사람은 범죄자가 된다. 왜냐하면 정의의 원칙에서 볼 때 상환을 불이행하면 공동체의 재산과 편익에 피해를 입히기 때문이다. 손해를 입은 채권자는 범죄자가 처벌받기를 원한다. 받은 것은 모두 되갚아야 한다는 정의의 원칙에는 이익과 손상에 대한 배상의 의무가 포함되어 있다. 마치 '눈에는 눈, 이에는 이'와 같은 보복이 원칙처럼 잔인하게 보일 수 있다. 범죄자를 처벌하려는 적의와 분노는 굴복당한 적에게 쏟아지지만, 전쟁의 제물을 바치는 의식을 아우르는 모든 축제가 되기도 한다.

그러나 니체가 볼 때 잔인과 처벌, 보복과 증오는 공동체의 존재 방식과 관련된다. 즉 공동체의 힘이 약한 경우, 특히 처벌이 엄격하게 실행된다. 예를 들어 빵 하나를 훔치는 것도 큰 범죄가 될 수 있다. 그러나 공동체의 힘이 강해지면, 개인의 위법 행위에 대해 관용이 가능해진다. 왜냐하면 위법 행위가 예전처럼 공동에 전체를 위협하는 위험이 되지 않으니, 범죄자를 추방하거나 처벌하지 않아도 괜찮기 때문이다. 직접적인 분노를 개인에게 퍼붓지 않고, 피해 당사자의 분노를 진정시킬 수 있는 타협과 조정이 등가물을 통해 이루어지고, 변상을 통해 처벌이 완화되는 경향이 형벌의 역사에서도 확인된다.

또한 공동체가 안정될수록 처벌은 더 완화되어, 심지어는 처벌하지 않는 단계에까지 이른다. 채권자가 부유할수록 채무자의 채무를 용서할 수 있는 것처럼, 가해자를 처벌하지 않고 내버려 둘 수 있다는 말은 사면권을 가진 군주처럼 힘이 더 강하다는 것을 뜻하기 때문이다. 가난한 나라는 도둑질을 엄격하게 처벌하겠지만 부유한 나라는 좀도둑 정도는 용서할 수 있고, 어느 정도의 빚은 탕감해 줄 수 있는 것이다. 정의란 상호 간의 약속을 지키는 데 근거한다. 약속을 파기하는 경우에도 처벌하지 않고 내버려 두는 자비는 근대 형벌의 역사 속, 처벌의 인간화에서 확인할 수 있다.

　　니체 정의론의 출발은 경제적인 교환관계에 근거하여, 형법을 통한 처벌로 부정의를 수정하는 것이다. 결국에는 그 법을 넘어서기를 요구한다. 즉 법의 지향점은 결국 법을 넘어서는 관용Gnade이다. 이것을 니체는 '정의의 자기지양'이라고 말한다. 결국 용서는 강한 자의 특권이며 법의 테두리를 넘어서는 것이다.

> "'모든 것은 변상될 수 있다. 모든 것은 변상되어야 한다'라는 명제로 시작된 정의는 잘못을 너그럽게 관용하며 지불할 능력이 없는 자들을 그저 방임함으로써 끝난다… 정의의 자기지양… 이것이 자비다… 이것은 좀 더 강한 자의 특권이며, 더 잘 표현한다면, 그가 가진 법의 저편이다."

　　'자비'를 다른 말로 하면 사면권을 말한다. 그러나 사면권은 악용될 가능성도 있다. 가령 권력자가 자신의 재량에 따라 사면권을 행사하여 자기 편 사람들만 풀어 준다면, 또는 경제적인 대가를 받고 풀어 준다면 부정부패의 원인이 될 수 있기 때문이다. 따라서 용서, 관용, 자비는 엄격한 기준에 따라 허용되어야 한다.

공정함, 정의, 법

니체는 정의를 보복과 원한으로 설명하려는 시도에 반대한다. 왜냐하면, 법은 공적인 강제력을 가지므로 사적인 보복이 금지되어야 하기 때문이다. 만약 개인의 사적인 복수를 허용한다면 국가의 공권력은 성립할 수 없을 것이다. 법은 피해자가 가해자에 대해 복수심을 갖고 배상을 요구하는 것이 아니다. 법은 복수심에 따른 자력구제를 금지한다. 즉 법에 따라서 자신의 사적 보복을 금지하고 공적인 강제력에 위임하는 것이다. 법은 자력구제를 금지한다.

니체가 말하는 '자비'로서의 '정의'는 보복과 원한에 오염되지 않은 '객관적인 태도'로서의 '공정함'을 말한다. 법이란 수동적인 인간의 원한이 아니라 능동적인 인간의 '편파적이지 않고 악의도 없는 훌륭한 양심'에 따라 판단하는 것이다. 이것이 공정한 법관이 갖춰야 할 태도다. 훌륭한 양심을 가진 사람은 더 강하고, 용기 있고, 고귀하며, 자유로운 정신을 가졌다. 이에 반해 '양심의 가책'을 가진 사람은 원한에 싸인 인간으로, 공정하고 객관적인 판단을 할 수 없다. 법은 양심을 가진 사람의 편이기 때문에 양심의 가책, 원한, 수동적인 감정을 가진 편에서는 정의가 실현되기 어렵다. 즉 자의적인 원한, 보복, 증오로는 정의가 바로 설 수 없다. '타인은 악하고 자신은 선하다'는 주관적인 상상 속에서 현실을 왜곡하기 때문이다.

원래 삶은 법과 무관하다. 자연스러운 삶에는 법이 없다. 법이 제정되기 전에 불법은 없다. 따라서 법이 없던 상황에서 침해, 폭력, 착취, 파괴는 그 자체로 불법이라고 말할 수 없다. 그래서 독수리와 양이 평화롭게 공존하는 세상에는 옳음과 옳지 않음이 존재하지 않는다. 법은 계약에 의해 개인의 삶을 제약하는 수단이며 예외적인 상태다. 약속이 깨지면 정의의 규칙도 바뀌기 때문에 영원한 정의는 없다. 따라서 형벌의 목적은 합목적적이지 않고 우연적이다. 형벌은 처벌을 위해 고안된 것은 아니다. 그저 효용성에 근거한 유동적인 해석일 뿐이다. 시대마다 처벌은 바뀔 수 있고, '자비'의 원칙에 따라 처벌받지 않을 수도 있다. 법은 변경가능한 해석으로 '기호의 연쇄'로 교체될 수 있을 뿐이다. 따라서 삶을 환경에 대한 적응으로 본 진화론은 틀렸다. 적응도 사실 적극적인 힘이며, 새로운 해석이자 방향 설정이다. 삶은 환경을 새롭게 해석해 나가면서 방향을 만들어 간다. 이러한 과정에서 법에 대한 계보학은 목적론을 거부한다. "형벌의 의미는 불분명하고 추가적으로 덧붙여진 우연적인 것"일 뿐이다. 따라서 냉혹한 처벌에 근거한 법의 원칙을 넘어, 유연한 '자비'의 정의론이 가능한 것이다.

법이라고 하면 객관적인 기준에 따라 엄격하게 적용되는 것 같지만, 사실상 상황에 따라 변하는 해석에 불과하다는 니체의 주장은 설득력이 있다. 똑같은 사안에 대해서 판사들의 판결이 서로 다를 수 있기 때문에 이의제기를 할 수 있고, 검사와 변호사가 치열하게 논쟁을 벌이기도 한다. 그리고 많은 법이 나중에 추가되어 허점을 보완하기도 한다. 시대가 바뀌면 인간의 욕망도 바뀐다. 가령 인간의 행복권을 말할 때, 행복권에 '인터넷에서 지워질 권리'를 추가하자는 법안이 상정될 수 있다. 법은 고정되어 있는 것이 아니라 해석에 따라, 시대에 따라 얼마든지 바뀔 수 있다.

양심의 가책

그렇다면 법에 따른 형벌은 아무런 의미를 갖지 않는 걸까? 그렇지 않다. 형벌의 효용은 죄를 지은 사람에게 '양심의 가책'과 같은 정신적 반응을 가져와 회한, 소외감 등을 느끼게 하는 데 있다. 니체는 이러한 양심의 가책을 인간을 변화시킨 '심각한 병'으로 본다. 원래 이 세상에는 양심의 가책은 없었고, 뭔가 나쁜 일bad이 일어났구나 하는 정도의 느낌만이 있었다. 그 일을 하지 말았어야 한다는 가책evil은 없었다. 이 세상은 죄가 묻지 않은 순수한 곳이었으며 양심의 가책은 원래 죄와는 무관했다.

양심의 가책은 내면화 과정을 통해 만들어지는, 자신을 부정하는 감정이다. 그렇다면 양심의 가책은 어떻게 생겨나는가?

밖으로 발산되지 않는 모든 본능은 안으로 향하게 된다. —이것
은 내가 내면화라고 부르는 것이다.

원래는 밖으로 발산되어야 하는 힘이 경계에서 저지되고 그 틈
에서 영혼과 사유가 생겨난다.

양심의 가책을 만든 것은 국가다. 그렇다면 양심의 가책은 어디
서 오는 걸까? 양심의 가책의 핵심인 죄, 책임, 숙고는 국가라는 지배
조직이 심어 놓은 것이다. 국가의 지속적인 폭력으로 인해 자유의 본
능은 자신 안에 갇힌다. 국가가 자유의 본능을 막기 위해(특히 형벌을 통해)
만든 방어막에 갇힌 개인의 자유로운 본능은 안으로 향하게 된다. 잔인
함, 파괴 등의 본능이 밖으로 나가지 못하고, 자신 안으로 굴절되는 것
이 '양심의 가책'의 기원이다. 양심의 가책을 통해 인간의 본능은 힘을
잃고 기억을 통해 의식으로 축소된 불행하고 수동적인 삶을 살게 된다.
인간의 자유로운 본능은 사유, 추리, 계산, 인과의 결합인 의식으로 축
소된다.

인간은 동물의 본능을 갖고 있다. 그런데 양심의 가책은 외부와
단절된 채 사회의 규칙 안에 갇혀 자신을 물어뜯고 학대하면서 죄인을
만들어 낸다. '자신의 감옥'에서 스스로 고문하고 끊임없이 학대하는 것
이다. 즉 양심의 가책은 지금까지 없었던 자기부정이라는 불치병이다.
밖으로 나가려는 능동적인 힘을 억압했기 때문에 자기 본능에서 등을
돌려 자신을 향한 증오를 갖게 되었다. 밖으로 뻗어 나가야 할 본능이

자신 안으로 발산될 때, 결국 그 안에서 양심의 가책이 생겨난다. '자신을 괴롭히며 의도적으로 스스로 분열하는 영혼'이 '능동적인 양심의 가책'이다. 즉 양심의 가책이란 자기학대라는 병이자, 영원한 자기감시와 자기검열이다.

니체는 양심과 양심의 가책을 구분한다. 양심에 대해 니체는 긍정적인 입장이다. 즉 좋은 사람이 자신의 선한 의지를 바깥으로 발산하여 실현하기 때문에 당연히 좋은 일이 기대된다. 그러나 양심의 가책은 자신의 의지가 바깥으로 나가지 못하고 안에 갇혀서 고통받는 상황을 말한다. 그래서 양심의 가책을 '자학'이라고 부르기도 한다. 다른 한편으로 사이코패스(반사회적 인격장애)의 경우는 이러한 양심의 가책이 없다. 나쁜 의지를 바깥으로 발산하면서 범죄를 저지르게 되는데, 이러한 충동에 방어막이 있는지에 따라 드러나는 행위가 달라진다. 그런 맥락에서 사이코패스의 경우, 양심의 가책이 반드시 나쁘다고 볼 수는 없다.

선조에 대한 부채감

양심의 가책의 또 다른 기원은 조상에 대한 부채의식이다. 앞에서 말했듯 채권－채무관계는 기본적으로 경제적인 교환관계에서 성립하지만, 조상에 대한 채무의식은 그러한 특성과 무관하다. 후손이 앞선 선조의 희생과 공헌에 많은 신세를 졌다면 당연히 부채의식을 갖기 때문이다. 그러나 선조에 대한 부채의식은 후손의 힘이 커질수록 더 강화되는 경향이 있다. 자신들이 번성할수록 전부 선조의 덕이라고 믿게 되기 때문이다. 어느 민족이나 종교에 관계없이 후손은 채권자인 선조에 대한 채무의식을 더 확장하게 된다. 문제는 그러한 채무의식에 공포에 대한 상상력이 덧붙여져, 선조가 신적인 존재로 바뀌게 된다는 점이다. 조상에 대한 채무의식은 공포심과 연결되면서 신에 대한 믿음으로 바뀌게 되는데, 이러한 과정에서 죄의식이 함께 발전한다.

처음에는 단순히 종족신, 부족신에서 시작하였지만 나중에는 일신교의 형태로 확대된다. 특히 기독교의 경우 신에 대한 채무의식은 수천 년 동안 커져 왔다. 그 핵심에는 죄의식이 깊이 자리하고 있다. 즉 태초에 제1원인인 부채가 있다는 믿음이다. 여기서 양심의 가책, 죄, 의무가 비로소 종교적인 작업을 통해 '신神'의 개념과 연결된다. 이제 양심의 가책은 단순히 경제나 법률이 아니라 종교와 결합되면서, 부채를 상환할 수 있는 가능성이 아예 사라져 버린다. 왜냐하면 신이 채권자이고, 인간이 채무자라면 그 빚, 죄를 갚을 방법은 간단하지 않기 때문이다.

우리나라는 유교적인 전통에 따라 조상에게 제사를 지내고 성묘를 가는 풍습이 있다. 조상 덕분에 현재의 우리가 잘 살고 있다는 점에서 감사할 일이다. 그러나 요즘에는 이런 유교적인 전통을 거부하는 사람들이 늘어나고 있다. 조상을 모시면 복을 받고, 조상을 잘 모시지 않으면 벌을 받는다는 식의 사유는, 무속, 풍수 등과 함께 비과학적이고 전근대적인 것이라 비판받기 시작했다. 옛날에는 죽고 나서 제삿밥이라도 얻어먹으려면 제사를 지내 줄 아들이 필요하다고 여겼다. 이 때문에 아들을 선호했고, 임신 중에 딸인 것이 밝혀지면 낙태시키기도 했다. 이것은 모두 조상에 대한 감사와 재앙에 대한 공포에서 생겨난 잘못된 믿음이다.

종교의 죄책감

　종교에서 인간의 죄의식은 채권자인 신과 관련된다. 최초의 인류인 아담과 이브의 첫 번째 죄, 즉 원죄原罪는 경제적인 채권－채무관계처럼 쉽게 해결될 수 없다. 원죄에 따라 인류는 영원한 벌, 영원한 고통을 받게 된다고 믿게 된다. 바로 최초의 인류, 최초의 선조인 아담과 이브의 죄가 영원히 후대로 이어지기 때문이다. 이것은 모든 고통에는 원인이 있으며, 모든 고통은 그 원인인 죄에 따른 벌이라는 인식이 자리 잡고 있다. 여기서 반전은 채권자가 채무자의 빚을 스스로 갚는다는 대속자의 개념이 등장한다는 점이다. 즉 채권자인 신이 스스로 인간이 되어 채무를 갚는 비유로 본다면 빚이 탕감되어 인간은 자유로워진다. 하지만 인간이 갚을 수 없는 죄를 신이 인간에 대한 사랑으로 대신 짊어진다는 것이다. 이러한 대속을 통해 빚이 이미 탕감되었으므로 인간이 갚을 빚이 더 이상 없다는 것은 아니다. 오히려 죄에 따른 고통은 영원한 벌이 된다. 왜냐하면 기독교에서 신이자 인간인 예수가 죄를 대속함으로써, 인간이 고통에서 구원받는 길은 오직 중재자인 예수에 대한 믿음을 통해서만 가능해졌기 때문이다. 결국 신에 대한 죄책감이 생기고, 이것은 다시 자신을 고문하는 도구가 된다. 인간은 고통을 받는 것을 벌로 여기고 그것의 원인으로 죄를 생각하는데, 이제 더 이상 직접 속죄할 방법이 없어졌다.

요약하면, 자신에게 고통을 주는 양심의 가책은 국가를 통해 만들어졌고 종교를 통해 강화되었다. 양심의 가책은 "사물의 가장 깊은 근거를 죄와 벌의 문제로 오염시키고 독을 타려는 인간의 의지"에 불과하다. 영원히 벌받고 고통받는 삶, 그러나 스스로 벗어날 수 없는 양심의 가책의 뿌리는 바로 '신성한 신'이었다.

그러나 같은 양심의 가책에서 자유로운 존재는 그리스인들이었다. 그들은 악의 원인이 자신이 아니라 운명을 거스른 것, 즉 자신 외부의 어찌할 수 없는 불운에서 나온다고 믿었다. 그리스인의 입장에서 자신이 불행한 원인을 자신의 죄에서 찾는 행위는 어리석다. 그리스 신화에서 신은 인간을 벌주는 존재가 아니라, 인간의 죄를 대신 맡은 존재들이었다. 그래서 인간은 죄책감을 가질 이유가 전혀 없다.

양심의 가책은 인간을 병들게 하였다. 그렇다면 우리는 어떻게 건강한 양심을 되찾을 것인가? 사실 "우리, 현대인들, 우리는 수천 년간 양심의 해부와 자기 동물성 학대의 상속인이다." 양심의 가책은 자신의 자연적인 본능을 악하게 보는 사람들이 지어낸 망상이다. 병든 자들이 삶에 적대적이었기 때문에 세상을 비방하였는데, 니체는 이러한 병자들의 '정신병원'에서 벗어나 '위대한 건강'을 되찾을 것을 강조한다.

미래의 삶을 긍정하는 강한 자의 도래가 필요하다. 위대한 건강,

커다란 건강은 삶의 고통마저도 필요로 하고 전쟁도 긍정하는 태도를 요구한다. 미래의 인간은 양심의 가책에 갇혀 고통의 원인을 자신의 죄에서 찾는 병든 인간이 아니다. 이러한 죄책감, 허무주의에서 벗어날 수 있는 존재, 신을 극복하는 자가 미래에 온다. '미래의 인간'은 신을 극복함으로써 '양심의 가책'에 따른 고통도 넘어서는 '무신론자'로서 다가올 것이다.

금욕주의적 이상이란 무엇인가?

성직자의 권력, 관능과 결혼

우리가 금욕주의라고 하면 단식하고 성욕을 억제하는 수양을 떠올리는데, 니체의 금욕주의는 성직자들이 말하는 이상理想, ideal을 말한다. 니체가 볼 때 금욕주의적 이상은 성직자가 이 땅을 지배하기 위한 전략이다. 즉 권력 지배를 위해 사용하는 독점적인 '면허증'이다. 성직자가 금욕주의를 말하면, 욕망을 지닌 세상을 더 지배하기 쉬워진다. 금욕주의는 한마디로 '무無, 없음'를 지향한다. 덜 갖고, 덜 욕망하고, 덜 성취하는 것이 바로 금욕주의적 이상이다. 그 가운데 가장 중요한 것은 순결이다. 즉 성적인 관능에 흔들리지 않는 것이 금욕주의의 기본이다.

그러나 성적인 유혹을 거부하는 것이 어떻게 가능할까? 니체는 관능미에 유혹되지 않고 순결을 찬미하는 태도를 이해하지 못한다. 철학자 가운데 쇼펜하우어는 '삶에의 의지Wille zum Leben', 살려는 욕망을 부정하라면서 독신을 주장하며 자살까지 권유하기도 했다. 관능미란 칸트의 미학에서는 '무관심성의 관심'으로 '관조미학'에서 거부된다. 미적인 것은 무관심한 것이기 때문에 성적 관능미는 그러한 조건에 맞지 않다. 칸트의 미적 무관심은 금욕주의적 태도를 말한다.

그러나 오해하지 말아야 할 것은 순결을 강조하는 이유가, 여자를 멀리해야 하기 때문이 아니라, 오히려 관능을 조절함으로써 더 잘 살 수 있기 때문이라는 점이다. 운동선수가 좋은 성적을 내기 위해 이성을 잠시 멀리하는 것과 마찬가지로 철학자도 진리를 위해 이성을 멀리하는 것이다. 관능이란 성적인 자극으로 인식되지 않을 뿐, 미와 관능은 동일한 기원을 가진다. 관능이 완전히 사라지는 일은 없다.

니체가 볼 때 여성의 관능미를 무관심하게 볼 수는 없다. 니체가 높이 평가하는 스탕달Stendhal도 관능미를 인정한다. 그것을 통해 인간은 행복해질 수 있기 때문이다. 성적인 관심을 억제하는 것, 고통이 없는 상태는 쇼펜하우어의 『의지와 표상으로서의 세계』에 잘 나타나 있다. 성적인 충동, 삶에 대한 맹목적인 의지에서 벗어나는 방법은 '미적인 것'의 관조를 통해서다. 즉 아름다움을 통해 삶에 대한 의지가 가라앉는다. 칸트의 무관심성 이론과는 달리, 쇼펜하우어에게 미는 하나의 관심이다. 이는 고통에서 벗어나려는 관심이다. 금욕주의적 이상도 무관심이 아니라 고통에서 벗어나려는 관심이다.

이른바 금욕주의적 철학자는 결혼을 거부한다. 결혼은 행복에 이르는 길이 아니라 불행에 이르는 길이다. 이 진리를 입증하듯이, 위대한 철학자 가운데 결혼한 사람은 드물고, 역설적으로 소크라테스는 이러한 명제를 입증하기 위해 결혼했다. 결혼에 반대하는 이유는 불교와 마찬가지로 결혼을 통해 인간의 자유정신이 구속되기 때문이다. 그들의 명랑한 금욕주의는 날개를 갖고 '삶의 위로 날아다니는 자유로운 새'에 비유할 수 있다.

그렇다고 금욕주의가 삶의 완전한 부정은 아니었다. 마치 먹고 싶은 걸 참으면서 다이어트하는 사람이 더 건강을 챙기는 것처럼 금욕주의는 자신의 생존에 더 관심이 많다. 겉으로 보기에 생존을 부정한 것 같지만, 오히려 생존을 위한 최적의 조건을 찾는다. 철학자의 금욕주의는 자신의 삶에 대한 긍정이다. 세상은 망해도 철학은 살고, 철학자도 살고, 자신도 살아남을 것이라고 소망하는 것이다.

니체가 말한 금욕주의는 단순히 결혼도, 연애도 하지 않으면서, 채식주의자로 사는 최근 현대인의 경향을 말하는 것은 아니다. 특히 종교에서는 성性에 대해 굉장히 엄격한데, 가톨릭 신부도 원래는 결혼을 했었고, 우리나라도 불교와 유교가 들어오기 전까지는 성윤리가 엄격하지 않았다. 성은 자연스러운 것으로, 그 자체는 죄가 아니다. 니체가 비판하는 것은, 성직자들이 그러한 성윤리를 통해 사람들을 지배하면서, 최고의 권력을 행사하는 모순된 행동이다. '아무것도 소유하지 마라, 욕망을 버려라, 집착을 버려라'는 설교는 어쩌면 모든 것을 갖게 되는 권력이 되는지도 모른다.

철학적 금욕주의 문제

니체는 금욕주의를 두 가지 종류로 구분한다. 기독교 사제의 금욕주의에는 부정적이지만 철학자의 이상적인 금욕주의는 부분적으로 긍정하고 있다. 철학자로서 진리를 추구하는 데 금욕이 어느정도 필요하다고 봤기 때문이었다. 금욕주의적 철학자의 거창한 수식어는 청빈, 겸손, 순결이다. 이 세 가지를 통해 그들은 최상의 생존 조건을 찾고자 한다. 금욕주의적 철학자의 삶은 황야에 홀로 사는 삶과 같다. 에픽테토스Epictetos가 말한 '여관의 방 하나'를 얻고 사는 자족하는 삶이다. 관능과 욕망을 억제하고, 산과 벗하며 사는 소박한 삶이다. 금욕주의적 철학자는 소란, 잡담, 잡동사니를 피해 조용함을 추구한다. 또한 명예, 제후, 이성과 거리를 둔다. 소유가 많으면 그만큼 소유당하기 때문에 소유를 줄인다.

금욕주의의 결과는 고통을 통한 덕의 성립이다. 스스로 자신을 거세하여 새로운 철학을 세우려는 야망이 철학자의 이상이다. 자신의 지옥에서 '새로운 천국'을 세우려고 하는 것, 그것은 자신의 투사投射, projection다. 그나마 철학자의 금욕주의가 도움이 되었기 때문에 많은 철학자로부터 지지를 받았다.

하지만 철학적 금욕주의는 다음과 같은 문제를 안고 있다. 세계를 부정하고, 삶을 적대하며, 감각을 불신한다. 게다가 관능에서 해방되는 초탈의 태도를 취한다. 철학자의 금욕주의가 애벌레였다면 최근 금욕주의적 성직자는 애벌레에서 벗어나 그 껍질을 벗어던지고 햇빛으로 나왔다.

　금욕주의적 성직자는 우리의 삶을 부정하면서 그것과 함께 자연, 세계, 생성과 무상에 반대한다. 따라서 금욕주의적 삶의 경우에 삶이란 저 다른 생존으로 건너가기 위한 하나의 다리로 간주된다. 즉 이곳의 삶은 다른 삶을 위한 수단이자 과정일 뿐이다. 삶은 처음으로 되돌아가는 미로와 같으며, 반박되어야 할 오류로 여겨진다. 우리가 살아가는 지구는 '금욕주의적 별'이다. 자신과 지구, 그리고 모든 생명에 '깊은 불만'을 갖고 자신에게 고통을 주는 것을 즐거움으로 삼는다.

　많은 철학자들이 결혼에 실패했다. 하고자 했지만, 하지 못했다. 니체도 예외가 아니었다. 루 살로메Lou Andreas-Salomé라는 여인을 짝사랑했지만 결국 차이고 말았다. 철학자들은 골방에서 책을 읽으며 자신만의 세계를 만들려고 하지만, 결국 실재 세계보다는 관념의 세계에서 더 오래 살아간다. 우리가 살아 숨쉬는 세계와 철학자들이 책을 통해 경험하는 간접적인 관념의 세계는 그 성격이 다르다. 즉 사랑을 '하는' 것과 연애소설을 통해 간접적으로 사랑을 '아는' 것은 전혀 다르다. 철학자들이 자신의 금욕주의를 통해 세운 관념의 탑은 언젠가 무너지기 마련이다.

금욕주의의 자기모순

니체가 볼 때 금욕주의는 삶을 부정하지만 실제로 금욕주의를 통해 삶의 성장과 증식을 촉진한다. 삶을 부정하는 '원한'조차도 삶을 지배하려는 힘의 의지가 있다. 금욕주의의 자기모순이란 바깥에 대한 원한을 통해서도 자신의 삶의 성장, 증식, 지배를 꾀한다는 역설이다. 금욕주의는 삶의 부정 속에서 생리적인 약화를 경험하면서도 자신의 '마지막 승리', '자신의 마지막 구원'을 바랐다. 겉으로 금욕주의는 반자연적으로 보이지만 실제로는 자연적인 힘을 더 원했던 것이다. 그들이 생명을 부정함으로써 얻게 되는 것은 역설적으로 타자에 대한 '승리'이다. 이처럼 금욕주의는 자기분열적이다.

삶에 반대하는 금욕주의도 생리학적으로 볼 때 삶을 긍정하는 것이다. 이것은 심리학적인 문제와는 다른 것이다. 금욕주의는 죽음에 맞서 삶을 보존하고 존재하려는 욕망을 갖기 때문에 실제로는 삶의 부정이 아니다. 금욕주의적 이상은 퇴화하는 삶의 방어본능과 구원본능에서 생겨나지만 결국엔 자신의 생존을 위해 노력한다. 금욕주의도 삶을 잘 보존하기 위한 방법이다. 죽음을 찬미하는 것 같지만 실제로 자살은 하지 않는다. 마찬가지로 금욕주의적 성직자도 이곳이 아닌 다른 곳, 가령 천국에서 존재하고 싶은 최고의 소망과 열정을 갖고 있지만, 실제로는 이곳의 생존에 유리한 조건을 만드는 도구로 금욕주의를 활용한다. 생리학적으로 볼 때 병적인 것, 피로, 종말을 바라는 금욕주의적 성직자는 삶의 적대자이지만, 실제로는 삶의 역량을 키워 가는 것이다. 니체의 주장은 간단하다. 금욕은 삶의 부정이 아니라 삶의 긍정이자 보존을 열망한다. 이러한 금욕주의가 인간을 병들게 만든 가장 큰 원인이다.

인간은 원래 싫증을 모르는 자, 정복되지 않고, 휴식도 모르는 '미래적 존재'인데, 왜 가장 병든 동물이 된 걸까? 병은 인간에게 어떤 의미를 갖는 걸까? 그렇다고 질병을 부정적으로만 볼 필요는 없다. 질병은 인간에게 더 살도록 하는 촉진제 역할을 한다. 병에 걸리게 되면 인간은 더 살고 싶어 한다. 아픈 상처가 치유되면 건강하게 살기를 바라는 마음이 생기는 것과 똑같다. 그렇듯 "인간이 삶에 대해 말하는 부정은 … 더욱 부드러운 긍정의 충만함을 드러낸다." 인간이 삶에서 갖게 되는 상처는 인간으로 하여금 치유와 삶을 더 강하게 열망하도록 만든다.

우리는 건강에 관심이 많다. 주위에서 살을 빼려고 먹는 양을 줄이는 사람은 더 건강하게 살기 위해 조치를 취한 것이다. 유대인의 전통에 따르면 성을 억제해야 좋은 아이를 낳는다고 한다. 그래서 금욕주의는 말 그대로 자신의 욕망을 완전히 없애 자살하겠다는 것이 아니라, 몸과 마음의 상태를 최상으로 유지해서 더 잘 살고 싶다는 의지이다. 따라서 니체가 지적한 금욕주의는 극단적인 고행을 하는 인도의 금욕주의와는 다르다. 니체는 우리가 욕망을 줄이는 이유가 사실은 더 잘 살기 위한 것이라는 역설을 보여 준다.

무에의 의지, 허무주의

강한 자에게 위험한 것은 병든 자다. 인간에게 가장 두려운 것은 그러한 '(허)무를 지향하는 인간 최후의 의지'인 '허무주의'다. 그렇다면 허무주의는 무슨 뜻인가? 무는 'Nihil'을 어원으로 하는데, '없음'을 뜻한다. 따라서 허무주의는 무를 지향하는 철학 체계를 말한다. 허무주의는 삶의 가치를 무화無化, 즉 없애려고 한다. '있는 것'이 아니라 '없는 것'을 욕망하는 것이다. 그렇다면 누가 무를 원하는 걸까?

질병이라는 관점에서 볼 때, 허무주의는 병든 자와 약자에서 시작된다. 삶의 실패자, 패배자, 좌절한 자 등의 약자들이 인간의 삶에 '불신'을 갖고 '독'을 타려고 한다. 자기경멸 속에서 복수의 감정, 음모의 싹이 나면서 '승리한 인간의 모습은 증오의 대상'이 된다. 타자의 덕은 약한 자의 시샘을 불러일으킨다. 자신보다 잘난 사람의 탁월함을 '위조지폐'의 기술로 깎아내린다. 갖고 싶지만 갖지 못한 그들의 건강, 성공, 강함, 자부심, 힘의 감정을 사악한 것이라고 비방한다. 그러한 거짓된 도덕적 우월감에 병든 자들은 자신보다 건강한 자를 이겼다고 만족한다. 그러나 병든 자는 결국 건강한 자를 마음속으로 부러워하는 게 사실이다. 이러한 무에의 의지를 통해, 약자와 불치병에 걸린 사람들은 '덕을 완전히 독점'하여, '우리만이 선하고 의로운 인간이다. 우리만이 선한 의지를 가진 인간'이라고 믿는다. 가장 약한 자들은 힘 있는 자들의 힘을 뺌으로써 승리를 거두게 된다. 그러나 약자들은 힘을 합쳐 더할 줄은 모르고 뺄 줄만 안다. 그래서 생리학적으로 실패한 자들은 원한과 복수심을 통해 타자의 행복을 수치스럽게 만든다. 그렇게 그들의 힘을 빼내서 이기려고 한다. 병자는 건강한 사람을 약하게 하려고 한다. 그러나 건강, 성공, 강함 등을 가진 것보다 그것을 가지지 않는 것, 즉 무가 유보다 가치 있다는 말은 거짓말이다. 아무것도 없는 거지가 재벌보다 더 행복하다는 거짓말과 같다. 니체가 가장 경계해야 할 두 가지인 인간에 대한 '커다란 혐오'와 '동정'이 합쳐지면 '무'가 된다. 타인에 대한 증오가 있다면 더 가진 강한 자를 부정하게 되고, 타인에 대한 동정이 있다면 가지지 못한 약자에 공감을 하게 되기 때문이다.

허무주의란 무엇인가? '무에의 의지'를 통해 병자는 가면을 쓰고 건강한 자들에게 복수하여 얻을 승리를 꿈꾼다. 아무것도 갖지 않아야 한다. 행복한 자들은 자신이 갖고 있는 것에 대해, 자신의 행복에 대해 수치스럽게 여길 것이다. "행복한 것은 부끄러운 일이다! 너무 많은 불행이 있다." 그들의 목적은 타인의 행복, 탁월함, 몸과 정신이 강한 자들이 스스로 의심하도록 만들어 부끄러움을 느끼게 하는 것이다. 니체는 이러한 병든 자와 건강한 자의 구분을 통해 거리두기가 필요하다고 한다. 병자의 악취에서 떨어져야 건강해진다. 미래의 건강을 위해서라도 '공기'와 같은 좋은 친구가 필요하다. 가장 위험한 전염병인 '인간에 대한 커다란 혐오, 인간에 대한 커다란 동정'에서 자신을 지켜야 한다. 그래야만 무를 욕망하는 '허무주의'라는 질병에서 벗어날 수 있다.

니체의 허무주의는 우리가 흔히 생각하는 '인생에 의미가 없다. 사는 게 허무하다'라는 식의 체념을 뜻하지 않는다. 허무주의는 신의 죽음과 관련이 있는데, 신이 죽음으로써 신을 받들고 있던 정신적 가치가 없어져 버린 현상을 말한다. 따라서 허무주의는 유럽의 지성사에서 가치의 몰락을 예고하는 문화적 현상이다. 다른 한편으로는 인간이 '무'를 욕망하는 것을 문제 삼는다. 사실 존재하지 않는 신을 믿은 것도 사실상 '없는 것'을 '있는 것'으로 믿어야 살 수 있는 인간의 절박함 때문이다. 그러나 결국 원래 '없던 것'이 다시 없어지는 것이므로 허무주의로 인해 일어나는 충격적인 변화는 없다. 애초에 존재하지 않았던 신이 없어진다고 해서 몰락은 일어나지 않는다.

왜, 질병은 치료되지 못했는가?

그렇다면 금욕주의적 성직자는 이러한 질병을 어떻게 다룰까? 금욕주의적 성직자는 병든 무리에게 구원자, 목자로 불린다. 그러나 성직자는 질병을 치료하지 않고 오히려 그 병을 이용하려고 한다. 그들은 병든 자를 건강한 자로 만들지 않는다.

병든 자와 가깝게 지내면서 병든 무리를 지키기 위해 건강한 사람에 맞서 싸우자고 부추긴다. 이때 성직자는 고통받는 자를 지배하기 위해 상처를 치료한다면서 오히려 독을 뿌린다. 병도 주고 약도 주는 셈이다. 그렇게 기만술을 사용하여 고통받는 자를 지배하면서 자신의 권력을 극대화하려고 한다.

성직자가 병든 자를 지배하기 위해 뿌리는 독은 '죄책감'이다. 성직자는 '원한'이라는 가장 위험한 폭발물이 폭발하지 않도록 잘 관리한다. 성직자란 '원한의 방향을 변경한 자'다. 고통받는 모든 이는 그 고통의 원인을 찾는데, 보통은 자신에게 고통을 준 행위자에게 '죄'가 있다고 생각한다.

그러나 성직자는 밖에서 고통의 원인을 찾으려는 원한의 방향을 바꿔 고통의 원인을 자기 안의 죄에서 찾도록 한다. 따라서 성직자는 원한과 복수의 감정을 밖으로 배출하려는 행동에 마비를 시도하고, 감정을 완화시키려고 노력한다. 그래서 고통의 원인을 설명하기 위해 '죄'와 같은 원인을 덧붙인다. '내가 불쾌한 것은 어느 누군가에게 틀림없이 책임이 있기 때문이다'라는 방식으로 병자들이 추론한다면, 니체의 관점에서 병의 진짜 원인인 생리학적 원인이 감춰지는 것이다. 가령 두통의 원인은 교감신경에 있을 수 있는데, 괜히 요즘 누가 자기에게 스트레스를 준다며 남 탓만 하는 것이다.

병든 약자는 자신의 고통스러운 감정의 원인을 가까이 있는 주변 사람의 '악함'으로 돌린다. "나는 괴롭다. 그 누군가에게 이것에 대한 책임이 틀림없이 있다." 그러나 성직자는 병든 양에게 다음과 같이 말한다. "누군가가 고통을 준 책임이 있지만, 너 자신이야말로 고통에 대해 책임이 있다." 이렇게 원한의 방향이 바깥에서 안으로 바뀌면서 타인을 비방하지 않고 자신을 자책하는 모습이 나타나기 시작했다.

다시 말해, 병든 자의 생각에는 고통의 원인이 남에게 있지만, 성직자는 그것을 병자의 탓으로 바꿔 놓는다. 결국 원한이 자신을 향하면서, 죄책감, 타락, 벌, 자기감시, 자기훈련이 강화되어 자신을 불치병 환자로 만들어 버린다. 이렇듯 성직자는 병든 양을 치유하는 의사가 아니라 잘못된 치료로 병을 더 악화시키는 거짓된 목자다. 그렇다면 금욕주의적 성직자는 어째서 죄책감, 죄, 죄스러움, 타락, 영원한 벌과 같은 개념을 필요로 했을까? 타인으로 향하는 원한의 방향을 자기 자신에게 돌리면서 고통받는 자의 나쁜 본능인 '양심의 가책'을 자신의 감시 아래 이용할 수 있기 때문이다.

금욕주의적 성직자는 의사와 다르다. 고통, 불쾌감과는 싸우지만, 그 원인인 질병과는 싸우지 않는다. 그 대신 고통을 완화하고 위로하며 마취시키는 일을 할 뿐이다. 모든 종교가 싸운 피로감, 중압감은 생리적인 감정인데, 성직자의 생리학적 지식의 결핍 때문에 그 원인이나 치료도 단지 심리적, 도덕적으로만 시도될 뿐이다. 인간의 불쾌감과 고통의 원인으로 여기는 '죄'는 많은 경우 생리학적인 문제에 원인이 있다. 생리학적인 장애를 도덕적, 종교적 원인으로 해석하여 죄와 책임을 말해서는 안 된다. 많은 정신적 고통은 영혼이 아니라 '배의 탓(몸의 탓)'에 있기 때문이다.

니체는 당시의 의학과 생리학에 관심이 많았다. 따라서 불쾌감을 일으키는 생리적인 원인 외에도 다양한 원인이 있다는 사실을 알았다. 금욕주의는 인간의 생명력을 바닥으로 끌어내린다. 사랑하지도, 미워하지도 않고, 매사에 무관심하며, 부자가 되지 않고, 결혼하지 않기를 강조한다. 탈아脫我의 신성화, 최면, 겨울잠의 상태에 빠져 최소한의 물질 소모와 신진대사만 수행하라고 말한다. 어떤 목적을 위해 많은 에너지를 소모하는 행동은 금욕주의에 따르면 어리석은 행동이다. 겨울잠과 같은 최면의 상태로 생명력을 떨어뜨려야 생존에 따른 고통에 무감각해질 수 있기 때문이다.

　　니체는 당시 과학에 관심이 많았고, 특히 '생리학'을 깊이 연구했다. 따라서 생리학적인 성과를 통해 도덕적 판단의 오류를 극복하려고 했다. 가령 음식을 많이 먹고 배탈이 났다면, 위胃의 소화력에 문제가 있을 수 있다. 그러나 만약 배탈이 난 것을 개인의 식탐이나 '못 먹고 죽은 귀신', '악령'의 탓으로 해석한다면 문제가 있다. 과거 우리나라에도 주술이나 미신이 지배하던 시절 이런 식으로 병을 고치려고 했다. 배탈은 위가 나는 것bad이지 식탐이 악evil은 아니다. 성에 관심이 많은 것은 자연스러운 것good이지 음란마귀evil 때문이 아니다.

최면과 겨울잠

　　니체에게 금욕주의는 정신착란이다. 즉 내적인 광명에 이르려는 환청, 음탕, 황홀이다. 불교에서 말하는 해방은 선과 악을 넘어선 해방으로 완전한 최면 상태에 들어가는 데 목적이 있다. 최면이란 깊은 잠속에서 브라만Brahman에 몰입하여, 신과 신비적인 합일을 성취하는 것이다. 고통이 없는 최면 상태를 최상의 상태로 보는 에피쿠로스 학파와 입장이 비슷하다. 금욕주의를 지향하는 위대한 종교가 말하는 해방은,

사실 삶에 지친 자들이 원하는 깊은 잠과 같다.

> 깊은 잠 속에서 영혼은 스스로의 몸에서 벗어나 최고의 빛 속으
> 로 들어가 이를 통해 본래의 모습으로 나타난다.

이러한 최고의 상태를 향한 열망은 사실상 환각에 가깝다. 최면에 걸린 허무의 감정, 가장 깊은 잠의 휴식, 간단히 말해 고통이 없는 상태를 말한다. 고통받는 자나 근본적으로 조화롭지 못한 자는 이 상태를 이미 최고의 선으로, 가치 중의 가치로 여긴다.

금욕주의적 성직자는 최면으로 고통의 감수성을 약화시키는 방법 외에도, 반복되는 활동을 이용하기도 한다. 반복되는 노동 때문에 고통이 들어갈 여지가 없게 된다. 생각을 비우는 반복, 규칙, 복종이 고통을 줄인다. 서로 어울리는 본능이 우울증과 싸울 때 도움이 된다. 함께하는 공동체는 개인의 불쾌, 자기혐오, 자기경멸을 넘어서게 된다. 성직자는 이러한 병든 자의 무리본능을 잘 조직화한다. 강자는 사자처럼 단독본능을 갖고 있지만 약자는 양처럼 무리본능을 갖는다. 강자들은 서로 흩어지려고 하고 약자들은 서로 모이려고 하기 때문이다.

정리하면, 금욕주의 성직자는 불쾌와 싸움하기 위해 죄를 고안해 냈다. 생명력을 약화시키면서 공동체가 주는 행복을 통해 개인의 불만을 느끼지 못하게 한다. 그렇게 불쾌감과 싸우는 과정에서 금욕주의 이상은 병자의 병을 깊어지게 한다. 죄로 인한 고통을 치료해 준다고

하지만 병의 근본을 고치는 것이 아니라 불쾌와 싸우고, 고통을 완화시키고, 감각을 최면으로 마비시키고자 한다. 고통의 치료를 위해 성직자가 활용하는 주된 조작법은 영혼을 갈가리 찢기 위해 '죄책감'을 강화하는 것이다.

> "'죄'는—이것은 동물적인 양심의 가책—즉 거꾸로 향하는 잔인성—에 대한 성직자적 재해석을 의미한다."

이것은 병든 인간의 영혼의 역사에서 가장 큰 사건이었다. 죄책감, 양심, 죄의식은 병자를 더 병들게 했다. 우리에 갇힌 동물 같은 인간이 고통의 원인을 벌로 이해하면서, 벌을 받게 된 죄를 자신의 내면, 죄책, 가책에서 찾는 행위야말로 금욕주의적 성직자의 전략이다. 결국 병자는 죄인이 되어 '줄이 그어진 원에서 빠져나오지 못하는 암탉' 신세가 되고 만다.

병든 자는 고통의 유일한 원인을 자기 책임으로 돌리는 최면에 걸려 자신의 과거를 고통으로 덧칠한다. 그리고 죄책감, 공포감, 벌의 감정으로 재해석한다. 자기환영, 고문, 경련, 외침을 통해 자신을 왜곡하는 것이다. 결국 고통에 더 이상 저항하지 못하는 단계에 이르면, 영원한 고통인 지옥을 상상하게 된다. 결국 인간은 스스로 죄인이 되고, 마지막에는 지옥 자체를 발명한다.

불쾌감과의 싸움에서 성직자가 승리를 거두었다. 그러나 성직자의 이상이 세상을 지배했음에도 인간은 치료되지 않고 더 큰 죄인이 되었다. 인간은 길들여진, 약화된, 용기를 잃은, 섬세한, 연약한, 거세된, 손상된 존재가 되었다. 병자를 더 병자로 만든 것이다. 이렇듯 금욕주의적 성직자는 인간의 영혼의 건강을 완전히 망가뜨렸다.

　금욕주의는 기독교뿐만 아니라 인도의 여러 종교에서 확인할 수 있는 수행 원칙이다. 금욕이 필요한 까닭은 욕망이 많으면 번뇌와 고통이 커지기 때문이다. 따라서 금욕주의는 인간의 고통과 불쾌를 줄이기 위한 방편이다. 그럼에도 제거가 되지 않는 고통은 그 원인을 자기 탓으로 돌리면서 해결한다. 나의 고통의 원인은 나의 죄다. 그래서 남 탓을 하던 르상티망Ressentiment(원한)이 줄어드는 대신 죄책감이 늘어난다. 니체는 이 세계의 생성과 소멸은 무죄Unschuld라고 말한다. 이 세계는 죄가 없는데 인간의 영혼만을 죄로 물들였고, 그 역할을 성직자가 맡았다는 것이다.

금욕주의라는 해석의 문제

　니체가 금욕주의를 비판하는 근거는, 금욕주의가 모든 현상을 배제하고 단 하나의 관점만을 허용한다는 점이다. 금욕주의는 일종의 '이상의 절대화'와 '특권화'다. 우리가 사물과 세상을 객관적으로 바라보려면 다양한 관점이 있어야 한다. 한번 달리 보는 것, 달리 보고자 의욕하는 것은 지성이 미래의 '객관성'을 확보하기 위한 적지 않은 훈련이며 준비이기 때문이다. 객관성은 원래 인간의 주관적인 생각을 배제해야 확보할 수 있다. 그런데 니체는 현상을 달리 볼 수 있는 '관점과 정서적 해석의 차이'를 허용한다. 즉 정서를 배제하여 무관심하게 봐서는 안 되고 철학자들이 말하는 순수하고, 의지가 없는 '무시간적' 정신(인식주관, 순수이성, 절대정신)으로 봐서도 안 된다. 만약 '하나의 관점'만 인정하게 되면 정해진 방향만 찾게 되어 능동적인 해석이 불가능해지기 때문이다. 오직, 관점주의적 인식만이 존재한다. 니체는 정서를 지성에서 분리하지 않고 다양한 관점에서 바라볼 때 의미의 객관성이 확보될 수 있다는 입장이다.

그렇다면, 금욕주의의 이상은 무엇이 문제일까? 니체는 해석의 다양성을 허용하는데, 금욕주의 이상은 '하나의 목표'만을 갖고, 모든 것을 거기에 맞춰 해석하는 독단을 보인다. 따라서 하나의 해석만이 옳다고 하면서 다른 모든 해석을 틀렸다고 거부하는 것이다.

어떤 해석이나 다른 목표를 허용하지 않는다. 그것은 자기해석 이라는 의미에서 거부하거나, 부정하거나, 긍정하거나 시인한다.

이렇게 자신의 해석을 특권화하는 것은 위험하다. 자신의 해석 만이 옳다며 절대적인 등급을 인정하면 다른 해석은 금욕주의에 비해 낮은 관점이 되기 때문이다. 니체는 자유정신이 금욕주의에서 해방된다고 본다. 진리를 믿는 한 자유정신은 없다.

진리란 없다. 모든 것은 허용된다.

자유정신은 진리와 신앙을 거부하고 해방을 시도한다. 진리에 구속되어 있지 않지만, 그렇다고 객관적 진리에 대한 믿음을 완전히 포기하지는 않는다.

니체에게 사실은 없다. 해석만이 있다. 따라서 사실주의도 없다. 긍정도 부정도 금지하는 사실주의는 폭력, 수정, 축약, 생략 등 모든 해석을 단념하는 것이다. 과학은 사실주의를 표방하지만 실제로는 금욕주의적 이상을 담고 있다. 진리를 향해 무조건적으로 의지하는 행위는 금욕주의적 이상 자체에 대한 신앙이다. 과학은 자기 나름대로 해석하려는 정서를 제거하고 사실만을 다룬다는 점에서 금욕주의를 강제하는 것이다. 그러나 과학은 사실을 다루기 전에 먼저 신앙을 전제한다. 사실을 지향하는 과학이 금욕주의라면 예술은 삶을 긍정하는 편에 서 있다. 삶의 긍정이자 숭배다.

니체가 "진리란 없다. 모든 것은 허용된다"고 말할 때 모든 것은 거짓이 된다. 또한 모든 것이 허용된다고 말할 때, 진리 자체를 문제 삼게 된다. 고해 신부의 입장에서 자연과 역사를 신적인 이성, 질서, 목적으로 해석하는 시대는 지났다.

자신의 경험을 마치 모든 것이 섭리이며, 모든 것이 암시이며, 모든 것이 영혼의 구원을 위해 생각되고 보내 온 것처럼 해석하

는 것: 이러한 것들은 이제는 지나갔다. 이러한 것들은 양심에
반反하는 것이다.

우리는 진리가 가진 가치보다 진리를 향한 인간의 의지를 비판
해야 한다. 진리를 향한 의지 자체를 문제 삼아야 한다. 금욕주의적 이
상 자체의 옳고 그름을 떠나 왜 인간이 그토록 잘못된 해석을 필요로
했는지 밝혀야 한다.

일반적으로 민주주의의 원칙은 자유와 다양성이라고 말한다. 만
약 어떤 사실만이 진리라고 상정한다면 다른 모든 것은 거짓이 된다.
하나의 진리를 주장하면 권위적이고 비민주적으로 변하며, 다른 목소
리에 귀를 기울이지 않아 폐쇄적이고 억압적이 된다. 니체는 많은 사람
들이 자신의 관점에서 다양하게 세상을 바라볼 수 있다고 말한다. 그것
이 관점주의perspecitivsm이다. 이 세계를 '다르게' 볼 수 있다는 가능성과
다른 사람이 나보다 '더 정확하게' 볼 수 있다는 가능성을 열어 두어야
한다. 그러한 과정을 통해 내가 보지 못한 세계에 더 객관적이고 관용
적으로 접근하게 된다.

인간은 삶의 의미를 찾는 존재

인간은 의미를 추구하는 존재다. 삶의 의미를 얻기 위해 질문을
던지고 답을 구한다. 그러나 안타깝게도 "인간이라는 동물은 지금까지

아무 의미도 지니지 않았다. 지상에서의 인간의 생존은 아무 목표도 없었다." 그 결과 "도대체 인간이란 무엇 때문에 존재하는가? 이것은 해답이 없는 물음이었다"라는 결론에 다다랐다. 인간은 수많은 고통을 겪었지만 가장 큰 고통은 자신의 존재의미를 알지 못하는 것이다. 인간은 스스로 변명하고, 설명하고, 긍정할 줄 몰랐다. 인간은 자신의 의미 문제 때문에 괴로워했다. 그는 그 밖의 문제로도 괴로워했다. 인간이란 대체로 병든 동물이었다. 그러나 그의 문제가 고통 자체는 아니었고, '무엇 때문에 고통스러워하는가'라는 외침에 대한 해답이 없다는 것이었다. 인간이 견딜 수 없는 것은 고통 자체가 아니라 고통의 '무의미'이다. 인간은 그 목적과 의미가 분명한 고통은 충분히 바랄 수 있다. 그렇기 때문에 의미 없는 쾌락보다 의미 있는 고통을 선택할 수 있다.

그렇다면 인간은 '무에의 의지'인 '금욕주의적 이상'을 받아들인 걸까? 금욕주의적 이상은 비록 엉터리이기는 하지만 인간의 고통에 하나의 의미를 주었다. 인간에게 '어쩔 수 없었던' 금욕주의적 이상에서 고통이 해석되었던 것이다. '유일한 의미'로 무의미의 빈 공간이 의미로 가득 채워졌다. '금욕주의적 이상'은 지금까지 삶의 고통에 해답을 준 유일한 해석이다. 왜냐하면 고통보다 고통의 무의미를 인간은 견딜 수 없기 때문이다.

기독교는 고통을 죄라고 잘못 해석하였지만, 어쨌든 인간을 무의미의 고통에서 구했다. 진리에의 의지에서 진리의 옳고 그름은 중요하지 않다. 오히려 진리를 향한 인간의 의지가 채워지면서 구제받은 것이다. 참과 거짓을 떠나 중요한 것은 진리에의 '의지'다. 의지는 마치 무엇이든 손에 쥐려고 하는 아이처럼, 무엇이든 의미를 찾아야만 충족된다. 인간은 아무것도 의욕하지 않는 것보다 (허)무를 의욕하고자 했다. 아무것도 의욕하지 않으면 삶의 의미가 없다. 그래서 무를 통해서라도 삶이 주는 고통에 의미를 부여했던 것이다. 금욕주의적 해석은 독을 포함하고 있고, 삶을 갉아먹는 고통을 가져왔지만 모든 고통을 죄라는 관점으로 끌어들였다. 그럼에도 그러한 해석 덕분에 인간의 삶은 하나의 의미를 갖게 되었고, 인간은 무엇인가를 의욕할 수 있었다.

어디를 향해, 무엇 때문에, 무엇으로 인간이 의욕했는가는 중요하지 않다: 의지 자체가 구출되었던 것이다.

금욕주의는 '허무를 향한 의지이며 삶에 대한 적의'지만 삶의 의미를 찾으려는 인간의 의지가 만들어 낸 안식처이기도 하다. 인간은 아무것도 의욕하지 않는 것보다 허무를 의욕하는 선택을 통해 자신의 존재의 의미를 채웠다. 잘못된 해석일지라도 삶에 의미를 주는 것이, 의미 없는 것보다 낫다는 역설이다.

인간은 동물처럼 그냥 밥 먹고 물 마시는 것만으로는 살 수 없다. 배만 부르다고 행복한 것이 아니라, 밥을 먹는 의미를 채워야 살아갈 수 있다. 밥은 '우리 생명의 유지를 위해 필요하다'고 이해할 때 비로소 의미를 갖게 된다. 그렇지만 예전의 금욕주의는 인간의 의미를 일정

부분 채워 주었다 하더라도 잘못된 믿음이었다. 이제 새로운 의미를 찾아야 한다. 앞으로 삶의 부정이 아니라, 삶의 긍정을 가지고 우리의 존재의미를 채워 나가야 할 것이다. 의미를 찾기 위해 세계와 인간을 이해하는 일은, 묻고 답하는 끝없는 과정을 통해 이루어진다.

Wir haben eine Kritik der moralischen Werthe nöothig,
der Werth dieser Werthe ist selbst erst einmal in Frage zu
stellen — und dazu thut eine Kenntniss der Bedingungen
und Umstände noth, aus denen sie gewachsen, unter
denen sie sich entwickelt und verschoben haben.

우리에게는 도덕적 가치에 대한 비판이 필요한데, 이러한 가치는 우선 그 자체
로 문제시되어야 한다. — 이를 위해서는 도덕적 가치들이 성장하고, 발전하고,
변화해 온 조건과 상황에 대한 지식이 필요하다

II

비극의 탄생

Die Geburt der Tragödie

『비극의 탄생*Die Geburt der Tragödie*』은 니체가 20대 젊은 나이에 문헌학 교수로 취임한 후 처음 썼던 야심 찬 작품이다. 이후에 펼쳐질 철학적 사상의 싹이 포함된 이 책을 문헌학자로서만 썼다고 보기에는 애매하고, 철학자로서의 풍부한 사유가 이미 담긴 의미 있는 첫 작품으로 간주해야 할 것이다.

책의 원제목 『음악 정신으로부터의 비극의 탄생*Die Geburt der Tragödie aus dem Geiste der Musik*』이 암시하듯 니체는 비극의 기원을 그리스의 예술에서 찾고 있다. 그런데 왜 하필이면 음악인지, 더군다나 비극적 음악인지 질문을 던지게 된다. 아리스토텔레스*Aristoteles*에 따르면 카타르시스*Katharsis*란 관객이 주인공의 피할 수 없는 운명적 비극의 장면에서 감동을 받고 변화를 경험하는 것이다. 니체는 불운한 영웅의 삶에 대한 공감을 통해 영혼의 정화가 일어난다는 전통적인 이론을 넘어서, 그리스 비극에 인간의 삶 자체를 긍정하게 만드는 강한 힘이 있다고 새롭게 주장한다. 그렇다면 그리스의 비극을 낳은 음악 정신은 무엇을 뜻하고, 예술은 어떤 역할을 하는 것인가? 책 머리말에서 니체는 '예술이 삶의 최고의 과제'이기 때문에 인간의 삶에서 가장 중요한 의미를 갖는다고 말하는데, 그것은 '물질적인 것이 아니라 형이상학적'인 특성을 갖기 때문이다.

그 당시를 지배한 '삶의 퇴락과 약화'라는 염세주의에 맞선 반대 운동이 바로 예술이다. 삶에 지쳐 생존의 가치를 부정하는 경향에 맞서는 강한 저항력을, 니체는 예술에서 찾고 있다. 비극은 그리스인들에게 카타르시스라는 소극적인 효과를 내는 데 그치지 않고 그들을 삶으로 이끄는 강력한 촉매 역할을 했다. 니체는 되묻는다.

"뭐라고? 바로 이들에게 비극이 필요했다고? 더군다나 예술이?
왜 그리스 예술이?"

니체는 인간의 삶에 큰 영향을 주었던 그리스 예술의 새로운 비극적 요소에 주목한다. 무엇보다 그리스인들이 공유했던 디오니소스적인 제식으로 그를 이끈 것은 인간의 실존에 대한 물음이다. 인간이 왜 살아야 하는가라는 질문. 여기에 대한 답을 얻는 곳은 바로 비극예술이었다. 예술은 삶을 유혹하고 자극하는 수단일 뿐만 아니라 이 세계의 근본, 심연의 고통을 음악으로 직접 전달하면서 인간의 의미 있는 생존을 가능하게 한다.

니체는 왜 삶의 문제, 가치의 문제를 그리스 시대로 되돌아가서 해결하고자 한 것일까? 현대사회를 '약한 염세주의'로 진단하는 니체는 염세주의가 필연적으로 '몰락, 퇴폐, 변질, 지치고 허약한 본능의 기호'인지 되묻는다. 염세주의는 '삶의 퇴락, 소진'에 대한 혐오를 뜻하는 개념으로 그 당시 인도인, 유럽인, 현대인의 존재방식을 비판한다. 무의미한 삶에 염증을 느낀 현대인들에게 그리스의 비극은 삶의 동기부여가 될 수 있기 때문에 니체는 '그리스의 강한 염세주의'를 되찾고자 한다.

'강함의 염세주의가 있는가?'라는 질문에 니체의 대답은 '그렇다'이다. '약함의 염세주의'와 구별되는 '강함의 염세주의'에 매료된 니체는 어떻게 실존의 가혹함, 두려움, 사악함을 두려워하지 않고, 그것을 강하고 용기 있는 시선으로 바라볼 수 있었는지 알고 싶었다. 행복과 넘쳐나는 건강함, 삶의 풍요에서 유래하는 긍정은 어떻게 가능한 것인가? 인간은 원래 삶의 잔인함과 무시무시함을 느끼면 삶을 포기하려는 경향이 있는데, 그리스인들은 예술을 통해 그것을 극복했다. 따라서 니체는 삶의 고통, 무의미, 구역질에 시달리면서도 삶을 긍정할 수 있는 힘을 그리스의 비극 정신에서 다시 가져오고자 하였다.

현대사회에 퇴폐주의, 허무주의가 두드러지고 있다면, 이처럼 삶을 부정으로 이끈 원인은 어디에 있는 것인가? 바로 지식만을 추구하는 문화에 원인이 있다. 삶은 역동적이고 생산적인 힘을 갖고 있다. '지식 문화'의 추구는 잘못된 논리로 삶을 억압하고 병들게 하는데, 그리스의 예술 정신을 통해 잃어버린 삶의 근원적 활력을 되찾고자 하였다.

니체는 『비극의 탄생』에서 자신의 생명 철학의 기초를 다지면서 삶의 긍정에 대한 기본 구상을 구체화하고 있다. 니체에게는 삶이 최우선이며, 다른 것은 삶 이후에 나타나는 우연적인 것, 수반되는 것, 결과적인 것에 불과하다. 따라서 고통, 혐오, 쾌락 등도 삶의 본질과는 무관하게 뒤따라온 효과인 것이다. 우리의 오해와 달리 염세주의는 삶 자체를 부정하는 것이 아니라 삶에 따른 결과를 부정한 것뿐이었다.

니체는 삶의 진정한 가치가 '영원성'을 어떻게 부여하는가에 달려 있다고 말한다. 그렇다면 우리는 삶을 어떻게 이해하고 긍정하는가의 방법을 예술의 창조적 기술에서 찾을 것이다. 왜 지식이나 과학, 윤리는 삶을 조형하는 예술의 역할을 수행할 수 없는 것인가? 이 물음에서 『비극의 탄생』이 시작된다. 예술만이 자기형성과 자기창조를 위해 인간의 삶에서 가장 중요한 의미를 갖는다.

니체의 『비극의 탄생』에서 비극은 그리스의 음악 정신에서 탄생하고, 소크라테스에게 죽임을 당한 후 다시 태어나게 된다. 비극의 탄생이라는 제목은 염세주의를 극복하고 삶을 긍정한다는 점에서 니체의 전체 작품을 이해하는 데 매우 중요한 길잡이 역할을 한다.

니체는 『비극의 탄생』을 '당대의 최고 인물'인 작곡가 바그너 Richard Wagner에 헌정하여, 그를 만족시킴으로써 가치가 입증된 책이라고 자화자찬했지만, 나중에 덧붙인 '자기비판'에서 형편없이 써졌고, 서툴고 비유가 난무한 글이라며 겸손함을 보인다. 연상인 바그너를 친구라고 부를 만큼 존경심을 불러일으킨 첫 만남부터 결별할 때까지, 바그너의 음악이론이 니체의 예술론에 미친 영향은 지대하다고 할 수 있다.

우리는 살아가면서 왜 사는지, 삶의 목적이 무엇인지 질문을 던지게 된다. 사람마다 생각이 다르겠지만 '행복'이 답이 될 수도 있고 '성공'이 답이 될 수 있다. 니체 역시 이러한 어려운 질문을 던지고 해답을 찾고자, 숲의 신인 실레노스Silenus가 들려주는 지혜를 소개한다. 미다스Midas의 왕이 디오니소스Dionysus의 시종인 현자 실레노스에게 '인간에게 가장 좋은 것, 가장 훌륭한 것은 무엇이냐'고 묻자 한바탕 웃으면서 실레노스는 다음과 같이 대답한다.

> "가련한 하루살이여, 우연의 자식이여, 고통의 자식이여, 왜 하필이면 듣지 않는 것이 그대에게 가장 복될 일을 나에게 말하라고 강요하는가? 최상의 것은 그대가 도저히 성취할 수 없는 것이

네. 태어나지 않는 것. 존재하지 않는 것. 무로 존재하는 것이 바로 그것이네. 그러나 그대에서 차선의 것은—바로 죽는 것이네."

이와 같은 가장 지혜로운 답변을 듣고 충격을 받는 사람도 있지만 공감하는 사람도 많을 것이다. 누구나 한 번쯤 삶에 지쳤을 때 태어나지 않았다면 좋았을 걸 하며 후회한 적이 있을 것이다. 가끔 자살을 통해 삶을 일찍 끝내고 싶기도 했을 것이다. 실레노스의 답은 인생 자체가 고통이며 그것을 피하는 방법은 살아서는 찾을 수 없다는 확신이다. 오직 인간이 선택할 수 있는 해결책은 죽음, 그것도 빠른 죽음뿐이다. 인간에게 최선이 이 세상에 태어나지 않는 것이라고 해서, 타임머신을 타고 시간을 되돌려 출생 이전의 상태로 되돌아갈 수는 없는 법이다. 차선이 빨리 죽는 것이라면 그 방법으로 자살을 선택하는 것은 현명한 행동인가? 우리는 삶을 힘들게 하는 태생적이거나 후천적인 불운을 탓하며 삶 자체를 부정하려고 한다. 실레노스의 예언처럼 어쩌면 삶의 의미를 아예 묻지 않고 모르는 채로 사는 것이 더 나았을지도 모른다. 그렇다면 이 끔찍하고 불편한 진실에 그리스인은 어떻게 대면할 용기를 갖고, 자살의 유혹에 흔들리지 않고 고통스러운 삶을 인내할 수 있었는가?

니체는 이와 같은 무시무시한 진리 앞에서 그리스인의 삶이 염세적이었다고 변명하려는 것이 아니다. 그들이 삶의 무의미, 고통, 구토를 어떻게 극복했는지 그 방식에 주목한다. 니체의 주장처럼 그들의 삶의 무게를 견뎌 내게 하는 힘이 바로 그리스 비극예술이라면, 애초에 삶을 가능하게 하는 원리는 무엇이며, 그리스 비극은 어떤 변용의 힘을 갖고 있는 것일까?

니체는 『비극의 탄생』에서 실레노스의 지혜와 반대되는 해답을 찾고자 끝까지 노력한다. 그래서 그리스인은 합창 공연과 같은 예술 체험을 통해 실레노스의 지혜에 맞서는 인식을 갖게 된다. 즉 가장 나쁜 것은 곧 죽는 것이고, 그다음 나쁜 것은 언젠가 죽는 것이다.

이제 삶은 저주받은 운명이 아니라 영원히 긍정되어야 할 최선의 선택이 된다. 죽음은 그 시기가 빠르든 늦든 항상 나쁜 것이다. 실레노스에게 차선의 선택이었던 '곧 죽는 것'의 의미가 최악으로 바뀌면서 죽음은 인간의 삶에서 영원히 배제되어야 할 악이 된다. 이렇게 진리에 대한 생각의 변화를 통해 그리스인은 염세주의를 이겨 낸다.

죽음에 대한 유혹을 과감히 끊고 악착같이 삶을 살게끔 하는 비밀은 그리스 비극에 있다. 니체가 실레노스의 지혜를 거부하는 이유는 그리스 비극예술이 인간의 실존을 견디고 유혹하면서 삶을 하나의 예술 작품으로서 완성하기 때문이다. 그리스 비극에서 죽음에 대한 욕망, 무에의 의지가 사라진다.

예술은 실존을 보완할 뿐만 아니라 완성을 돕는다. 마치 장미꽃이 가시덤불 속에서 피는 것처럼, 인간 실존의 고통은 신들의 영광에 둘러싸여 견뎌 낼 수 있다. 예술은 인간이 계속 살아가도록 실존을 채우려는 충동으로 올림포스Olympos의 세계를 탄생시킨 것이다. 이러한 신의 세계 안에서 인간의 고통은 아름답게 변용된다. 그리스의 신들이 인간의 삶을 살아감으로써 인간의 삶을 정당화하는 변신론辯神論 속에서 그리스인은 신들의 밝은 햇빛 아래에서 실존 그 자체를 추구할 만한 가치가 있는 것으로 여겼다.

호메로스의 작품에 등장하는 인간은 고통을 삶에서 분리함으로써 실레노스의 지혜를 뒤집을 수 있게 된다. 이제 인간은 죽음보다는 삶을 더 의욕하는 법을 배운다. 아킬레우스Achilleus처럼 인간은 변화무쌍한 인생에서 굳이 이름을 떨치는 영웅이 아니더라도 비루한 날품팔이로서라도 더 살아남기를 동경하는 것이다.

서양학에서 생生철학자로 분류되는 니체에게 가장 중요한 것은 정신이나 의식이 아니라 삶의 활동성이다. 쇼펜하우어의 철학의 영향을 받은 니체가 '삶에의 의지Wille zum Leben'를 '힘에의 의지Wille zur Macht'로, 더 적극적인 용어로 바꾸었지만, 기본적으로 삶은 그 자체로 맹목적인 카오스이므로 고정된 의미가 없다. 삶에 형식과 의미를 부여하는 것이 예술의 역할이기 때문에 예술이 인간의 카오스를 어떻게 미학적으로 조직하는지에 주목할 뿐이다.

니체가 구상하는 위대한 비극은 쇼펜하우어의 논의에서 부분적
으로 가져왔다. 세계와 삶이 우리에게 진정한 만족을 줄 수 없기 때문
에, 우리가 그것에 집착할 만한 가치가 없다는 인식이 열림으로써 우리
를 '체념'하게 만드는 '비극적 정신'이 존재한다. 그러나 니체는 이러한
단념을 가르치는 쇼펜하우어의 비극에 반대한다. 왜냐하면 쇼펜하우어
가 디오니소스적인 것을 현대예술과 섞는 바람에 비극의 타락과 변형이
일어났기 때문이다. 낭만주의가 유행하던 당시 독일 음악에는 가장 비非
그리스적인 형식이 지배적이었다. 즉 음악이 신경을 망가뜨려 사람들이
술 마시기를 좋아하게 만들고, 불명료함을 미덕으로 찬양하면서 황홀감
과 몽롱함을 주는 마취제 역할을 했기 때문이다. 결국 낭만주의는 신에
대한 낡은 믿음으로 회귀하면서 '반反그리스주의'라고 비판받게 된다.

    예술의 고귀한 본성을 망가뜨린 낭만주의에 반대해 '예술이 삶의 최고의 과제이며 진정한 형이상학적 활동'이라는 니체의 생각은, 바그너뿐만 아니라 쇼펜하우어가 제시한 음악이론의 영향을 받은 결과물이다.

    니체가 그리스인에 주목한 이유는 삶의 '명랑성'과 '예술'의 위력이다. 그리스인이 필요로 하는 것이 음악과 비극인데, 왜 희극이 아니라 인간의 슬픔을 표현하는 비극인가? 비극이 어떻게 명랑함으로 바뀌게 되는 것인가? 니체에 따르면 비극적 기원을 갖는 음악은 삶의 진지함과 두려움에 대해 '형이상학적 위안'을 주는 역할을 한다. 디오니소스적 예술은 현실의 세계를 살아가는 인간의 고통스러운 삶의 무게를 덜어 준다. 그리스인들의 체험이 예술의 토대 위에 세워졌다면 그 바탕에는 그리스 비극을 구성하는 두 가지 원칙이 있다. 따라서 두 예술충동인 아폴론적인 것Apollinisch과 디오니소스적인 것Dionysisch의 대립과 조화로 비극예술이 이루어진다. 그리스 신화에 등장하는 두 인물의 특성을 비교하자면 아폴론Apollon이 빛의 신인 반면, 디오니소스는 빛이 없는 어둠의 신을 상징한다. 니체가 그리스 신화에 등장하는 수많은 신들 가운데 특히 두 인물에 주목한 이유는, 비극예술에 니체 나름의 해석을 덧붙이기 위한 전략 때문이다.

    빛이 상징하듯 아폴론은 이성과 절제를 나타내는 아름다움의 신이다. 그러나 디오니소스는 술에 취한 주신酒神으로서 갈가리 찢기는 죽음을 통해 되살아나는 생성의 신이다. 이 두 가지 아폴론적인 것과 디오니소스적인 것은 세계의 원리를 설명할 뿐만 아니라 인간의 본성을 구성하는 이질적인 두 요소다. 즉 인간의 본질은 아폴론적인 것(이성)과 디오니소스적인 것(비이성)으로 이루어진다. 두 가지 충동이 아름다움 안에서 상호작용할 때 무의미한 인간의 삶이 존재할 만한 가치를 띠게 된다. 두 가지의 예술의 힘이 없다면 인간의 생존은 불가능하다. 또한 두 원리는 서로 균형과 조화를 이루어야 하는데, 만약 한 가지에만 치우치게 되면 그리스 비극은 무너져 찬란한 비극예술은 결국 파멸을 맞게 된다.

형이상학은 영어로 메타-피직meta-physic이라고 한다. '자연을 넘어선다'는 뜻으로, 세계의 본질을 탐구하는 학문이다. 형이상학은 눈으로 보이는 세계는 현상이고, 눈으로 보이지 않는 세계를 본질이라고 상정한다. 가령 플라톤은 감각으로 인식되는 세계와 이성으로 파악되는 이데아의 세계를 '동굴의 비유'2에서 구분한다. 칸트의 이분법을 따르는 쇼펜하우어는 이 세계가 현상과 본질로 되어 있다고 보고, 음악이 세계의 본질인 '삶에의 의지'를 매개 없이 표현하기 때문에 형이상학적인 성격을 갖게 된다고 생각한다.

---

2 '동굴의 비유'는 플라톤의 『국가』 제7권에 등장하는 이야기다. 동굴 안에는 손발이 묶인 채로 벽만 보고 있는 사람들이 있다. 그들은 뒤에서 비추는 빛에 의해 벽에 생기는 그림자가 세상의 전부라고 알고 있다. 하지만 그것은 실체의 그림자일 뿐, 동굴 밖으로 나가야 그림자의 원인인 태양 빛도 볼 수 있고, 참된 존재를 볼 수 있다. 플라톤에 따르면 우리는 모두 동굴 안의 사람처럼 갇혀 있는 상태이며, 선의 이데아(Idea)에 의해 비로소 진리를 볼 수 있다고 하였다.

아폴론적인 것과 디오니소스적인 것

    그리스 예술의 발전이 아폴론적인 것과 디오니소스적인 것의 두 원리의 결합으로 이루어진다고 할 때, 아폴론적인 것은 조각예술(조형예술)을 의미하고, 디오니소스적인 것은 비조형예술(음악예술)을 뜻한다. 성격이 다른 두 충동은 마치 남성과 여성처럼 대립하고 투쟁하면서 공존한다. 이 충동이 지속적인 재탄생을 상호자극하면서 결합하여 그리스적인 작품에서 아티케Attike 비극을 만들어 낸다. 따라서 그리스 비극의 핵심은 아폴론적인 것과 디오니소스적인 것의 결합과 조화이다. 간단히 말해 아폴론적인 것은 언어(가사)로서의 로고스logos, 디오니소스적인 것은 소리(운율)로서의 멜로스melos이다.

    니체의 초기 사상이 두 가지 원리의 균형에 근거했다면, 후기에는 세계 자체의 생성으로서의 디오니소스적인 것이 더 강조된다. 따라서 그리스인의 명랑성을 이해하기 위해 '디오니소스적인 것'의 성격을 분명하게 해야 된다. 디오니소스적인 것이 심리학적, 생리학적으로 그리스 비극의 바탕을 이루기 때문이다.

아폴론적인 것	꿈	가상	의식	빛	인식	개체 (多, 개별화의 원리)	조화, 균형, 한계를 지킴	자기인식
디오니소스적인 것	도취	본질	무의식	어둠	충동	하나 (一, 근원적 일자)	조화, 균형, 한계를 넘어섬	자기망각

아폴론적인 것과 디오니소스적인 것, 이 두 가지 예술 충동은 인간에게 꿈과 도취라는 구분된 예술 세계를 만든다. 아폴론적인 것이 시간과 공간의 원칙으로 규정함으로써 세계를 조각내는 '개별화의 원리'라면, 디오니소스적인 것은 그러한 개별화를 지양하여 세계와 하나가 되게 하는 원리다.

꿈

아폴론이 뜻하는 꿈은 그리스의 예술 창조의 비밀이다. 서사 시인이나 조각가는 꿈에서 신들의 형상을 관조하고 그것을 예술 작품으로 다시 표현하였다. 따라서 모든 예술의 시작은 꿈의 해석이라고 해도 과언이 아니다. 장엄한 신들의 형상이 꿈으로 인간의 영혼 앞에 나타나야 위대한 조각가들이 비로소 작품을 만들 수 있었다. 꿈의 세계에서 보인 밝게 빛난 아름다운 가상은 조형예술과 시문학의 중요한 조건이 된다.

그렇다면 그리스인들은 이러한 '자연의 예술충동'을 어떻게 전개한 것인가? 아리스토텔레스적인 의미에서 원형과의 이상적인 관계를 '모방'으로 이해한다면, 그리스 예술가는 꿈에서 사물의 본질인 근원적 형상을 문학적 비유와 조각으로 완벽하게 표현한다.

> 우리의 삶은 두 개의 절반으로 되어 있다. 깨어 있는 반쪽과 꿈 꾸는 반쪽이 있다면 우리는 앞의 것을 더 중요하고, 가치가 있고, 살 만한 것, 즉 산 것으로 여긴다. 이 본질이 우리의 현실이다.

그러나 니체는 이것의 반대를 말하고자 한다. 즉 꿈을 현실보다 더 현실적인 것으로 긍정해야 한다.

꿈에서 아름다운 가상을 만들어 낸다는 점에서 인간은 완전한 예술가다. 예술이 언어로 표현되면 우리는 그 형태와 형식을 이해하게 된다. 꿈에서 보인 최고의 삶은 바로 '가상'이다. 우리 현실 아래의 전혀 다른 현실인 꿈의 형상을 이해하면, 고통과 위험, 공포를 꿈이라고 여기게 된다. '이것은 꿈일 거야' 그래도 '나는 이 꿈을 계속 꾸고 싶어'라고 생각하면서 현실의 고통을 가상의 꿈으로 이겨 낸다. 꿈은 '가상의 가상'으로 가상에 대한 고차원적인 충족이다. 즉 현실의 대낮은 끔찍한 현실이지만 아폴론적인 꿈에 대한 관조는 내면에 깊은 쾌락을 가져다준다.

그리스인들은 내면의 환상 세계인 꿈의 경험을 아폴론 신의 형상으로 표현했다. 아폴론은 모든 조형의 신으로서 예언도 하는 '빛나는 자'다. 그는 아름다운 가상을 빛으로 지배하면서 불완전한 대낮의 현실과 상반된 진리를 꿈에서 보여 주며 인간을 완전하게 치유하는 힘을 갖는다. 따라서 아폴론은 '삶을 가능하게 하고 살 만한 가치가 있는 것으로 만들어 주는 예술'을 상징한다. '태양'의 빛이 비취면 추한 사물도 아름답게 보이듯이 태양의 신인 아폴론의 힘으로 불쾌한 것도 성스러움을 갖게 된다.

그리스 신전의 건축물을 보면, 그 위대한 모습 가운데 아폴론은 올림포스 세계의 아버지로 여겨졌다. 실레노스의 대답에서 그리스인은 실존의 공포와 경악을 잘 알고 있었는데, 생존을 위하여 올림포스 신이라는 꿈의 산물을 세워야 했다. 자연의 거대하고 무자비한 힘 앞에 존재의 이상형을 운명의 여신 '모이라Moira', '프로메테우스Prometheus', '오이디푸스Oedipus' 등으로 신격화함으로써 실존의 고통은 은폐되어 사라져 버렸다. 올림포스의 신전이라는 '예술가적 중간세계'는 그리스인이 생존을 위해 필연적으로 창조한 것이다. 만약 공포스러운 세계의 질서가 아폴론적 미의 충동을 통해 변화되지 않는다면 생존의 환희는 존재할 수 없다. 이렇듯 고통을 잊을 만큼 인간을 강하게 사로잡는 것은 '아폴론의 형상'이다. 아름다운 가상이 쾌락과 지혜를 갖고 말을 걸어오던 장면을 꿈에서 본 위대한 조각가는, 장엄한 신들의 형상을 신전에 조각했던 것이다. 아폴론의 문화는 즐거운 환영을 통해 세계의 깊은 고통을 이겨 내고 가상의 아름다움으로 현실을 기만하는 역할을 한다. '호메로스적 인간'은 꿈을 관조하는 기쁨을 느껴 세계를 환영과 환상으로 미화함으로써 자신에게서 찬양할 만한 가치를 느낀다. 이와 같은 맥락에서 '아폴론적 가면'은 자연의 끔찍한 내면을 들여다본 시선이 그 고통을 은폐하기 위해 만든 필연적 산물이다.

도취

디오니소스적인 것은 아폴론적인 것과 정반대의 특성을 갖는다. 디오니소스는 술과 매우 밀접한 신이다. 따라서 주신酒神을 뜻하는 디오니소스의 본질은 술에 취한 상태를 떠올리면 쉽게 이해된다. 원시 부족들이 술과 같은 환각성 음료를 마시고 강력한 봄기운에 이끌려 격정에 눈뜨는 것처럼 디오니소스적 망각 상태는 합창단과 관객이 춤으로 하나가 되는 고대 바커스Bacchus 제의에서뿐만 아니라 오늘날 축제에서도 확인할 수 있다. 로마에서 바빌로니아에 이르기까지 고대 세계의 곳곳에서 디오니소스 축제가 열렸다. 축제의 핵심에는 과도한 성적 방종이 있었는데, 이것을 통해 모든 가족제도와 법규가 무너졌다. 음욕과 잔인함을 매개하는 것은 술과 같은 '마녀의 음료'였으며 축제에는 늘 일상을 넘어서려는 열광적인 광기가 지배했다.

축제를 통해 디오니소스적인 마력에 휩싸이면, 인간은 인간뿐만 아니라 자연과도 화해하게 된다. 대지는 선물을 하고 맹수들도 다가

오면서 모든 적대적인 구분이 사라진다. 이제 모든 세계는 조화롭게 되어 누구나 자신의 이웃과 결합하면서 융해된다고 느낀다. 드디어 실체를 보지 못하게 가리고 있던 아폴론적 '마야의 베일The Veil of Maya'이 찢어지면서 누구나 그 안에 감춰졌던 신비로운 '근원적 일자—者, Ureine'와 하나가 된다. 이렇듯 축제를 통해 노래하고 춤추면서 공동체의 구성원이 되는 인간은 근원적 일자, 그리고 그의 고통 및 모순과 완전히 하나가 되면서 자신을 잊게 된다. 디오니소스적인 것은 결핍이나 고통에서 유래한 것이 아니라 비극적 실존의 밑바탕에 있는 추한 것, 무서운 것, 악한 것, 불가사의한 것, 파괴적인 것, 운명적인 것에 대한 욕망과 관련된다. 마치 술에 취하다 보면 현실의 고통도 잊게 되는 것처럼, 그리스인의 영혼을 가득 채운 것은 꽃이 활짝 핀 모습의 디오니소스적 무아지경과 황홀경, 환각이었다.

아폴론적인 것과 디오니소스적인 것은 예를 들어 설명하면 이해하기 쉽다. 아폴론적인 삶이란 태양이 빛나는 낮에 회사나 직장에서 각자가 맡은 일을 구분지어 수행하는 이성적인 상태라면, 디오니소스적인 삶이란 어둠이 내린 밤에 술에 취해 너와 나의 구분이 완전히 사라진 환각적 쾌락, 축제의 상태를 일컫는다. 아폴론적인 빛은 각자 사물의 경계를 드러내기 때문에 개별적인 특성이 강해지지만, 디오니소스적인 것은 그 개별적인 경계가 허물어지면서 모두가 하나 되는 경험을 의미한다.

개별화의 원리

디오니소스적인 것이 이 세계의 근본인 '근원적 일자'와의 합일을 말한다면, 아폴론적인 것은 그 반대로 개별적인 것의 도드라짐을 뜻한다. 따라서 아폴론적인 가상은 인간이 경계를 넘지 않고 디오니소스의 광폭한 격정으로부터 자유로운, 관조와 평정을 상징한다. 쇼펜하우어의 '마야의 베일'처럼 인간은 광란의 바다와 같은 고통의 세계 가운데서 '개별화의 원리'에 의지한다. 이러한 아폴론의 '개별화의 원리'가 깨어져 혼란이 생기면 인간은 자신의 가장 깊은 근저와 자연으로부터 솟구쳐 나오는 환희에 찬 황홀함을 전율과 함께 받아들여 디오니소스적인 것을 체험하게 된다.

자연의 가장 내면적인 핵심은 소박한 예술가인 호메로스가 '가상의 가상'으로서 느꼈던 소박한 예술 작품에 대한 욕망이다. 여기서 '가상의 가상'이란 플라톤이 이미 이데아를 모방한 경험 세계를 한 번 더 모방했다며 깎아내린 예술의 영역을 말한다. 라파엘로Raffaello Sanzio의 〈그리스도의 변용〉이라는 작품을 보면, 하반부가 영원한 고통, 세계의 근거를 보여 준다면, 상반부는 가상을 통한 환영이 향기처럼 피어올라 인간이 고통의 세계를 바라보지 못하게 한다. 아폴론적인 것은 고통이 없는 관조 속에서 빛처럼 떠다니며 환희를 느끼는 상태다. 아폴론은 개별화의 원리를 통해서만 근원적인 일자가 영원히 성취하려는 목표, 즉 가상을 통한 자신의 구원을 이룰 수 있다. 진정으로 존재하는 자, 근원적인 일자는 영원히 고통받는 자를 상징하며, 모순에 가득 찬 자로서

라파엘로, 〈그리스도의 변용〉, 1516~1520, 목판에 템페라, 410×279㎝, 바티칸 피나코티

자신의 지속적인 구원을 위하여 매혹적인 환영과 즐거운 가상을 필요로 한다. 만약 아름다운 가상이 없는 경우 사지가 찢겨 나가는 디오니소스적인 고통이 너무 적나라하게 드러나기 때문에 그것을 덮을 환영이 필요하다. 인간도 마찬가지다. 개인은 고통의 세계에서 자신을 구원하기 위해 어쩔 수 없이 미적인 환상을 필요로 한다. 그래서 인간은 흔들리는 배 위에서도 미적 환영을 관조함으로써 공포에 휩싸이지 않고 고요히 앉아 있을 수 있다.

그렇다면, 아폴론적인 것의 원칙인 '개별화의 신격화'란 무슨 뜻일까? 그것은 명령과 규정을 지시하는 법칙이다. 개체 간의 경계를 준수하는 것은 그리스적 의미의 절도節度이다. 윤리적인 신인 아폴론은 이를 위해 자기인식을 요구한다. 즉 아름다움이 미학적으로 꼭 필요하다는 사실 외에도 '너 자신을 알라. 너무 지나치지 말라'는 명령이 있다.

반면, 디오니소스는 개별화의 고통을 뜻한다. 무대의 주인공인 디오니소스는 몸이 산산이 찢기는 고통을 느낀 신이면서 동시에 죽음 이후에 부활을 예감하는 신이기도 하다. 그는 개별화의 고통을 몸소 겪고 있는 신이다. 디오니소스는 소년 시절 거인들에 의해 갈기갈기 찢겼는데, 이러한 상황이 뜻하는 원초적 고통은 생명이 공기, 물, 흙, 돌로 분리되는 죽음이다. 따라서 니체는 개별화의 상태를 '모든 고통의 원천'이자 '근원'이며, 그 자체로 비난받아야 하는 것으로 생각한다. 찢겨 죽은 디오니소스가 부활함으로써 개별화의 종말이 이루어진다. 디오니소스가 포도주로 다시 태어나면서 개별화의 고통은 극복된다. 서로 분리된 개별자는 포도주를 통해 하나가 되는 디오니소스의 부활을 희망하면서 기쁨을 누린다. 디오니소스적 세계관의 가르침은 다음과 같다. '존재하는 모든 것은 하나'였고 '개별화가 악의 원초적 근거'이기 때문에, 미와 예술은 개별화를 지양함으로써 디오니소스적 '기쁨을 주는 희망'과 '다시 도래할 일치'를 예감한다.

요약하면, 아폴론은 개별화의 원리에 의해 각자의 경계선을 긋고, 자기인식과 절도를 요구하는 안정된 신의 모습이다. 아폴론이 물결의 궤도처럼 형식과 정의를 의미한다면, 디오니소스는 그 경계를 허무는 밀물과 같다. 이러한 개별적인 경계가 깨져 자연과 하나가 되는 황홀경은 무아지경이다. 이처럼 디오니소스는 개체의 파괴를 통한 근원적 존재와의 합일을 의미하는 신이면서도 재생의 신이기도 하다.

그리스 비극은 아폴론적 빛을 통해 자기를 구원하려는 열망 때문에 매혹적인 환영과 즐거운 가상을 필요로 한다. 아폴론적 형상에 의해 자신을 객관화하려는 예술이 바로 디오니소스적 합창이다. 아폴론적인 것과 디오니소스적인 것의 만남, 이성과 감성의 조화, 꿈과 도취의 균형은 세계를 창조하는 예술뿐만 아니라 인간의 삶을 구성하는 원리이다.

니체가 사용하는 용어인 '개별화의 원리'는 원래 쇼펜하우어의 『의지와 표상으로서의 세계』에 나오는 개념이다. 쇼펜하우어에 따르면 세계의 본질인 의지가 대상을 통해 다양화되는 조건은 시간과 공간이라는 개별화의 원리이다. 의지의 객관화는 개별화의 원리에 따라 무수한 개체에서 표현된다. 가령 의지가 객관화되는 낮은 단계인 돌이나 식물에서부터 높은 단계인 인간까지 개별화가 생겨난다.

삶의 미학적 정당화

그렇다면 우리의 삶은 어떻게 살 만한 의미와 가치를 갖는 것인가? 다시 말해 삶은 어떻게 정당화되는가? 니체에게 삶은 과학, 인식, 도덕, 종교로 정당화될 수 없고 미학의 두 원리에 의해 비로소 가치를 띠게 된다.

계속해서 살펴보는 것처럼 니체는 그리스 비극의 본질을 아폴론적인 것, 디오니소스적인 것이라는 두 가지 예술가적 힘의 대립, 균형, 조화로 고찰했는데, 이 충동은 자연 자체로부터 직접 나오기 때문에 인간의 매개를 거치지 않는다. 세계는 한편으로는 꿈의 형상으로서 완전성을 나타내며, 다른 한편으로는 도취적 현실에 신비적인 일체감으로 구현하는 힘이다.

자연의 미적 상태에는 '모방자'로서 세 가지 종류의 예술가가 있다. 첫 번째는 아폴론적인 꿈의 예술가, 두 번째는 디오니소스적인 도취의 예술가, 세 번째는 그리스 비극인 도취와 꿈의 예술가다. 여기서 그리스 비극은 세 번째 예술가의 모방의 단계에 해당된다.

합창단에 열광적으로 몰입하는 그리스인은 디오니소스적인 도취와 신비주의적 자기망각에 빠져든다. 그러다가 아폴론의 영향으로 세계의 가장 내면적인 근거와 하나가 된 상태를 비유적인 꿈의 형상에 다시 나타낸다. 그리스인이 살아갈 수 있는 힘은 아폴론적인 것과 디오니소스적인 것의 상호작용이다. 실레노스의 무시무시한 지혜를 알게 된 그리스인에게 삶이란 견딜 수 없는 고통의 연속이다. 그래도 고통을 아름다운 아폴론의 빛의 가상으로 견뎌 낼 뿐만 아니라 디오니소스적인 희열을 통해 이 세계와 분리되지 않게 됨으로써 잊게 된다. 삶의 미학적 정당화는 아폴론적인 꿈의 가상과 디오니소스적인 도취가 결합하여 가능해진다.

이러한 니체의 심미적 세계 해석은 기독교의 도덕적 세계 해석과 큰 차이를 보인다. 기독교는 도덕이라는 절대적인 척도로 삶을 평가하는데, 신이 진실하다는 생각에 근거하여 예술을 거짓의 영역으로 추방한다. 플라톤도 예술을 진리가 아닌 모방, 정확히 말해 모방의 모방이라고 거부하였는데, 니체에 따르면 도덕의 본질은 삶에 대한 적대적인 것, 즉 원한과 복수심에 근거한다. 죄와 벌, 구원 등과 같은 규범을 제안하는 신앙이 현실의 삶을 부정하기 때문에 도덕을 믿는 한 인간은 삶 자체를 받아들일 수 없다.

삶은 원래 '가상, 예술, 기만, 광학, 관점적인 것과 오류의 필연성'에 근거하고 있어 비도덕적이다. 기독교는 삶에 대한 '권태와 구토'를 느껴 더 나은 삶에 대한 희망을 갖고 내세를 지어낸다. 삶을 비방하는 것은 몰락에 대한 염세주의적인 의지이고, 삶의 가장 깊은 병은 피로, 불만, 고갈이다. 건강한 삶은 기독교에서 무가치하다며 부당한 취급을 받았다. 삶에 지친 약하고 병든 자가 이 세상의 삶을 비난하고, 그 반대의 이상을 저편의 천국에 세웠지만 니체는 오히려 금욕주의에 반대하여 이 현실을 긍정하는 예술가의 삶의 방식을 지지한다.

그렇다면 니체가 보는 미학의 특징은 무엇인가? 예술에서 주관적인 것과 객관적인 것의 대립이 옳지 않다고 본 니체는, 인간이라는 주관적인 주체가 예술의 근원이 될 수는 없다고 생각한다. 예술가가 자신의 개인적 의지에서 해방되어 보편적인 매개자가 될 때, 진정으로 존재하는 주체가 되어 가상 속에서 자신이 구원받는 기쁨을 느낀다.

진정한 예술은 인간의 주관적인 것에서 탈피해야 비로소 파악되는 것이다. 그러나 우리가 저 예술 세계의 본래의 창조자가 아니라는 사실에 유념해야 한다. 예술의 진정한 창조자는 인간이 아니라 자연이다. 우리는 예술 세계의 진정한 창조자에게 있어 영상이자 예술가적 투영에 불과하며, 예술 작품의 의미 속에서 최고의 품위를 가진다. 왜냐하면, 오직 미적 현상으로서만 실존과 세계는 영원히 정당화되기 때문이다.

우리는 저 예술 희극의 유일한 창조자이자 관객으로서 영원한

향락을 누리는 그 존재와 결코 하나가 될 수 없고, 동일한 존재로 설 수도 없다. 이제 저 세계의 깊은 근거에 자리 잡은 것은 예술가로서의 인간의 활동이 아니다. 이 세계를 예술 작품으로 부단히 창조하는 저 세계의 움직이는 중심으로서의 '나'는 깨어 있는 경험적 인간의 자아가 아니라, 진실로 존재하는 유일한 자아, 그리고 사물의 근거에 놓여 있는 영원한 자다. 다만 인간은 예술가적 창조 행위를 통해 세계의 근원적 예술가와 융합될 때 예술의 본질에 대해 부분적으로만 알 수 있다. 인간은 자연이 만든 예술 작품으로서 최고의 의미를 가지면서 그 가치가 영원히 정당화된다. 위대한 예술가인 세계가 자신을 반영한 예술 작품으로 인간을 창안한 것이다.

니체가 인간을 하나의 예술 작품으로 규정했다면, 그 구성 원칙인 아폴론적인 것과 디오니소스적인 것의 조화는 나중에 미셸 푸코Michel Foucault의 '삶의 기예Lebenskunst'로 계승된다. 즉 자신의 삶을 예술가적으로 형성하라는 말은 디오니소스적 충동에 아폴론적인 형식을 부여하라는 '자기배려Selbstsorge'의 개념으로 확장된다. 어떻게 살아야 할까? 니체는 자신의 삶을 하나의 예술 작품으로 창조하라고 답한다.

아폴론의 '개별화의 원리'의 법칙은 무엇인가? 앞에서 언급하였
듯이 그것은 각자의 경계를 지키는 절도 있는 삶을 뜻하기 때문에 질서
와 균형을 가리킨다. 그러나 인간의 자만과 과도함은 비非아폴론적인
영역의 야만적인 것에 속하여 신에 의해 금지되었다. 그리스 신화에서
인간의 과도함은 신의 분노를 반드시 불러왔는데 디오니소스적인 것도
아폴론적 한계를 파괴하는 것이기 때문에 신의 질서에서 추방된 야만
에 속한다.

아폴론적 인간과 세계 전체가 온갖 아름다움과 절도를 갖추고
있지만 개별화를 고통으로 인식할 때 디오니소스 축제의 황홀한 멜로
디가 필요해진다. 아폴론은 디오니소스 없이는 살 수 없다. 따라서 아
폴론적 개별화의 고통은 디오니소스적 도취의 힘을 필요로 한다. 가상

과 절도 위에 세워진, '아폴론의 인공적인 제방'에 둘러싸인 세계로 디오니소스 축제의 노랫소리가 흘러들어간다. 감정의 과도함으로 인해 가상과 예술의 뮤즈는 디오니소스적 도취 안에서 힘을 잃는다. 아폴론적 개별화의 원칙에 따라 인간은 자신의 한계와 절도를 지키려고 하지만 실레노스의 지혜에 직면하면 모든 경계와 절도를 지닌 개인은 디오니소스적인 상태의 자기망각 속에서 몰락해 갔고, 아폴론적인 규준들을 망각했다. 따라서 디오니소스적 과잉이 진리로 여겨지고 고통 속에서 기뻐하는 모순된 감동이 자연의 가슴에서 울려 퍼지면 디오니소스적인 것이 뚫고 지나가는 곳 어디서나 아폴론적인 것이 지양되고 파괴된다.

그렇다면 인간이 예술을 통해 자기의식을 잃고 디오니소스적인 광기에 빠지게 되면, 그에 따른 문제는 없을까? 니체는 근대미학에서의 주관과 객관의 긴장관계를 문제 삼는다. 근대미학이 '객관적' 예술가보다 '주관적' 예술가를 앞에 내세웠다면, 니체는 주관주의의 극복을 통해 '나'로부터 해방될 것을 주문한다. 예를 들면 칸트의 경우 아름다움이란 '무관심성'이라는 인간의 미적 태도와 관련이 있다고 본다. 관조미학에서 '아름다움'이란 객관 세계를 바라보는 인간의 관점에 따라 부여된다. 쇼펜하우어의 미학 역시 이러한 주관과 객관의 도식을 전제하면서 의욕이 없는 순수 인식을 강조한다.

그러나 주관과 객관의 이분법을 거부하는 니체의 미학적 형이상학은 다음과 같이 요약될 수 있다.

디오니소스적 예술가는 근원적 일자, 그리고 그의 고통 및 모순과 완전히 하나가 되어 그 모상模像을 음악으로 만들어 낸다.

이 세계의 출발은 디오니소스적인 것으로 가득한 세계 에너지이고 여기서 아폴론적인 가상이 생겨난다. 따라서 구체적인 개념이 없는 음악은 비유적인 꿈처럼 아폴론적 꿈의 영향을 받아 가시화되면서 가상을 통해 구원받는다. 인간이 세계의 가슴과 하나가 되면 '나'라는 주체가 존재의 심연에서 울려 나오기 때문에 칸트와 쇼펜하우어의 근대 미학이 주장하는 주관성은 '망상'일 뿐이다.

세계와 인간은 동일한 예술의 원리에 의해 작동한다. 즉 디오니소스적인 에너지를 아폴론적인 가상으로 표현할 때, 예술가적 창조를 통해 세계의 근원적 예술가와 융합될 때, 인간은 예술의 영원한 본질뿐만 아니라 자기 자신을 바라볼 수 있는 기회도 갖는다. 세계뿐만 아니라 인간 자신이 예술가이자 예술 작품이 된다. 니체의 미학에서 중요한 것은 순수한 관조가 아니라 창조이기 때문에 이 세계를 예술가의 작품으로 이해할 때 우리의 삶도 보편적인 의미를 갖는다. 인간은 자신을 이 세계가 빚어 내는 예술 작품으로 다시 인식한다. 우리 자신이 결코 세계의 창조자가 아니라는 인식을 통해 주체에서 해방되면서, 가상 속에서 자신을 끊임없이 구원하는 디오니소스적 세계가 비로소 이해된다. 인간은 세계 예술에 참여하여 스스로 예술가이자 동시에 예술 작품이 됨으로써 존재의 영원함을 깨닫게 된다. 인간의 예술적 창조 행위는 세계와 삶의 미학적 정당화를 가능하게 하기 위한 자기인식의 계기인 셈이다.

　　미학사를 보면 객관주의와 주관주의 간의 논쟁이 있다. 원래 미학은 고대와 중세에서는 미에 대한 객관주의적 이론이었으나 근대에 들어서는 주관주의 이론으로 보는 시각이 우세하다고 할 수 있다. 가령 피타고라스 학파는 세계의 질서, 조화, 비례가 바로 아름다움의 속성이라고 보았다. 즉 사물이 아름답기 때문에 우리 마음에 든다는 것이다. 주관주의적 입장에서 아름다움은 사람마다 다른 취향의 문제다. 미적 경험은 미적 태도의 문제이기 때문에 객관성이 없다는 것이다. 이 같은 주관주의와 객관주의의 대립을 넘어서는 것이 바로 니체의 '놀이Spiel'의 미학이다.

니체가 예술의 여러 표현 양식 가운데 음악의 위상을 강조한 이유는, 음악이 의지의 직접적인 표현이라는 쇼펜하우어의 영향을 받았기 때문이다. 음악은 매개 없이 세계를 직접 표현한다. 그리스 비극이 가사와 음악으로 이루어진다고 할 때, 음악이 가사보다 더 의미 있는 까닭은 가사를 몰라도 음악만으로 청중이 충분히 감동을 받을 수 있기 때문이다. 인간은 내용에 대한 서사적인 구조를 전혀 몰라도 음악을 통해 세계의 깊은 울림을 충분히 느낄 수 있다. 음악은 세계의 의지가 길어 올리는 웅장한 오케스트라의 소리를 인간에게 그대로 전달한다. 따라서 세계는 의지가 구체화된 음악이다.

음악은 모든 사물의 본질과 직접적인 관계를 맺는다. 다른 매개체를 필요로 하지 않고 귀만 열면 운율은 우리의 마음속으로 파고든다.

쇼펜하우어에 따르면 세계의 직접적인 표현으로 간주되는 가장 보편적인 언어인 음악은 추상적이지 않고 구체적이며 명확하다. 따라서 음악은 모든 사물의 가장 은밀한 의미를 해명하는 가장 정확하고 분명한 주석을 달아 준다. 현상의 모사가 아니라, 의지 자체의 직접적인 모사이기 때문에, 음악은 세상의 모든 대상에 대해 '형이상학적인 것'을, 모든 현상에 대해 '물자체'를 표현한다는 점에서 다른 예술과 구분된다.

간단히 말해 언어는 추상적이라면 음악은 구체적이다. 따라서 언어를 사용한 개념은 관조에서 이끌어 낸 추상화된 형식, 즉 사물에서 벗겨 낸 겉껍질만을 나타낸다. 그러나 음악은 모든 형체들에 앞서 존재하는 가장 내밀한 핵심인 '사물의 심장'을 제공하기 때문에 개념을 거친 의식적 모방과는 구분된다. 언어는 음악처럼 세계의 내적 본질인 의지 자체를 그대로 표현하지 못하고 의지의 현상만을 불충분하게 모방하는 데 그친다. 반면 음악은 우리에게 보이지 않지만 생생한 방식으로 말을 걸어오듯이, 움직이는 정신세계에 형태를 부여한다.

디오니소스적 보편성을 비유적으로 연결 지어 보면, 음악은 신화, 특히 비극적 신화를 낳을 수 있다. 음악은 서정 시인에게 한편으로는 아폴론의 형상을 빌려 자신의 본질을 알리려 애쓰고, 다른 한편으로는 가장 고양된 상태에서 최고의 형상화에 이르러 자신의 진정한 디오니소스적 지혜를 표현하는 상징이다.

쇼펜하우어의 '음악의 형이상학'에서 음악은 노래하는 사람의 정념, 열정, 감동과 정서로 채워지지만, 자연을 둘러보며 노래를 듣는 인간은 순수하고 의욕이 없는 인식 주체가 된다. 즉 열정의 충동을 가득 담은 음악을 듣게 되면 인간은 역설적으로 의욕과 충동에서 벗어나는 구원에 이른다는 것이다. 음악은 특별한 제약이 없기 때문에 개념과 형상을 따로 필요로 하지 않으며, '근원적인 일자'의 가슴속에 있는 근원적 모순, 고통과 상징적인 관계를 맺는다. 반면 현상들의 도구이자 상징인 언어는 결코 음악의 가장 깊은 내면을 바깥으로 표현할 수 없다. 만약 음악을 모방하려고 한다면 즉시 피상적인 접촉 상태에 머무르게 된다. 따라서 음악의 심오한 의미는 서정적 언어로 절대 표현할 수 없다. 서정 시인이 음악을 언어의 형식으로 떠올리더라도 음악의 내용을 담은 상징은 언어로 충분히 설명될 수 없다.

니체는 그리스 비극예술과는 달리, 가사의 비중이 노래보다 압도적으로 커지는 오페라의 문제점을 지적한다. 오페라에서 노래보다 대사가 많아진 이유는 가사를 더 듣고 싶어 하는 관객의 기대에 부응해야 했기 때문이다. 그러나 그만큼 줄어든 음악의 분량을 보완하고 대사의 이해를 쉽게 하기 위해 단어와 문장을 반복하여 모자이크 같은 조합만을 보여 줌으로써, 시인은 현대적인 장르인 오페라에서 언어에 대한 강력한 욕망을 갖고 억지 예술을 만들어 낸다.

디오니소스 비극은 처음에는 서사적 합창이었을 뿐 아폴론적 연극이 아니었다. 황홀경과 무아지경 속에서 관중들이 신의 고통을 자신의 것으로 느끼게 될 때, 관중들이 눈앞에서 느끼는 신의 형상은 아폴론적인 꿈의 상태다. 그때 현실의 낮보다 더 감동적인 비현실의 세계가 꿈을 통해 눈앞에 펼쳐진다. 그러나 서사적인 합창의 핵심인 디오니소스적인 서정시에서 언어의 표현이 지나치게 비중을 차지하면 비극이 오페라 형식의 연극으로 퇴락하게 된다. 디오니소스의 무대에서 서사적 형상이 너무 명료해지고 견고해질수록 예술의 힘이 아니라 서사적인 '호메로스의 언어'를 통해 디오니소스가 드러난다.

　　니체가 오페라를 비판한 이유는 무엇보다 가사를 이해한다는 당위성을 들어, 음악을 잘 모르는 대중의 요구를 반영했기 때문이다. 청중은 예술가가 아니라 이론적 인간, 비판적인 애호가에 지나지 않고 음악의 디오니소스적 깊이를 알지 못해 수사학이나 성악의 기교에 의해 변질된 쾌감만을 요구할 뿐이다. 그러나 오페라를 진정한 예술이 아닌 '기생충'이라고 비판하던 니체가 비제Georges Bizet의 〈카르멘Carmen〉을 극찬하며 여러 번 관람했다는 일화는 아이러니가 아닐 수 없다.

그리스 비극은 '비극적 합창'에서 유래했는데, 그 핵심에는 '사티로스 합창단'이 있다. 사티로스는 반신반인半神半人의 모습을 한 산양이다. 신화의 제식에서 신성한 재가를 받은 사티로스를 통해 비극의 디오니소스적 지혜가 드러난다. 그렇다면 그리스인은 사티로스 합창단 앞에서 어떤 감동을 받았을까?

땅보다 훨씬 더 높이 솟아 있는 곳에 거주하는 디오니소스 축제의 무용수인 사티로스와 함께 그리스 비극의 공연이 시작되었다. '문명의 빛이 음악에 의해 사라진다'는 바그너의 말처럼 그리스의 문화인은 사티로스 합창단 앞에서 자신이 제거된다고 느꼈을 뿐만 아니라 국가와 사회, 인간과 인간 사이의 간극이 사라져 자연의 심장부로 되돌아가는 듯한 큰 감동을 받았다. 자연의 심장부에서 느껴지는 디오니소스적 도취의 영향을 받아, 사물의 근저에서 생명은 현상들의 온갖 변화 속에서도 파괴할 수 없을 정도로 강력하고 즐거움에 가득 차 있다는 사실이 알려진다. 따라서 모든 진정한 비극은 큰 기쁨으로 우리를 개별적인 고통에서 해방시켜 주며 삶의 위안을 가져다준다.

그리스인은 아직 인식되지 않은, 문화의 빗장도 열리지 않은 자연을 사티로스에게서 발견했다. 사티로스는 인간의 원형이자 인간이 가진 최고의, 가장 강력한 감동의 표현이었고, 신이 가까이 있다는 사실에 황홀해하는 감격한 열광자, 그 안에서 신의 고통이 반복되는 까닭에 함께 괴로워하는 동지, 자연의 가장 깊은 가슴에서 나오는 진리의 예고자였기 때문에 그리스인이 외경적인 놀라움으로 바라보곤 했던, 생식적 전능을 뜻하는 자연의 상징이었다. 사티로스는 고통으로 상처받는 디오니소스적 인간의 눈에 '숭고한 것'이자 '신적인 것'으로 보였다.

사티로스 합창단은 자신을 더 실제적이고 현실적이며, 완전한 실존으로 묘사한다. 형이상학적 위안을 주는 비극은 실존의 핵심인 영원한 삶을 보여 준다. 디오니소스적 그리스인은 진리와 최고의 힘을 발휘하는 자연을 원하며, 마법에 걸려 사티로스로 변한 자신을 인식한다. 이러한 분위기에 도취된 디오니소스적 시종의 무리들은 눈앞에서 자신을 변화시킨 힘을 느끼면서 자신 안에서 부활한 자연의 정령, 즉 사티로스를 상상한다.

몰입을 통해 개체를 포기할 때, 마법의 힘에 휩싸인 디오니소스적인 도취자는 자신 안에서 사티로스를 보고, 그 사티로스에게서 다시 신을 본다. 이러한 자기변신이 아폴론적 완성을 의미한다. 즉 비극 합창단은 인간이 스스로 사티로스로 변하는 자연현상을 예술적으로 모방한 것이다. 공연에는 청중과 합창단 사이의 대립이 없고 관객과 도취자의 구분도 없다. 왜냐하면 합창단 모두 춤추고 노래하는 사티로스의 사람들로 이루어지기 때문이다. 무대 중심으로 내려가는 반원형 계단식 구조의 극장에서 관객 모두는 자신이 합창단원이 되었다고 착각한다.

원시의 비극 합창단은 디오니소스적 인간의 자기반영이다. 사티로스 합창단은 디오니소스적 대중의 환영이고, 무대 위의 세계는 다시 사티로스 합창단의 환영이다. 환상의 힘은 관객의 현실감각을 무감각하게 할 정도로 강렬하여 높은 곳에서 내려다보이는 무대 위에 디오니소스가 환히 보였다.

사티로스는 디오니소스적인 광기를 체험함으로써 스스로 변화하는 인간을 상징한다. 비극 합창단은 다른 인물 속으로 들어가 자기변신을 경험한다. 즉 디오니소스적 열광자는 합창의 환영 속에서 사티로스로 변신하여 디오니소스적 고통과 영광을 경험하고, 이로써 그리스 신전에서 이루어진 신탁을 통해 인간은 운명을 인식하여 더 지혜롭게 된다. 사티로스는 음악가와 시인, 무용가와 예언자 넷이 합쳐진 한 사람이다. 따라서 디오니소스 합창단은 사회적 지위를 망각하고 사회 밖에서 시간을 초월한 디오니소스 신의 시종인 것이다. 결국 자기변신을 경험하게 하는 계기는 마법과 같은 디오니소스적 도취라고 할 수 있다.

학문과 예술, 삶의 관계

니체는 학문은 예술가의 광학으로 바라보지만, 예술은 삶의 광학으로 바라봐야 한다고 말한다. 여기서 니체는 세 가지 관점을 구분한다. 첫째는 학문(과학)의 관점, 둘째는 예술가의 관점, 셋째는 삶의 관점이다. 이 가운데 가장 중요한 것은 삶의 관점이다. 왜냐하면 생철학자인 니체에게 어떤 초월적 가치도 인간의 삶 위에 존재할 수 없기 때문이다.

예술을 삶의 광학에서 본다는 것은 비극예술도 삶의 보존이나 상승에 기여해야 한다는 유용성의 조건을 다는 것이다. 섬세한 감수성 때문에 큰 고통을 느꼈던 그리스인은 비극 합창을 통해 자신을 위로했다. 세계사에서 일어나는 무시무시한 파괴와 자연현상에서 볼 수 있는 잔인함을 꿰뚫어 보고, 불교에서처럼 의지를 부정하고 싶을 때, 예술이 그리스인을 구원하고, 다시 그리스인이 예술을 통해 스스로 구원해야 하는 것은 삶이다. 인간에게 가장 중요한 삶의 목적에 학문이든 예술이든 무언가 기여할 수 있어야 한다.

디오니소스적 상태의 황홀은 일상의 한계와 제한을 파괴한다. 과거의 체험이 무감각한 상태로 침잠하면 망각으로 일상적 세계가 디오니소스적 세계와 구분된다. 그러나 의식이 되살아나면 현실에 대한 구역질을 다시 느껴 금욕적 기분이 생겨난다. 인간의 행위는 사물의 영원한 본질을 조금도 변화시킬 수 없다. 무력감이 표현된다. 모든 것은 쓸모가 없다는 인식에서 실존은 부정되고 공포와 불합리함, 그리고 운명의 잔인함을 통해 실레노스의 지혜를 다시 확인한다.

이때 예술은 삶을 구원하고 치료하는 역할을 한다. 구역질을 경험하는 의지의 최고 위험 속에서, 예술이 구원과 치료의 마술사로서 다가온다. 오직 예술만이 실존의 공포와 불합리로 인해 구역질 나는 생각을 더불어 살 수 있는 표상으로 바꾼다. 공포를 숭고한 것으로, 불합리한 것을 희극적인 것으로 전환함으로써 디오니소스 송가의 사티로스 합창단은 그리스 예술(노래)로 삶의 고통에서 우리를 구원하는 행위를 보여 준다.

예술을 배제한 채 삶을 학문(과학)의 관점에서 정당화하려는 시도를, 니체는 나중에 소크라테스주의로 비판한다. 이제 모든 가치평가는 삶의 관점에서 상승이냐 하강이냐, 긍정이냐 부정이냐에 따라 새로 이루어져야 한다. 『자기비판의 시도』에서 밝혔듯이 니체는 삶의 풍요, 넘쳐남, 건강함에서 생겨난 그리스 비극 문화가 왜 소크라테스주의에 의해 무너졌는지에 큰 관심이 있다. 소크라테스주의는 삶을 경시하고 학문을 중시하는 세계 해석이다. 소크라테스는 삶을 중심으로 학문을 본 것이 아니라, 거꾸로 학문을 중심으로 삶을 잘못 바라본 것이다.

그리스 비극예술의 균형이 깨어지게 된 원인은 음악에 대한 가사(언어)의 과도한 지배다. 합리적 이성이 그리스 문화 전반에 나타나면서 '예술'과 '도덕'의 대립이 나타난다. 삶을 긍정하는 예술과 반대로, 도덕은 삶을 억압한다. 그 결과 약화되는 삶, 노쇠, 생리적 피로의 징후, 빈곤, 몰락, 피곤, 병이 생겨난다. 그리스 비극의 몰락을 초래한 소크라테스주의는 학문의 중요성을 지나치게 강조함으로써 예술과 삶의 관련성을 제거한다. 삶보다 지식을 앞세운 소크라테스주의는 낙관주의, 합리주의, 과학주의의 특성을 지닌다.

니체가 『비극의 탄생』에서 다룬 신화와 이성의 대립은 아도르노 Theodor W. Adorno와 호르크하이머Max Horkheimer의 공저인 『계몽의 변증법』에 매우 유사한 구조로 나타난다. 아도르노의 분석에 따르면 〈오디세우스 신화〉에는 배를 타고 귀향하던 중에 바다의 요정 사이렌의 노랫소리를 듣던 오디세우스와 노예가 죽음의 유혹을 견디기 위해 자신을 부정하는 장면이 있다. 결국 이성의 세계는 신화와 주술이 지배하던 세계관에서 벗어나 합리화된 사회로 넘어가지만, 파시즘과 같은 불가피한 폭력의 문제를 가져온다. 그러나 니체는 계산과 합리성이 지배하는 계몽 시대의 투명성보다 신화가 지배하던 그리스 문화의 이상을 더 높게 평가한다.

비극의 죽음: 에우리피데스 희극

비극의 죽음은 새로운 희극의 창시자인 아테네의 에우리피데스 Euripides가 그리스 비극을 왜곡하면서 시작됐다. 에우리피데스는 시인이 아니라 사상가로서 비판적 사유의 명증성을 추구하며, 작품의 재인식을 위해 노력하는 동시에 윤리적인 문제와 관련해 오성悟性이 감성과 창작의 근원이라고 잘못 생각했다. 또한 서로 얽혀 있는 두 가지 예술충동, 즉 아폴론적인 것과 디오니소스적인 것을 비극에서 분리하여 새로운 희극의 기반에 비非디오니소스적 예술을 다시 세우려고 했다. 디오니소스적인 것에 대해 사색함으로써 오히려 디오니소스를 아테네 희극에서 쫓아내, 그리스 비극은 자살로 죽음을 맞았다. 그 후 새로 등장한 예술 장르인 아테네 희극에서 중요한 것은 달변, 화법, 소피스트적 논법에 따른 변론과 추론이다. 이제 새로운 희극에서는 반신반인의 형상을 한, 술에 취한 사티로스가 사라진 자리에 이론적인 명랑성이 등장한다.

그러나 디오니소스적인 것을 배제하고 아폴론적인 요소만을 연극 무대 위에 세우려던 에우리피데스의 계획은 실패하게 되는데, 아폴론적인 것이 비예술적인 경향으로 변질되어 아름답기 위해서는 모든 것은 이성적이어야 한다는 미학적 소크라테스주의가 생겨났기 때문이다. 이것은 소크라테스의 도덕적 명제인 '아는 자만이 덕성을 가지고 있다'와 비슷한 뜻이다.

에우리피데스의 서곡은 합리주의적 방식에 의해 만들어진 작품으로 철저한 비판과 과도한 사려를 요구한다. 즉 작가가 모든 것을 알고 있기 때문에 작품의 구성에서 불확실성을 제거하고 변증법, 치밀한 계산 등을 사용해 관객이 주인공의 고통이나 행위 안으로 완전히 몰입하는 것을 불가능하게 만든다. 에우리피데스는 가면에 불과하고 그가 말하려는 신은 사실 디오니소스나 아폴론이 아니라, 새롭게 탄생한 마신魔神, 소크라테스라 불리는 마신이다. 이제 디오니소스적인 것과 소크라테스적인 것은 새로운 차원에서 대립하게 된다.

에우리피데스의 비극이 아이스킬로스Aeschylos의 비극에 맞서 싸울 때 승리를 가져다준 무기는 '소크라테스적 경향'이다. 연극을 비非디오니소스적인 토대에 세우려는 에우리피데스에게 연극은 '연극화된 서사시'에 지나지 않는다. 이러한 매우 극단적인 아폴론적 예술에서는 진정한 비극적 효과를 기대할 수 없다. 따라서 소크라테스적 경향이란 연극화된 서사시로 표현이 가능하되 비극의 효과는 전혀 없다. 예전 무대에서 술 취한 반신 사티로스의 역할이 중요했다면, 이제는 거기에 대립하는 시민의 평범한(중용)이 주목받게 된다.

에우리피데스는 시인으로서 그의 작품에 아낙사고라스Anaxagoras의 사유를 적용하고자 시도하기도 했다. "처음에 모든 것은 혼돈이었다. 그때 이성(누스Nous)이 나타나 질서를 창조했다"는 아낙사고라스의 말처럼 에우리피데스는 술 취한 자들 가운데 처음으로 멀쩡한 정신의 소유자가 되고자 했다. 누스를 주장한 철학자 아낙사고라스처럼 에우리피데스도 누스를 배제하면 만물은 원초적 혼돈 상태에 있다고 보았다. 술에 취하지 않은 자로서 에우리피데스는 술 취한 시인을 단죄해야만 했다. 이처럼 '모든 것은 아름답기 위해서 의식적이어야 한다'는 에우리피데스 미학의 기본 원칙은 '모든 것은 선하기 위해 의식적이어야 한다'는 소크라테스의 명제와 대응한다. 이제 비극과의 새로운 대립각은 에우리피데스가 아니라 소크라테스주의가 세우기 시작한다. 비록 에우리피데스가 미학적 소크라테스주의를 대변하는 시인으로 새로운 예술 창조의 선구자가 되었지만 소크라테스가 고대 그리스 비극의 본질을 제대로 이해하지 못했다고 니체는 비판한다.

에우리피데스는 니체의 지적과는 달리 희극작가가 아니라 사실은 그리스의 마지막 비극작가이다. 아리스토텔레스가 『시학』에서 가장 비극적인 시인이라 말한 에우리피데스가 니체에게는 비극의 살해자로 둔갑한 것이다. 에우리피데스의 대표적인 작품에는 「메데이아」가 있다. 당시에 그와 경쟁하던 두 작가, 아이스킬로스와 소포클레스에 대한 니체의 평가는 긍정적이다. 아이스킬로스의 작품인 「결박된 프로메테우스」가 능동적인 죄를 미덕으로 보며 악을 정당화했다면, 소포클레스의 작품인 「오이디푸스왕」은 운명의 여신(모이라)을 훌륭하게 다루었다고 평가한 것이다.

소크라테스는 지식과 통찰을 존중한 철학자로, 자신은 아무것도 모른다며 무지를 고백한 유일한 사람으로 알려져 있다. 소크라테스는 지식을 통해 존재를 수정해야 한다고 믿었기 때문에 가장 커다란 행복은 현상의 의미와 목적을 인식하라고 자극함으로써 얻을 수 있다. '소크라테스의 다이몬daimon(마신)'이라고 불리는 저 기이한 현상이 소크라테스의 본질을 이해할 수 있는 열쇠를 가져다준다. 모든 생산적인 인간에게 본능은 창조적이고 긍정적인 힘이 되며, 의식은 비판적이고 경고하는 태도를 취하는 반면, 소크라테스에게 본능은 비판자가 되고 의식은 창조자가 된다. 따라서 본능과 이성이 뒤집힌 비정상적인 상황이 바로 소크라테스에게 나타난 것이다. 소크라테스는 결함을 갖고 태어난 완전히 비정상적인 괴물이다. 논리적 천성이 지나치게 발달한 비신비주의자인 소크라테스의 과도한 이론적 충동은 건강한 인간의 본능을 해칠 뿐이다.

소크라테스는 그리스 비극의 의미를 전혀 이해할 수 없었다. 왜냐하면 결과가 없는 원인, 원인이 없는 결과가 비합리적인 것으로만 보여, 그리스 비극이 진리를 말하지 못한다고 생각했기 때문이다. 특히 진리는 비유로 표현할 수 없기 때문에 비극예술은 분별력을 갖추지 못한 사람, 즉 철학자가 아닌 사람들에게 호소할 뿐이었다. 문학을 멀리한 플라톤이, 나중에 자신의 제자가 되기 위해 시 작품을 태우라고 했던 이유와도 비슷하게, 소크라테스는 이미 철저히 비철학적인 비극예술을 멀리하고 있었다.

철학자는 예술을 감시하여 예술로 하여금 변증법을 사용할 것을 강요한다. 아폴론적 경향이 논리적 도식주의로 변질된 플라톤의 연극에서 변증론의 주인공을 맡고 있는 소크라테스는 에우리피데스의 주인공처럼 논증과 반증으로 자신의 행위를 정당화해야 한다. 그러나 그 결과 관객이 비극에 대해 가졌던 동정심을 잃어버릴 위험에 놓인다. 변증론의 본질에는 낙천주의적 요소가 들어 있어 결론이 나올 때마다 관객은 환호성을 지른다. 그러나 명철한 의식 속에서 예술 작품의 중요한 요소가 점점 사라져, 비극 속으로 침투한 낙천주의적 요소는 비극의 디오니소스를 서서히 잠식하고 비극을 시민극으로 파멸하도록 몰아간다.

이제 관객의 미덕은 지식이다. 죄는 무지에서 저질러진다. 미덕을 갖춘 자는 행복한 자라는 소크라테스의 명제가 담긴 논리적 결론만

상기하면 된다. 낙천주의의 이 세 근본 형식 속에 비극의 투신자살, 자기파멸의 죽음이 들어 있다. 왜냐하면, 이제 덕이 있는 주인공은 변증론자이어야 하고, 미덕과 지식, 신앙과 도덕이 필연적으로 연결되어야 하기 때문이다.

새로운 소크라테스적, 낙천주의적 무대의 세계와 비교하면 사티로스 합창단이 표현하는 비극의 음악적, 디오니소스적 세계는 운명과 신성神性, 우연을 주제로 다룬다. 그러나 소크라테스의 합리주의에 의해 비극의 디오니소스적 기반이 무너지면서 합창단의 본질도 완전히 파괴된다. 따라서 낙천주의적 변증론은 삼단논법의 채찍을 휘둘러 음악을 비극으로부터 추방한다. 디오니소스적 상태의 형상이자 음악의 가시적 상징으로서의 비극의 본질을 파괴한 것이다.

반反디오니소스적 경향은 이미 소크라테스 이전에도 있었지만, 디오니소스적 비극이 완전히 해체된 후 '예술가적 소크라테스'가 다시 탄생한 것은 역설적이라 할 수 있다. 소크라테스는 늘 아폴론적 인식이 갖는 논리의 한계를 우려했다. 폭군같은 논리학자인 소크라테스도 생애 마지막까지 자신의 철학을 최고의 음악예술로 여겼다. 그래서 논리학을 추방해 버린 지혜의 왕국에서 소크라테스는 자기 학문의 결함을 다시 예술을 통해 보완하려고 한 것이다.

소크라테스가 그리스인처럼 문화의 고삐를 쥔 마부의 위치에서 찾아낸 것은 새로운 존재 양식, 즉 이론적 인간의 유형이다. 이론적 인간은 존재의 의미와 목적에 대한 통찰이 자신의 마지막 과제가 될 것이라고 믿고, 완전한 진리를 밝혀내는 데 즐거움을 느낀다. 그러나 니체가 볼 때 세계의 비밀을 완전히 발가벗기는 일은 결코 쉽지 않다.

니체는 이론적 인간의 탐구 작업을 무모한 땅굴파기에 빗댄다. 지구의 한가운데 구멍 하나를 파고들어가는 사람은 평생을 파도 끝까지 파지 못할 것이고, 열심히 판 구멍이 다른 사람에 의해 메꿔질 수도 있다. 구멍을 뚫어 지구의 반대편에 이를 수 없다는 사실을 안다면 예전에 파 놓은 다른 사람의 구멍에 남아 계속 일하는 사람은 없을 것이다. 이처럼 모든 학자는 자신만의 땅굴을 파헤치거나 남이 파던 땅굴을 계속 파고 들어가 세계의 본질에 다다를 것이라고 확신한다. 일부는 땅을 파다가 운이 좋게도 보석이나 지하 자원을 발굴하는 데 만족할 수 있다. 그래서 철학자 레싱Gotthold Ephraim Lessing은 자신에게 중요한 것은 "진리 그 자체가 아니라, 진리의 탐구과정"이라고 변명하였다. 비밀을 파헤치는 학문이 땅굴파기처럼 어리석음으로 드러나는 상황은 충격적이다. 그런데도 사유는 인과성의 실마리를 따라 존재의 가장 깊은 심연에까지 이를 수 있으며, 사유가 존재를 인식할 수 있을 뿐만 아니라, 심지어 수정할 능력이 있다는 흔들림 없이 확고한 믿음을 보여 주는 소크라테스라의 거대한 망상은 의미심장하다.

니체가 근대의 문화를 '낙천주의'라고 비판한 것은 이성과 과학의 발달로 이 세계의 본질을 파헤치고 수정함으로써 인류가 행복해질 것이라는 잘못된 믿음 때문이다. 니체에 따르면 인간의 생명이 가장 중요하며, 정신이나 이성은 생존을 위한 도구에 불과하다. 도구에 불과한 이성을 통해 세계의 비밀을 전부 드러냄으로써 행복해질 것이라는 과신은 오류일 뿐이다. 소크라테스가 상징하는 낙천주의는 지식, 행복, 덕이 일치한다는 잘못된 논리에 근거한다.

이처럼 인간의 인식은 제한이 없다는 망상에 빠진 낙천주의, 현세적 행복에 대한 믿음, 보편적인 지식 문화에 대한 믿음은 점차 알렉산드리아 시대가 꿈꾸던 앎을 통한 지상의 최대 행복을 위협하게 된다. 이론적 문화는 학문을 무기로 사용해 인과론에 따라 사물의 가장 내적인 본질을 규명할 수 있다는 오만을 보여 준다. 이러한 논리의 본질에 내재한 낙천주의가 승리한 것처럼 보이는 이유는, 영원한 진리에 의해 모든 세계의 수수께끼를 규명할 수 있다는 믿음에서 시간, 공간과 인과성을 보편타당한 절대법칙으로 다루었기 때문이다. 그러나 소크라테스적 인간은 비논리적인 일 앞에서 파멸할 것이라는 공포감에 사로잡혀 있는 겁 많은 이론적 인간에 불과하다.

소크라테스가 이 세계의 비밀을 인과율에 따라 밝혀낼 수 있다고 믿었다면, 니체는 인과율 자체가 오류라는 사실을 지적하면서 칸트와 쇼펜하우어의 입장을 변호한다. 칸트에 따르면 시간과 공간, 그리고 인과율은 단순히 현상에 적용되는 범주로, 본질에 대한 진정한 인식을 불가능하게 한다. 인과율은 인간의 오성에 속하는 범주로서, 실재하는 것이 아니라 인간 주관에 속한다. 또한 쇼펜하우어도 인과율을 꿈꾸는 자를 더 깊이 잠들게 만드는 데 기여한다고 비판하는데, 니체가 볼 때 인과율이란 실체를 가리는 '마야의 베일'이다.

니체에 따르면, 우리 현대 세계는 이론을 맹신하는 소크라테스적 망상에 사로잡혀, 최고의 인식능력을 갖추고 학문을 위해 봉사하는 이론적 인간을 최고의 이상으로 여긴다. 이 이론적이고 낙천주의적인 인간의 원형이 바로 소크라테스다. 지식과 논리를 앞세운 학문은, 존재 전체를 이해하려는 보편화된 지식욕의 산물이다. 사유라는 공통의 그물망으로 태양계 전체에 대한 법칙을 세울 수 있다는 전망 덕분에 드높은 지식의 피라미드가 쌓였다. 이러한 낙천주의에 따라 소크라테스는 사물의 본질을 규명하는 지식과 인식에 만병통치약 능력의 힘을 부여한다. 따라서 인식의 오류는 악덕이기 때문에 가상과 오류를 분리하는 데 필요한 개념, 판단, 추리능력을 높이 평가한다.

이성의 능력이 어떤 능력보다도 중요하게 간주되었기 때문에, 최고로 윤리적인 행위의 가치와 미덕도 지식의 변증법에서 추론될 수 있는 것, 따라서 가르칠 수 있는 것이어야 된다. 소크라테스처럼 인식의 기쁨을 누리는 인간에게, 현상계 전체를 정복하기 위해 인식의 그물망을 물샐 틈 없이 촘촘히 얽어매려는 욕구만큼 강한 것은 없다.

니체가 새로운 그리스적 명랑성을 비판하는 이유는 논리학이 지닌 본질적 한계 때문이다. 변화무쌍하고 광활한 세계에 대한 완전한 특정이 불가능하기 때문에 인식의 한계점에 이르러 비극적 인식으로 다시 되돌아갈 수밖에 없다. 결국 학문적 낙천주의는 실패하게 마련인 것이다. 이제 자신의 인식의 경계와 한계에서 논리학의 본질에 감추어진 자기모순이 분명해진다. 왜냐하면 학문의 원주圓周 위에는 무수한 점들이 있고, 이 원을 완전히 측정할 수 있는 길은 전혀 보이지 않으며, 생애의 중반에 이르러 원주의 한계점에 다다른 학자는 평생 동안 연구해도 해명할 수 없는 것을 대면한다. 여기서 논리가 한계점에서 빙빙 돌다가 결국 자신의 꼬리를 문다는 사실을 알아차린 인간은, 몸서리를 치면서 새로운 비극적 인식을 발견한다. 즉 인간이 세계를 영원히 인식할 수 없을 뿐만 아니라 자신의 삶을 지식으로 구원할 수 없다는 탄식이 터져 나온 것이다.

이론적 인간은 지식의 대양을 항해하여 세계를 지식의 그물망으로 잡으려고 한다. 소크라테스가 죽은 후에도, 지적 세계의 드넓은 영역에 대한 철학자의 지식욕은, 모든 사람이 마땅히 가져야 할 본연의 과제로 여겨져 많은 학자들을 광활한 대양으로 유혹했다. 그러나 세계 전체를 인식하려는 소크라테스적 욕망은 결국 꺾이고 만다. 당시의 교육이 소크라테스라는 이론적 인간을 이상으로 설정했지만 지식욕에 영혼을 판 파우스트 같은 사람들은 이미 소크라테스적 인식 욕망의 한계를 예감하기 시작했다. 항해에 실패한 인간이 결국 지식의 망망대해에서 돌아와 허탈한 해안에 도달했기 때문이다. 이제 소크라테스의 낙천주의의 바탕이 되는 강렬한 인식의 욕망은 비극적 체험과 예술에 대한 갈망으로 바뀌어 '음악을 하는 소크라테스'를 탄생시킨다.

지금까지 형이상학적 망상은 학문에 본능적으로 따랐는데 인식의 한계점에서 학문은 예술로 바뀔 수밖에 없다. 이제 논리적 소크라테스는 '음악을 하는 소크라테스'로 변신해야 한다. 다시 말해, 학문의 정점에서 소크라테스는 예술가로 탈바꿈해야 한다. 사유의 횃불로 세상을 비추고자, 학문적 본능에 이끌려 지식과 논거를 통해 학문의 사명을 '존재를 이해하는 것'이라고 정당화하였던 소크라테스가 이제 존재 위에 인식의 그물망이 아니라 예술의 그물망을 펼쳐 놓게 된 것이다. 즉 세상을 인식하는 것보다 세계에 대한 예술의 힘이 더 중요하다는 말이다. 비극적 인식이 단지 참고 견디기 위해 예술이라는 보호막과 치료제를 필요로 하기 때문에, 예술은 이제 학문과 종교의 독기를 치료하고 예방하는 역할을 맡는다. 비극적 인간은 학문의 목적이라는 최고의 자리를 형이상학적 위로의 예술인 새로운 비극에게 넘겨주고 세계의 전체상을 조망하며 영원한 고통을, 사랑을 통해 자신의 운명으로 받아들이게 된다.

니체의 작품에 자주 등장하는 '그물'은 온 세상을 잡으려고 줄을 뻗는 '거미'의 욕망을 표현한 비유다. 거미가 하늘을 향해 거미줄을 뻗지만 세계를 다 장악하지 못하는 것처럼, 인간의 인식도 대양을 향해 뻗어 나가지만, 세상을 다 파악할 수는 없다. 바닷가에서 물고기를 잡으려 그물을 아무리 촘촘하게 짜도 빠져나가는 것이 있듯이 이 세상을 인간의 지식, 사유, 인식으로 다 포획할 수 없는 것이다. 인간 인식의 한계는 그물의 엉성함에 비례한다. 즉 인식의 그물이 촘촘할수록 그것에 인식되는 내용이 많아진다. 따라서 인간의 인식의 틀인 시간과 공간, 인과율을 빠져나가는 대상까지 일일이 알지 못하는 것은 당연하다.

세계는 놀이하는 아이

이집트 사제들이 말했듯이, 그리스인은 영원한 아이이고, 비극적 예술에서도 아이에 불과하다. 그리스인은 자신의 손에 있는 '고상한 장난감'이 장차 파괴될 것이라는 것을 알지 못하는 어린 아이와 같다.

여기서 어린아이가 장난감을 갖고 노는 놀이의 의미를 따져 볼 필요가 있다. 헤라클레이토스Heraclitus에 따르면 이 세계는 놀이를 하는 어린아이aion와 같은데, 니체는 이러한 헤라클레이토스의 입장을 받아들인다. 디오니소스적 현상은 우리에게 항상 새롭게 반복되는 개체 세계의 유희적 건설과 파괴를 근원적 쾌락의 분출로 드러낸다. 이는 신비로운 사람 헤라클레이토스가 장난으로 돌을 이리저리 옮겨 놓고 모랫

더미를 세웠다가 부수는 어린아이를, 세계를 형성하는 힘에 비유한 것과 동일한 방식으로 이루어진다.

예술의 형이상학에서 실존과 세계가 미적 현상으로서만 영원히 정당화된다고 할 때, 디오니소스적인 것과 아폴론적인 것은 놀이와 어떤 관련이 있는 것일까? 이제 우리는 어린아이가 바닷가에서 모래를 갖고 어떻게 노는지 살펴볼 필요가 있다. 그래야만 세계가 놀이하는 원리를 이해할 수 있다. 어린아이는 모래성을 쌓고 부수면서 즐거워한다. 놀이는 그 자체로 목적이 없기 때문에 수고스러운 노동과는 다르다. 모래 놀이는 생성과 소멸의 비유이며, 이 세계는 끊임없이 생성하기 위해서 파괴와 무화無化를 필요로 한다. 생성은 있음과 없음을 동시에 필요로 하기 때문이다. 그래서 모래성이 부서지는 것, 개체의 파괴는 인간에게는 고통이지만 세계의 유희를 위해서는 없어서는 안 되는 일이다. 다시 말해 인간의 죽음은 개인에게는 고통이지만 이 세계에서는 생성의 한 과정일 뿐이다.

니체는 비극예술에서 개체를 창조하는 풍요로운 조물주와 같은 존재를 상정하는데, 그의 창조는 단순한 자연의 모방이 아니라 파괴를 통한 창조다. 엄청난 디오니소스적 충동은 이 전체 현상 세계를 집어삼키고, 현상 세계의 배후에서 세계를 파멸시킴으로써 근원적 일자의 품 안에 있는 최고의 예술적인 원초적 기쁨을 예감하게 한다. 따라서 개별자의 파괴는 '원초적 고향으로의 귀향'이다.

이렇게 파괴를 통해 느끼는 근원적 일자의 지극한 환희를 위해 자연의 예술적 힘이 잔뜩 도취된 가운데에서 드러난다. 이러한 창조주에 의해 인간은 마치 점토에서 대리석이 되고, 끌과 망치에 의해 깎여 자신의 모습을 갖추게 되는 조각상처럼 창조된다. 가장 고귀한 점토가 가장 값진 대리석으로 빚어지듯 인간이 반죽되고 다듬어진다. 그리고 디오니소스적 예술가가 치는 끌 소리에 맞춰 수백만의 사람들은 다듬어진다. 니체는 묻는다. "세계여, 너는 창조주를 예감하는가?"

니체는 모든 사건의 배후에 있는 '예술가 의미'를 상정하는데, 니체가 말하는 신은 도덕적인 신이 아니다. '비도덕적인 예술가 신'은 선과 악을 넘어 파괴와 건설을 통한 놀이에서 쾌락을 느낀다. 예술가 신은 세계를 창조하면서 풍요와 과잉의 궁핍에서 해방되고, 자신의 내면에 억압된 대립의 고통에서 해방되어 영원히 동일한 것으로 남는 자연 존재다. 이러한 '예술가 형이상학'은 기존의 도덕적 해석에 반대하기 때문에 기독교적인 창조론과는 공통점이 전혀 없다.

인간은 세계가 놀이를 통해 빚어 내는 예술 작품이다. 무엇보다 춤을 통해 유희하는 세계와 하나가 되면서 하나의 예술 작품으로 거듭난다. 인간은 걷는 법과 말하는 법을 잊어버리고, 춤추며 허공으로 날아오르려 한다. 그가 마법에 걸려 있음이 그의 몸짓에 나타난다. 이제 짐승이 말을 하고 대지에는 젖과 꿀이 흐르는 것처럼, 그로부터도 초자연적인 것이 울려 퍼진다. 그는 스스로를 신처럼 느끼며, 마치 꿈속에서 신들이 노니는 것을 본 것처럼 그 자신도 황홀해지고 고양되어 돌아다닌다. 인간은 더 이상 예술가가 아니다. 그는 예술 작품이 되어 버린 것이다. 이러한 창조의 예술에서는 삶의 어두운 면, 결핍된 것조차 미적 놀이를 통해 긍정된다. 비극적인 신화에서 추한 것과 부조화한 것도 예술가의 놀이가 되며, 쾌락이 영원히 충만한 상태에서 인간의 의지는 놀이로 승화된다.

　바닷가의 어린아이가 모래성을 쌓고 부수면서 즐겁게 놀이하는 것이 세계의 생성 방식이라면, 인간의 작은 고통이나 슬픔도 놀이의 큰 즐거움 안에서 사라지기 마련이다. 놀이는 디오니소스적인 것(파괴)과 아폴론적인 것(창조)의 결합을 통해 현실에 대한 최고의 쾌락뿐만 아니라 영원한 것을 지향하는 동경의 감정을 가져온다.

　'놀이하는 인간'는 라틴어로 '호모 루덴스homo ludens'로, 이성적 인간이나 도구적 인간 등 기존의 인간에 대한 규정을 넘어선다. 그렇지만 니체는 놀이를 유흥과 같은 일상적인 의미로 사용하는 것은 아니며, 이 세계가 어떻게 놀이하는지의 방식을 철학적으로 탐색했다. 놀이에 대한 철학적 연구자로는 하이데거Martin Heidegger와 가다머Hans-Georg Gadamer가 있는데, 놀이는 규칙이 있지만 목적이 없다는 점에서 자유롭고 객관적으로 이루어진다고 본다. 인간이 없더라도 세계는 놀이를 한다. 놀이에서 중요한 것은 놀이의 주체로서의 인간이 아니라 놀이 자체이다. 세계가 디오니소스적인 힘의 창조와 파괴를 통한 놀이를 할 때 인간은 단지 놀이에 참여할 수 있을 뿐이다.

비극의 부활과 신화의 회귀

니체는 소크라테스의 시대가 지나갔다고 진단하고 다시 디오니
소스와 아폴론의 재결합을 기대한다.

"비극은 고상한 황홀경에 빠져 넘쳐흐르는 삶과 고통과 쾌락의
한가운데 앉아 있다. 비극은 존재의 어머니들에 대해 이야기한
다. 그들의 이름은 망상, 의지, 비탄이다… 그렇다. 내 친구들이
여. 나와 함께 디오니소스적 삶의 비극의 부활을 믿자. 소크라
테스적 인간의 시대는 지나갔다… 이제는 그저 과감하게 비극
적 인간이 되는 일을 행할 뿐이다. 너희는 구원되어야 하니까.
너희는 인도로부터 그리스로 가는 디오니소스의 행렬을 호위해
야 한다! 격렬한 싸움에 대비해라. 그러나 너희의 신이 행할 기

적을 믿어라!"

인간의 실존적 고통을 구제했던 그리스 비극의 부활을 통해 인간은 자기 자신으로 귀환하며, 자기를 재발견하고, 자기의 원천으로 귀향하게 된다. 그렇다면 비극의 부활은 우리의 삶에 어떤 의미를 가질까? 비극은 피로회복제처럼 디오니소스적 다이몬의 강력한 자극에 의해 인간 내면의 깊은 흥분 상태를 강화하여, 개인을 개체의 사슬에서 풀어 주고 디오니소스적 해방으로 이끈다. 우리는 포도주를 마신 것처럼 삶 전체를 흥분시키고 정화하며 에너지를 분출하는 엄청난 비극의 효과를 기억할 필요가 있다.

비극은 음악의 최고 황홀경을 자신 안으로 받아들여 그리스인에게 준 감동을 우리에도 똑같이 선사한다. 비극의 주인공은 힘센 거인처럼 디오니소스적 세계 전체를 자기 등에 짊어지면서 우리의 짐을 덜어 준다. 비극은 우리가 실존의 고통에서 벗어나 고상한 쾌락을 기억하게 만드는데, 주인공은 자신의 승리를 통해서가 아니라 자신의 파멸을 통해 고귀한 쾌락을 얻는다. 신화는 자유롭고 황홀한 느낌을 주고 도취에 빠뜨려 고통으로부터 인간을 보호해 준다. 신화는 음악에 최고의 자유뿐만 아니라 형이상학적 의미를 다시 부여한다. 음악을 통해 비극의 청중은 '최고의 환희에 이르는 길'에서 사물 안에 감추어진 명료한 소리에 귀를 기울인다.

아폴론적인 것과 디오니소스적인 것이 다시 손을 잡고 화해한다. 아폴론적인 것은 기만을 통해 음악의 원초적인 디오니소스적 요소에 맞서 승리를 거두었고 연극을 명료하게 하려는 목적에 이용되었다. 그리스 비극 전체를 고려할 때 디오니소스적인 것이 우위를 차지하지만 아폴론의 기만은 디오니소스적인 효과를 가리는 베일의 역할을 한다. 드디어 아폴론적 연극 자체가 디오니소스의 지혜를 가지고 말하기 시작하면, 두 신의 결의를 통해 디오니소스는 아폴론의 언어로 말하고, 아폴론도 디오니소스의 언어로 말한다. 이것이 비극과 예술 자체가 달성한 최고 목표다.

비극적 신화는 디오니소스적 지혜를 아폴론의 예술 수단을 통해 형상화한 것이다. 그렇기 때문에 인간은 인식의 한계선까지 몰고 나가 자기를 부정하면서 유일한 실재성의 품으로 도망가려고 한다. 이때 비로소 음악 정신을 통해 개체의 파멸이라는 즐거움을 이해하게 된다. 개별적인 것의 파멸을 통해서만 디오니소스적 예술의 영원한 현상이 우리에게 분명해지기 때문이다. 디오니소스적 예술은 개체의 배후에 있는 전능한 의지를, 즉 모든 현상이 파멸하더라도 여전히 존재하는 영원한 생명을 표현한다. 비극적인 것에 대해 느끼는 형이상학의 기쁨은 무의식적인 디오니소스적 지혜가 형상의 언어로 번역된 것이다. 영웅은 현상일 뿐이며, 의지의 영원한 생명은 그의 파멸에도 흔들림이 없기 때문에 우리는 영원한 생명을 믿는다라고 비극을 통해 부르짖는다. 음악이 영원한 생명의 직접적인 이념을 표현할 때 디오니소스적 예술의 비극적 상징은 다음을 의미한다.

"나처럼 되어라! 현상의 끊임없는 변화에서 영원히 창조적이고, 영원히 실존을 강요하며, 이 현상의 변화에 영원히 만족하는 원초적 어머니인 나를!"

디오니소스적 예술이 우리에게 납득시키는 실존의 영원한 쾌락을 현상 속에서가 아니라 그 배후에서 찾아야만 한다. 생성하는 모든 것이 고통스러운 몰락을 준비하기 때문에 개별적 실존의 공포를 들여다보되 거기에 놀라 마비되어선 안 된다. 형이상학적 위로는 변화하는 덧없는 세상사에서 우리를 벗어나게 한다. 세계의 의지가 빚어내는 생성에서 투쟁, 고통, 현상의 파괴는 필연적인 것이다.

실존에 대한 이루 말할 수 없는 원초적 욕망이, 우리가 하나가 되는 디오니소스적 황홀경 속에서 파괴될 수 없고 영원하다는 것을 예감하는 순간, '고통의 사나운 가시'가 찌르더라도 우리는 두려워하지 않고 행복하게 산다. 우리는 개인으로서가 아니라, 살아 있는 영원한 생성의 욕구와 하나로 융해되어 있는 것이다.

이렇게 하여 그리스의 비극과 함께 신화도 다시 부활하게 된다. 신화가 없으면 모든 문화는 건강하고 창조적인 자연의 힘을 상실하기 때문에 신화로 이루어진 지평이 문화를 완성시킨다. 젊은 영혼은 다이몬과 같은 파수꾼의 보호를 받아야 성장하고, 그러한 신화의 도움이 없이는 추상적인 인간에 그치기 때문에 니체의 이상적인 문화는 이처럼 부활한 그리스 신화에 근거한다.

비극의 몰락 후 다시 부활하게 되는 신화는 무의식적인 힘이 되어, 가까운 현재를 시간을 초월한 영원한 것으로 파악하게 한다. '동일한 것의 영원회귀'에서처럼 영원성은 과거의 역사를 현재에서 반복되는 동일한 역사로 긍정하는 조건이 된다. 니체의 언급처럼 '한 민족의 가치'는 인간 개인의 가치처럼 자신의 경험에 영원성을 보장하느냐 하지 않느냐에 달려 있다. 그렇기 때문에 삶의 진정한 의미에 대한 자신의 무의식적인 확신을 보여 주는 신화는 반드시 필요하다. 민족의 신화는 유한한 시간을 넘어 긍정적인 삶의 의미를 영원히 보여 주는 데 진정한 가치가 있다.

인생의 불협화음은 어떻게 정당화되는가?

　　니체가 볼 때 아리스토텔레스가 놓친 비극이 주는 효과의 핵심은 카타르시스가 아니라 유희다. 아리스토텔레스 이후 비극적 효과에 대한 더 이상의 새로운 설명은 없었다. 동정심과 공포를 통해 감정이 발산되면서 마음이 가벼워지고, 선하고 고귀한 원칙이 승리하는 것을 보면서 인간은 윤리적 세계관에 동화된다. 이것이 일반적으로 알려진 비극의 효과이지만 여기에는 아직 미학자들이 모르는 내용이 있다. 그것은 카타르시스가 아니라 추악함과 부조화마저 긍정하는 심미적 유희다.

　　비극적 신화는 아폴론적 예술 영역에서는 가상에 대한 충만한 기쁨을 공유하면서, 동시에 디오니소스적인 영역에서는 가시적인 가상 세계의 파괴에서 더 큰 만족을 준다. 비극적 신화의 내용을 보면 일차적으로 투쟁하는 영웅을 찬미하게 되는 사건이 중요하다. 그러나 영웅의 운명에 나타나는 고뇌, 고통의 극복, 비통한 대립에서 볼 수 있듯이 실레노스의 지혜처럼 미학적으로 표현된 추악함과 부조화가 왜 그토록 수많은 형식 안에서 사랑받고 거듭 표현되면서 보다 높은 쾌락을 주는지가 우선적으로 우리가 풀어야 할 수수께끼다.

예술은 자연의 모방일 뿐만 아니라 자연의 극복이자 보충이다. 그러나 이것만으로 충분하지 않다. 형이상학적 미화가 중요하더라도 예술이 현실의 실재성을 그대로 아름답게 만드는 것은 아니다. 미적 쾌락은 도덕적 원천에서 도출하고자 하는 단순히 비극적인 효과가 아니다. 예술은 독자성을 가져야 하기 때문에, 동정, 공포, 도덕적 숭고의 영역으로 넘어가지 않은 채로 신화의 고유한 쾌락을 자기미학의 순수한 영역에서 찾아야 한다.

그렇다면 추한 것과 부조화한 것, 즉 비극적 신화의 내용이 어떻게 미학적 쾌락을 불러일으킬 수 있을까? 디오니소스적 예술의 파악하기 어려운 근원적 현상은 불협화음의 놀라운 의미에서 파악된다. 세계와 조화를 이루는 음악만이 미적 현상으로서의 세계를 정당화하는 것은 아니다. 비극적 신화가 산출하는 쾌락은 음악의 불협화음에 대해 느끼는 즐거움과 같은 고향에서 유래한다. 디오니소스적인 것은 고통에서 느낀 근원적 쾌락뿐만 아니라 화성이 깨진 음악에서 느끼는 감동과 탄생지가 같다.

불협화음은 음악의 비극적 효과에서 어떻게 이해될까? 니체는 쾌락을 주는 화음과 불쾌를 야기하는 불협화음을 대립적으로 보지 않는다. 음악과 비극적 신화는 한 민족의 디오니소스적 능력의 표현으로 서로 분리될 수 없다. 이 둘은 세계를 미화하는데, 쾌락의 화음 속에서는 불협화음과 같은 공포스러운 세계상이 매력적으로 울려 퍼진다. 불쾌감을 가져오는 것, '가장 나쁜 세계'조차도 강력한 마술의 힘이 가져다주는 유희를 통해 정당화된다. 아폴론적인 것에 견주어 봤을 때 디오니소스적인 것은 현상의 세계 전체를 살려 내는 영원하고 근원적인 예술의 힘으로 나타난다. 이 현상의 한가운데 개체 세계를 붙잡아 두기 위해 아름다운 가상이 새로이 필요하게 된다. 우리가 불협화음과 함께 살기 위해서는 훌륭한 환상이 필요하다. 불협화음이 가진 고유한 본질을 아름다움의 베일로 은폐하는 것이 아폴론 예술의 진정한 의도다. 매 순간 실존을 살 만한 가치가 있는 것으로 만들고, 이후의 순간을 체험하고 싶게 만드는 아름다운 가상의 환영을 아폴론이라는 이름으로 부른다.

인간은 음악의 불협화음을 어떻게 느낄까? 쾌락을 가져다주는 화음 속에서 불협화음이란 불쾌, 공포의 세계를 뜻한다. 이러한 불쾌와 공포라는 근원적 현상은 직접적인 방법을 통해서 음악의 불협화음이 갖는 놀라운 긍정의 의미가 파악된다. 인간 개인은 모든 실존의 기초, 즉 세계의 디오니소스적 기반에 대해, 아폴론적인 미화의 힘을 등에 업고 다시 극복될 수 있는 양만큼만 정확하게 의식한다. 아폴론에 가려진 것은 의식으로 알 수 없다. 이렇듯 두 가지 예술충동은 영원한 정의의 원칙에 따라 상호균형 속에서 자신의 힘을 발휘해야만 한다. 인생의 불협화음, 실존적 고통은 아폴론적인 것, 즉 세계 전체의 화음을 구성하는 쾌락 속에서 영원히 긍정될 수 있다.

니체는 『비극의 탄생』에서 디오니소스적인 것을 아폴론적인 것과 함께 예술의 구성 원리이자 삶의 본질로 이해하지만 '삶에 대한 긍정'을 '디오니소스적인 것'이라고 명명하면서 그 의미를 확장한다. 니체에게 삶과 우주는 원래 코스모스(질서)가 아니라 카오스(혼돈)에 가까운 것이며, 따라서 삶 자체에 대한 긍정은 그러한 불협화음, 부조화, 무의미 등을 있는 그대로 받아들이라는 주문이다. 더 나아가 디오니소스적 혼돈에 아폴론적인 질서를 부여함으로써, 마치 형태가 없는 대리석에 원하는 모양을 새기듯이 자기를 형성하는 것을 윤리학의 과제로 제시하고 있다. 그러한 방법을 통해 자신의 불협화음(카오스)도 화음(코스모스)으로 바꿀 수 있다는 것이다.

Jetzt, bei dem Evangelium der Weltenharmonie, fühlt sich jeder mit seinem Nächsten nicht nur vereinigt, versöhnt, verschmolzen, sondern eins, als ob der Schleier der Maja zerrissen wäre und nur noch in Fetzen vor dem geheimnissvollen Ur-Einen herumflattere. Singend und tanzend äussert sich der Mensch als Mitglied einer höheren Gemeinsamkeit.

이제, 세계의 조화라는 복음에서 각자는 자신의 이웃과 결합하고, 화해하고, 융해되고 있음을 느낄 뿐만 아니라, 마치 마야의 베일이 갈가리 찢어져 신비로운 '근원적 일자' 앞에서 조각조각 펄럭이고 있는 것처럼, 이웃과 하나가 되었다고 느낄 것이다. 인간은 노래하고 춤추면서 보다 높은 공동체의 일원임을 표현한다.

III

차라투스트라는
이렇게 말했다

*Also sprach
Zarathustra*

차라투스트라의 여행

차라투스트라Zarathustra는 고대 종교인 조로아스터교Zoroastrianism 라는 종교에 등장하는 인물이다. 현재 조로아스터교는 사멸하여 신자가 거의 없는 편인데, 그렇다면 니체가 사멸해 가는 고대 종교에 빠져서 책을 쓴 것은 아닐까 의심할 수 있다. 사실 차라투스트라는 니체의 가르침을 알려 주는 화자의 역할을 할 뿐 종교와는 별 관련이 없다. 『차라투스트라는 이렇게 말했다』에 붙어 있는 부제, '모든 사람을 위한 책, 그러나 어느 누구를 위한 책도 아닌 책'은 그만큼 이 책을 이해하기가 쉽지 않다고 예고하고 있다. 즉 모두 읽을 수 있지만 아무도 이해하지 못할 수도 있다는 의미심장한 경고다. 차라투스트라는 난해한 사상을 풀어서 전달하는 이야기꾼일 뿐, 니체가 말하고자 한 이상적인 인간인 '초인'과 동일인물은 아니다. 비록 초인을 실현하지 않았지만 초인이 되는 방법뿐만 아니라 니체 철학의 핵심인 신의 죽음, 영원회귀를 잘 이해하고 있는 지혜로운 사람이다.

이 책은 차라투스트라의 여행을 담은 기록으로, 여정 중에 동물이나 사람을 만나 나눈 대화와 강연을 담고 있다. 그렇지만 다른 사람과 소통하는 것이 아니라 많은 경우 독백에 그치기도 한다. 니체가 이전에 썼던 책들의 내용이 반복되고 있어 깊이 있게 이해하기 위해서는 다른 책들도 읽어 두는 게 도움이 된다.

차라투스트라는 서른 살에 고향을 떠나 산속에서 오랜 시간 머무르면서 자유로운 고독을 즐긴 다음, 세상으로 내려와 많은 사람들을 만난다. 맨 끝에는 마치 예수의 마지막 만찬을 모방한 듯 그동안 만났던 사람들을 초대해서 즐거운 식사를 함께 한다. 그러나 모든 사람과 헤어진 다음 홀로 길을 떠나는 차라투스트라와 함께하는 친구는 독수리, 뱀 그리고 그의 그림자뿐이다. 이 셋을 제외하면 진정한 동반자가 차라투스트라에게는 없는 셈이다. 그가 외로운 여행길에서 만나는 것은 진정한 자기 자신이다. 방랑자인 차라투스트라는 산을 오르내리면서 험난한 방랑을 통해 결국 인간은 '자기 자신'을 체험할 뿐이라는 사실을 깨닫는다. 위대한 길에 이르는 길은 험난했지만, 마지막에 '산정山頂'과 '심연'이 하나가 되는 것을 느낀다. 그가 가는 길에는 오르막과 내리막이 있으며 좁은 길과 곧은 길, 구불구불한 길이 있다. 따라서 방랑자인 차라투스트라는 여러 길을 지나 여행 마지막까지 발걸음을 멈추지 않는다. 그는 길에서 만난 이들에게 묻고 대답하는 과정을 거쳐 자신이 체득한 진리와 지혜에 대해 설파하고자 한다.

인생을 길에 비유한다면, 어디로 가야 할지 방향을 정할 때 중요한 것은 주변 사람이 아니라 결국 자신의 결정이다. 더 나아가 어디로 가야 할지 모를 때, 길에게 길을 물어서 가야 한다. 물어야만 대답을 얻는다. 차라투스트라는 "나는 나의 길을 물어 길을 가려 했다. 시도와 물음, 물음에 답하는 법을 배워야만 했다. 이것은 나의 길이다. 너희들의 길은 어디 있는가? 모두가 가야 할 하나의 길은 없다"며 각자의 길을 가라고 명령한다. 차라투스트라의 가르침은 '삶에 대한 사랑'으로 요약할 수 있다. 동일한 반복을 원할 수 있는 삶, 똑같은 삶을 반복해도 '다시 한번 더' 의욕할 수 있는 행복한 삶에 대한 '운명애amor fati'가 사상의 진수로 등장한다. 그것은 마치 이미 걸어온 길을 똑같이 다시 한번 걷고자 하는 용기 있는 삶의 태도와 같다.

니체가 자주 사용하는 길의 비유는 도정道程과 과정過程을 뜻한다. "아직 가지 않은 천 개의 길이 있다"는 말은 삶의 다양성과 개별성을 허용하는 것이다. 니체 외에 길에 의미를 둔 철학자로 동양철학자 가운데는 『도덕경』의 저자 노자老子가 있고, 서양철학자 가운데는 하이데거가 있다.

동굴의 의미

차라투스트라의 여행의 출발점은 동굴이며, 그 여행의 종착점도 동굴이다. 따라서 동굴이 의미하는 바를 살펴보는 것이 중요하다. 차라투스트라는 서른 살부터 10년 동안 빛이 없는 깜깜한 동굴 안에 머무른다. 여기서 등장하는 동굴은 플라톤의 동굴과 대조를 이룬다. 플라톤의 이데아론에 따르면 인간은 동굴 안에 묶여 있는 죄수와 같다. 그들은 벽에 비치는 사물의 그림자를 진짜로 여기는데, 철학자는 동굴 밖으로 나가서 빛에서 진리를 찾는 사람이다. 간단히 말해 어둠은 사물을 분별할 수 없는 무지의 배경을 의미하며 빛은 사물의 근거를 밝히는 올바른 인식, 즉 에피스테메episteme를 가능하게 한다. 그러나 차라투스트라는 이미 동굴의 어둠 안에서 진리를 깨우쳤기 때문에 빛의 세계로 굳이 올라갈 필요가 없다. 여기서 에피스테메는 지식 또는 과학으로 번역되는 그리스어다. '실천적 지식(프로네시스phronesis)'과 구별할 때 '이론적 지식'을 뜻하지만, 감성에 바탕을 둔 억견臆見(doxa)과 구별된다는 점에서 '참된 지식'을 말한다. 플라톤에 따르면 감각 경험으로 파악된 것은 에피스테메가 될 수 없고, 인간의 이성으로 파악되는 것만이 진리가 될 수 있다. 즉 에피스테메는 이데아를 파악하는 진정한 인식인 반면, 억견은 감성적 주관을 통한 낮은 단계의 인식이다.

차라투스트라는 동굴 밖으로 나온 후 어느 방향으로 가야 할지 고민한다. 위로 올라가면 빛의 세계, 천상의 아름다움 속에서 천사와 신이 있을 법한 천국이 있을 것 같은데 차라투스트라는 그 반대인 아래로, 어둠의 세계로 내려가기로 결정한다. 그 이유는 무엇일까? 그는 다음과 같이 외친다. "빛이여 너는 비추어야 할 대상이 없다면 무슨 의미가 있는가?" 빛이 빛을 받는 대상이 없으면 존재의미가 없듯이, 진리의 깨달음은 그것을 들어 줄 사람이 없다면 의미가 없다. 하늘에 태양빛이 있고 그 빛을 반사하는 별이 있어야 더 아름답듯이, 차라투스트라의 깨달음은 그것을 듣는 대중들이 있어야 의미가 있는 것이다.

태양의 행복은 다름 아닌 '선물'하는 것이다. 빛은 아무 대가도 바라지 않고 땅으로 빛을 내려 준다. 최고의 덕은 베푸는 것이다. 그 빛처럼 차라투스트라는 어둠의 세계인 대지로 내려가 대중들에게 진리를 나눠 주고자 한다. 차라투스트라가 동굴 밖으로 나온 다음 저 하늘의 빛으로 올라가지 않고 내려가기로 한 것은 태양이 보여 주는 증여하는 덕 Schenkende Tugend 때문이다. 빛이 하늘에서 땅으로 내려가듯이 차라투스트라가 대중에게 선물로 주고자 하는 지혜는 '황금빛 태양과 그 주위를 휘감고 있는 지혜의 뱀', 즉 '황금지팡이'로 상징된다.

차라투스트라가 동굴에서 깨우친 진리의 내용은 무엇인가? 이는 그가 길을 가면서 만나는 사람들과 나누는 대화에서 밝혀진다. 동굴은 어둠과 결합된 부정적인 공간이 아니라 치유의 공간이다. 차라투스트라는 땅 위를 여행하다가 힘이 들면 가끔 동굴로 되돌아와 휴식을 취한다. 이뿐만 아니라 길을 가다가 만난 친구들에게 동굴로 뻗은 길을 보여 주면서 동굴에서 쉬어 갈 것을 권유하기도 한다. 차라투스트라의 여행이 동굴에서 시작하여 동굴을 떠나는 것으로 끝나기 때문에, 동굴은 매우 의미 있는 공간이다. 다시 말해 동굴은 하늘과 땅 사이에 존재하며 빛과 어둠, 높이와 낮음, 초월과 속세를 연결하는 높은 공간이다.

산에서 내려가는 과정에서 만나게 된 '성자'는 사람들에게 다가가지 말라고 차라투스트라를 말린다. 아직 '신은 죽었다'는 말을 모르고 있는 성자에게 '나는 인간을 사랑한다'고 대답한 차라투스트라는 대중들에게 '꿀'과 같은 진리를 선물하고자 한다. 꿀을 지나치게 많이 모은 벌처럼 이제 넘치는 지혜를 나눠 줘야 한다. 그래서 차라투스트라는 신들이 사는 하늘을 향해 올라가지 않고 인간이 사는 땅을 향한 하강을 시작한다. 빛이 의미하는 바는 낮은 곳의 사람을 향한 차라투스트라의 증여, 선물, 사랑이다.

초인에 이르는 길

산에서 내려간 차라투스트라가 처음 도착한 곳은 군중들이 모여 있는 시장이다. 광대가 줄타기를 할 거라는 소문을 듣고 모여 있던 군중에게 차라투스트라는 다음과 같이 말한다. "나, 너희들에게 초인을 가르치노라. 사람은 극복되어야 할 그 무엇이다. 너희들은 자신을 극복하기 위해 무엇을 했는가?"

지금까지 인간은 이 세계의 중심으로 여겨졌다. 종교에서는 신인동형설神人同形說에 따라 인간은 신에 가장 가까운 본성을 지녔으며 가장 존귀한 존재로 여겨졌다. 다윈Charles Darwin의 진화론에서 보면 인간은 생명체가 환경에 적응하기 위해 이뤄 낸 진화의 맨 마지막의 존재다. 니체가 볼 때 신의 필연이 지배하는 기독교적인 창조론과 환경에 적응하기 위한 다양한 자연선택적 우연이 지배하는 진화론은 둘 다 틀렸다.

니체는 지금까지의 인간을 극복해야만 초인에 이를 수 있다고 보았다. 원래 짐승에서 시작한 인간은 지금까지 자신을 끊임없이 넘어 창조함으로써 존재하였다. 동물에서 인간으로 넘어온 과정은 하나의 거대한 밀물과 같은 것인데, 만약 자신을 극복하지 않으면 썰물에 휩쓸려 동물로 되돌아갈 수도 있다고 경고한다. 이렇듯 '자기극복'은 인간의 가장 중요한 과제다. 생명이란 자기 자신을 극복해야 하는 존재이기 때문에 차라투스트라는 끝없는 투쟁이자 생성과 목적이면서 목적에 대한 반대이고자 한다.

'소심한 자'는 묻는다. 어떻게 하면 살아남을 수 있을까? 그러나 차라투스트라는 묻는다. 어떻게 하면 사람은 극복될 수 있을까? 차라투스트라의 마음에는 초인이 유일한 관심이지 사람은 관심 밖이다. 이웃도 최상의 권력자도 니체에게 목적이 아닌 이유는 그렇게 왜소한 자의 덕인 순종과 겸손, 책략과 근면, 배려가 역겹기 때문이다. 오늘날 세상의 주인이 된 천민의 물음인 '어떻게 살아남을 것인가'의 차원과는 반대로 부단한 자기극복을 통해 최상의 것을 성취하는 것이 초인의 덕목이다.

인간과 원숭이의 차이는 무엇인가? 진화론에 따르면 인류의 기원은 원숭이에 가까운 유인원이다. 인간은 원숭이와 행동이나 외형면에서 가장 가까운 존재인 셈이다. 그러나 원숭이에 대해 인간이 느끼는 감정이 '웃음거리'나 '부끄러움'이기 때문에 원숭이로 되돌아가는 것을 거부해야 된다. 벌레에서 시작해서 원숭이를 거쳐 힘겹게 인간에 이르렀는데, 인간도 한때 원숭이에 가까웠다는 사실은 부끄러운 일이다. 이러한 관점을 반영해 니체는 초인에 이르기 위한 인간의 발전과정을 다음과 같은 다섯 단계로 설명한다.

> 첫째, 식물과 유령은 수면과 같은 상태다. 예를 들면, 생존을 위한 최소한의 신진대사와 같다.
> 둘째, 벌레는 땅을 기어 다니는 낮은 수준의 본능 단계다.
> 셋째, 동물은 원숭이처럼 의식을 갖추었지만 그것을 압도하는 강한 본능도 갖춘 단계다.
> 넷째, 인간은 동물보다 높은 의식을 갖추었지만 초인의 앞 단계일 뿐이다.
> 다섯째, 초인은 기존의 모든 인간의 조건을 마침내 극복한 존재다.

이 다섯 단계는 분리된 것이 아니라 인간 안에 혼재하고 있는 가능성이다. 따라서 인간은 환경에 더 적응하는 존재가 아니라 낮은 단계를 넘어 높은 단계인 초인으로 거듭나야 하는 존재다. 생명이 본성상 끊임없이 자신을 넘어서 극복하려고 한다면, 초인에 이르기 위한 자기 극복의 방법은 과연 어떤 것이 있는가?

하늘을 극복하여 대지에 충실하라

니체가 초인은 '대지의 뜻'이라고 강조했을 때, 대지는 현실과 신체를 상징하는 은유로 이해되어야 한다. 지금까지 인간은 대지를 경멸하고 하늘을 찬미했다. 현실을 부정함으로써 사후 세계, 초월의 세계, 이상의 세계를 만들어 냈다. 이 현실의 생명을 부정하는 자들은 독을 타 다른 사람들에게 화를 입히는 사람들이다. 그들은 이 대지를 부정할 뿐만 아니라 신체를 깔보았고, 그래서 순수한 영혼의 세계를 꿈꾸었다. 차라투스트라는 현실을 경멸하면서 하늘나라로 도망가려는 사람을 가게 내버려 두라고 말한다. 신체를 부정하고 영혼만이 누린 즐거움은 자기만족에 불과할 뿐이다.

차라투스트라는 "대지에 충실해야 한다"고 말한다. "형제들이여, 너희들의 정신과 덕으로 하여금 이 대지의 뜻에 이바지하도록 하라. 그리고 모든 사물의 가치를 새롭게 정립하도록 하라. 그러기 위해서는 너희들은 전사가 되어야 한다. 창조하는 자가 되어야 한다."

니체가 하늘보다 대지를 긍정하는 이유는 이 땅 위에 있어야 건강한 삶이 가능하기 때문이다.

"대지는 피부로 덮여 있다. 그런데 이 피부는 여러 가지 병으로 신음하고 있다. 그 병 가운데 하나가 인간이라는 존재다."

자신의 존엄성과 가치를 통해 우주의 중심의 자리를 차지하던 인간은 니체에게 작은 부스럼에 불과하다.

그렇다면 이러한 '피부병'에 걸린 대지를 어떻게 치유할 수 있는 것인가? 그 방법은 인간이 각자 자신의 대지를 발견하는 것이다. 아직 그 누구의 발길도 닿지 않은 길이 천 개나 있다. 천 개가 되는 건강이 있으며 천 개나 되는 숨겨진 생명의 섬이 있다. 무궁무진하여 아직도 발견되지 않은 것이 사람이며 사람의 대지다. 따라서 진실로 이 대지는 치유의 장소가 되어야 한다. 더 이상 천국이나 천상이 인간의 삶의 고통을 덜어 내는 구원의 장소가 될 수 없다. 자기치유의 길은 대지가 의미하는 바를 자신에서 다시 찾아내는 것, 즉 자기인식이다.

하천을 극복하여 바다가 되어라

차라투스트라는 인간이 '더러운 강물'과 같다고 비판한다. 냄새 나고 작은 하수구, 오염된 하천과 같은 인간이라는 오수汚水를 품는 바다가 되는 것이 바로 초인이 되는 과정이다. 몸을 더럽히지 않고 더러운 강물도 모두 받아들이려면 사람은 먼저 바다가 되어야 한다. 바다는 포용력과 리더십을 의미한다. 진정으로 깨끗한 사람이란 속세를 초월해 높은 산에서 맑은 물과 공기를 마시고 사는 자가 아니라 더러운 이웃과 함께 살아가는 자다. 더러운 강물을 거부하는 자는 진정으로 깨끗한 사람이 아니다. 남의 더러움을 품기 위해서는 바다처럼 자신을 더 낮춰서 마음을 넓혀야 한다.

차라투스트라는 덧붙여 더러운 물로도 자신을 씻을 수 있는 사람이 진정 깨끗한 사람이라는 역설을 펼친다. 사람들 틈에서 살려면 그

어떠한 잔으로도 마실 줄 알아야 한다. 사람들 사이에서 깨끗함을 잃지 않으려면 더러운 물로 자신을 씻을 줄도 알아야 한다. 더러운 것에 민감한 사람은 결벽증 환자다. 냄새나는 사람, 결함이 있는 사람, 불완전한 사람을 품되, 자신은 오염되지 않고 순수한 사랑을 실천하는 사람이 바로 초인이 의미하는 바다. 깨끗함과 더러움, 선과 악을 구분하는 기준 자체가 없어야 자정작용을 하는 바다와 같은 큰 사랑이 가능해진다.

먹구름을 극복하는 번개가 되어라

초인은 '사람'이라는 먹구름을 뚫고 내리치는 번갯불이다. '광기'에 비유되는 번개는 먹구름 안에 갇혀 있는 인간의 절망적인 상황을 극복하는 방법이다. 차라투스트라는 번갯불이 내리칠 것임을 예고하는 자다. 극복은 번개가 치고난 뒤 구름에서 무거운 빗방울이 떨어져 하늘이 개는 현상에 비유된다.

먹구름은 우울, 슬픔, 절망, 고독 등 인간의 부정적인 감정이나 심리 상태에 빗댈 수 있는데, 마음의 어둠을 없애는 방법은 구름이 빗방울이 되어 떨어지는 것이다. 즉 번개를 쳐서 우울함을 씻어 내리려면 인간은 '광기'를 지녀야 한다. 비가 내려 먹구름이 사라지면 그 뒤에 숨겨진 빛의 세계가 드러난다. 먹구름에 가려졌던 맑은 하늘에 희망의 별이 드디어 나타난다.

니체는 번개를 지혜에 빗대어 사용한다. 세상은 오래전부터 구름처럼 싸여 점점 적막하고 어두워지는데, 언젠가 번개를 낳게 될 지혜는 '오늘을 살고 있는 사람들을 위한 빛'이 아니라 오히려 그들의 '눈을 멀게 하는 빛'이라고 한다. 초인이 갖게 되는 '지혜의 번갯불'은 오직 자신의 실존을 비추는 깨달음의 역할을 한다.

혼돈을 극복하는 춤추는 별이 되어라

먹구름이 걷히면 하늘에 별이 나타나게 되는데, 니체는 "춤추는 별을 탄생시키기 위해 사람은 자신들 속에 카오스(혼돈)를 지니고 있어야 한다"고 말한다. 과거 철학자에게 무시당하던 카오스를 니체는 다시 높게 평가한다. 카오스는 과거 철학자들이 선호했던 질서인 코스모스와 비교할 때 지위가 낮은 것으로 부정할 것이 아니라 세계와 인간의 본성 자체를 이루는 것으로 긍정해야 한다. 카오스를 없애려고 하면 안 된다. 차라투스트라는 카오스를 계속 부정한다면, 언젠가 카오스가 별을 탄생시키지 못하는, 가장 슬프고 경멸스러운 시대가 될 것이라고 경고한다.

『차라투스트라는 이렇게 말했다』에 자주 등장하는 춤의 비유는 존재의 가벼움, 진실성, 그리고 상승의 모습을 보여 주는 매우 중요한 단서다. 별은 자신의 궤도를 운명처럼 운행하기 때문에 춤을 출 수 없다. 춤은 궤도 이탈을 뜻한다. 춤추는 별은 논리적으로 모순이다. 별은 춤을 출 수 없기 때문이다. 그러나 별의 궤도가 뜻하는 '필연'과 자유로운 춤이 뜻하는 '우연'이 만나 삶의 의미가 생겨난다. 카오스를 없애서 코스모스를 만드는 것이 아니라, 카오스에서 새롭고 더 높은 카오스, 즉 춤추는 별을 만들어야 하는 것이다. 카오스 안에 이미 잉태된 춤은 생명력과 역동성을 갖고 있다. 춤추는 별은 카오스라는 생명의 힘을 있는 그대로 긍정하는 표현이다. 별은 높이를 '동경하는 화살'처럼 미래에 성취하고자 하는 인류의 목적을 상징한다. 비천한 인간은 별과 같은 최고의 희망을 결코 갖지 못한다.

인간은 밧줄이다

철학자 아리스토텔레스는 인간과 동물의 차이를 '이성'으로 규정하였다. 그래서 인간은 이성적 동물이 되었다. 그러나 니체가 인간을 무생물인 밧줄에 비유하려는 시도는 매우 독특한 발상이라고 할 수 있다. 차라투스트라는 말한다. "인간은 짐승과 초인 사이를 잇는 밧줄, 심연 위에 걸쳐 있는 하나의 밧줄이다." 밧줄은 초인에 이르는 길을 보여주지만 매우 좁고 위험한 길은 아무나 쉽게 통과할 수 없다. 초인이 되지 못한 인간은 존재의미가 없다. 인간은 아직 초인이라는 종착지에 도착하지 못하고 밧줄에 걸쳐 있는 중간존재, 사이존재, 가능존재다.

밧줄이 상징하는 인간의 특성은 무엇인가? 니체는 밧줄에 빗대어 과연 무엇을 말하고자 한 것인가? 그것은 인간의 불안정한 삶이다.

첫째, 위험하다. 밧줄 위에 서 있다는 것은 위험하다. 건너가는 것도 위험하고 뒤돌아보는 것, 벌벌 떨고 있는 것 모두 위험하다. 사방에 위험이 도사리고 있다.

둘째, 불안하다. 밧줄은 끊임없이 흔들리기 때문이다.

셋째, 죽음이다. 발을 헛디디면 자칫 밧줄 아래로 떨어져 죽을 수도 있다.

넷째, 고독하다. 이 인생의 밧줄은 자신만이 탈 수 있다. 어느 누가 대신 타 줄 수 있는 것이 아니다.

인간이 밧줄이라는 비유는 한편으론 동물에 연결되어 있고 다른 한편으론 초인에 연결된 밧줄 위에서 줄타기를 해야 하는 광대의 운명을 통해 잘 이해될 수 있다. 초인이 되려면 그 밧줄이라는 좁은 길을 거쳐 저편으로 건너가야 한다. 밧줄은 인간의 실존 상황을 가장 잘 드러내는 비유라고 할 수 있다. 니체가 밧줄로 강조하고 싶은 것은 인간의 과정, 도정성, 진행형(~ing)이다. 덧붙여 사람에게 위대한 것이 있다면 그것은 자신이 목적이 아니라 하나의 교량이라는 것이다. 사람에게 사랑받아 마땅한 것이 있다면, 그것은 하나의 과정이요 몰락인 것이다. 지금까지 우주의 목적이자 중심이었던 인간은 이제 초인으로 넘어가기 위한 다리, 계단, 과정에 불과하다. 따라서 지금 이곳에 머무를 수는 없고 그것을 넘어가야 하는 어느 누구도 아직 자신의 존재의미를 완성하지 못했다.

차라투스트라는 이러한 밧줄의 의미를 상세히 설명하기 위해 광대의 외줄타기 광경을 묘사한다. 시장 광장의 두 탑을 잇는 밧줄 위로 두 광대가 벌이는 줄타기를 사람들이 구경하는데, 뒤에 나온 광대가 앞선 광대를 뛰어넘자 놀란 앞의 광대가 밧줄을 헛디뎌 바닥에 떨어지고 만다. 그 모습을 보던 사람들은 두려움에 뿔뿔이 흩어지는데 차라투스트라는 남아 그의 죽음을 위로한다. "악마도 지옥도 없다. 너의 영혼은 신체보다 더 빨리 죽어갈 것이다. 그러니 두려워할 것이 못 된다." 그러면서 줄타기를 통해 '위험을 천직'으로 삼고 살았던 광대의 시신을 손수 묻어 주기로 한다.

줄타기 광대와 같은 운명을 타고난 인간은 어떻게 살아야 하는가? 광대처럼 위험한 밧줄을 탄다면 인생은 자신의 모든 것을 거는 모험이어야 한다. "위험하게 살라!" 이것이 광대가 보여 주는 삶의 교훈이다. 밧줄 위에서는 초인을 향해 날아오르듯 과감한 춤을 추어야 한다. 차라투스트라가 인간을 사랑하는 이유는 인간이 과정, 몰락, 사랑, 희망, 위대한 경멸을 뜻하기 때문이다. 그러나 처음부터 날아오를 수는 없고, 먼저 서는 법, 걷는 법, 달리는 법, 춤추는 법을 배워야 한다.

춤을 추기 위해서 우선 대지와 삶을 무겁게 하는 '중력이 악령'에 맞서 싸워야 한다. 차라투스트라는 위로 상승하려는 욕망에서 "나는 춤을 출 줄 아는 신만을 믿으리라" 다짐한다. 그러나 곧이어 아래로 향하게 하는 '중력의 악령'을 발견한다. 저 악마 때문에 모든 사물이 나락으로 떨어지기 때문에 중력의 악령을 노여움이 아니라 웃음으로 살해하고자 한다. 그러나 "초인이 되어라"는 차라투스트라의 연설은 대중들에게 감동적으로 와닿지 않았다. 그들은 차라투스트라의 속뜻을 전혀 이해하지 못했다.

차라투스트라의 친구로는 두 동물이 있다. 독수리는 '긍지'를 뜻하며 뱀은 '영리함'을 뜻하는데, 늘 함께 길을 걷는 두 친구다. 이렇게 차라투스트라는 자신의 여행길을 이어 간다. 많은 제자들이 그를 따르지만 차라투스트라는 어느 누가 절대적으로 의지할 만한 사람은 아니다. "나는 격류 옆에 있는 난간이다. 누구든 잡을 수만 있다면 나를 잡아도 좋다! 그러나 나 너희들을 위한 지팡이는 아니다."

차라투스트라는 '무지개'로 표상되는, '초인에 이르는 층계'를 하나하나 보여 주고자 한다. 날아올라 '자신 안의 춤추는 신'만을 믿게 되는 차라투스트라처럼 춤추는 자의 덕을 가진 자는 죄 사함을 받아 무거운 중력에서 벗어난다. 그러나 날지 못하는 자의 삶과 대지는 무겁다. 신체는 춤추는 자가 되고, 모든 정신은 새처럼 가볍게 되는 것이 차라투스트라의 알파이자 오메가이다. 중력의 악령을 뛰어넘어야 새가 된다. 날개로 자신의 하늘을 향해 힘껏 날아 보고 빛 속 깊이, 멀리 헤엄쳐 가 본 사람만이 자신의 자유에 자신을 먼저 사랑하라는 '지혜'가 찾아든다는 것을 깨닫는다.

한국 영화 〈왕의 남자〉(2005)가 '니체의 밧줄을 타는 광대'를 주제로 한 영화라는 사실은 잘 알려져 있다. 뒷부분의 왕과 광대가 나눈 대화에서 니체의 영원회귀사상을 엿볼 수 있다. 김태웅 연출가의 연극

〈이爾〉를 원작으로 한 〈왕의 남자〉의 이준익 감독은 계약에 앞서 『차라투스트라는 이렇게 말했다』를 먼저 읽고 오라는 원작자의 요구를 충족시켜야 했다. 왕을 둘러싼 갈등과 음모라는 정치적 상황을 익살스러운 풍자로 풀어내면서 대중적 재미를 가미한 연극과 영화는 니체 작품의 의도를 충실히 재현하려고 하였다. 영화의 배경이 되는 광대의 줄타기 장면뿐만 아니라 영화 후반부에 두 광대가 주고받는 대화가 니체의 사유를 잘 담고 있다. 즉 다시 태어나면 뭐가 되고 싶냐는 질문에 양반도 왕도 아닌 광대로 다시 태어나고 싶다는 대답은 영원회귀에 대한 긍정을 담고 있다고 볼 수 있다.

인간이 초인이 되는 과정은 어떠한가? 차라투스트라는 정신의 변화를 세 가지 비유로 설명하고 있다. 낙타, 사자, 어린아이는 인간의 정신이 구속에서 벗어나 자유와 창조를 찾아가는 발전과정을 보여 준다. 처음에 인간은 낙타의 굴레에 묶여 있다가, 사자의 용기를 갖게 되며, 끝으로 어린아이의 웃음을 찾게 된다.

첫째, 낙타는 '공경하고 두려워하는 마음을 지닌 억센 정신'을 뜻한다. 낙타는 짐을 싣고 사막을 건너가는 동물로서 무거운 부담을 지고 참고 견디는 정신을 뜻한다. 남이 싣는 짐을 아무런 불평이나 불만 없이 받아들인다. 더 나아가 낙타는 무릎을 꿇고 짐이 많이 실리기를 바라기도 한다. 무거운 짐을 싣고 묵묵히 사막을 향해 달려갈 때, 고된 삶의 짐을 지는 낙타의 삶 자체가 황량한 사막과 같다. 여기서 확인할 수 있는 낙타의 특성은 타인의 권위, 명령, 사회적 구속에 대해 맹목적으로 긍정한다는 점이다. 낙타는 체념과 공경, 그리고 두려움을 갖고 남이 없는 짐을 불평 없이 수용함으로써 꿋꿋이 살아간다. 이것은 '너는 마땅히 해야만 한다'는 타인의 명령에 무조건 복종하는 노예의 정신이다.

둘째, 낙타가 변화한 사자는 자유를 쟁취하여 사막의 주인이 되고자 하는 두 번째 단계다. 초식동물인 낙타가 유순하다면 육식동물인 사자는 사납다. 그는 자신의 마지막 주인인 신에 맞서 싸우려고 한다. 신이 용의 모양을 하고 나타나 "너는 마땅히 해야만 한다"라고 말할 때, 사자는 "나는 하고자 한다"라고 맞선다. 용의 비늘 하나하나는 '너는 해야만 한다'는 명령이 새겨진 가치들로 번쩍이고 있는데, 사자는 그 가치를 모두 부정한다. 용이 "모든 사물의 가치는 내게서 빛난다"고 거들먹대면서 "가치는 이미 모두 창조되었다"고 선언하는 순간, 새로운 가치의 창조가 더 이상 허용되지 않기 때문이다. 신이 이미 창조된 모든 가치 그 자체이기 때문에 '나는 하고자 한다'면서 자신만의 가치를 새로 창조하려는 사자의 요구는 묵살된다. 그래서 사자는 신을 부정한다. 니체의 '신은 죽었다'는 선언이 바로 이 단계에 해당된다. 왜 신은 죽었는가? 신은 억측에 불과하다. 무엇보다 초인을 창조하기 위해 신은 존재해선 안 된다. 만약 신이 존재한다면 차라투스트라가 신이 아니라는 사실을 견딜 수 없기 때문이다. 신과 같은 '불멸의 존재'는 비유에 불과하며 '창조하는 자가 아니라면 그 누구도 무엇이 선이고 무엇이 악인지를 모른다. 창조하는 자는 그 의미를 부여하고 미래를 약속하는 자다. 창조하는 자가 비로소 어느 것이 선이고 어느 것이 악인지를 결정한다. 이에 사자는 가치를 창조하는 자가 되고자 한다.

낙타의 긍정에 대해 경건하게 '아니오'라고 부정할 수 있는 사자의 정신은 용기 있는 일이다. 새로운 가치의 정립을 위한 권리를 쟁취하는 것은 약탈하는 짐승인 사자만이 할 수 있다. 그러나 사자는 파괴만 할 뿐 창조를 할 줄 모른다. 신의 존재를 부정하는 사자는 아직 '새로운 가치의 창조'를 해내지 못한다. 무엇이 부족한 것인가? 창조를 위해 필요한 자유가 사자의 단계에서 획득되지 못한다. 그러니 가치를 창조하기 위한 자유를 찾아 어린아이의 단계로 넘어가야 한다.

셋째, 어린아이는 사자에 비하면 힘이 약하다. 어린아이는 힘으로 사자를 이길 수 없지만, 정신에서 그 단계를 넘어섰다. 사자는 싸우려고 하지만 어린아이는 겁을 내지 않고 웃는다. 어린아이의 정신은 '순진무구'요 '망각'이며 '새로운 시작', '놀이', '스스로의 힘에 의해 돌아가는 바퀴로서의 최초의 운동이자 거룩한 긍정'이다. '순진무구'는 독일어로 Unschlud이다. 부채負債를 뜻하는 슐트Schuld의 반대말로, 죄가 없다는 뜻이다. 기독교에 따르면 인간은 죄인이며 그것에서 구제받는 일은 오직 예수를 통해서만 가능하다. 갓 태어난 아기도 예외 없이 죄인이 된다. 그러나 니체에게 어린아이는 죄가 없고 순수하다.

망각은 과거의 것을 잊음으로써 새로운 시작을 가능하게 한다. 과거의 기억이 남아 있다면 인간은 그것에 지배를 받게 되기 때문에 앞으로 나아갈 수 없다. 어린아이를 뜻하는 '놀이'의 비유에 따르면 세계

는 모래를 쌓고 부수는 놀이를 하는 어린아이aion와 같다. 아이가 바닷가에서 어떤 목적도 없이 모래쌓기 놀이를 즐기듯, 이 세계도 특별한 목적 없이 생성하고 소멸한다는 것이다. 이렇게 이 세계는 윤리적인 선과 악을 넘어 미학적인 원리로 설명된다.

따라서 세계에는 창조의 목적이 따로 없고 놀이만이 있을 뿐이다. 즐거운 놀이를 위해 사자가 갖지 못한 자유를 획득한다. 어린아이는 '자신의 힘에 의해 스스로 돌아가는 바퀴'라는 자발성과 '창조의 놀이'를 위해 필요한 '거룩한 긍정'을 뜻한다. 어린아이의 정신은 자기 자신만의 의지를 원하며, 세계를 상실한 자는 자신의 세계를 획득하게 된다.

차라투스트라는 말한다. "어린아이들이 바닷가에서 놀고 있다. 그때 파도가 밀려와 저들의 놀잇감을 바닷속 깊은 곳으로 쓸어 넣었다. 그래서 어린아이들이 울고 있다. 그러나 바로 그 파도가 새로운 놀잇감을 갖다줄 것이다. 어린아이들 앞에 알록달록한 조개들을 흩어 줄 것이다. 그렇게 아이들은 위로를 받게 된다." 바닷가에서 놀이하는 아이는 장난감을 잃어버려도, 모래성이 파도에 부서져도 슬퍼하지 않는다. 세계는 놀이하는 아이처럼 영원히 생성되고 소멸하기 때문이다. 어린아이는 세계의 놀이에 참여하면서 세계를 생성으로 이해한다. 그렇게 상실의 아픔도 극복하게 된다.

요약하면, 니체는 인간이 거쳐야 할 정신의 세 가지 변화를 낙타, 사자, 어린아이라는 세 가지 은유를 통해 표현하고 있다. 초인은 바로 '본래의 자신이 되는' 세 번째 단계인 어린아이에 해당된다.

이상주의자 비판

차라투스트라도 언젠가 이 세계의 저편에 다른 세계가 있다고 믿는 망상에 시달렸다고 고백한다. 이 세상에서 느낀 고통과 가책이 모두 신이 창조한 작품의 결과였기 때문에 헛된 꿈 같고 꾸며 댄 허구 같은 이 세계에서 벗어나고 싶었던 것이다.

신이 선과 악, 쾌락과 고통으로 이 세상을 창조했기 때문에 인간은 잊고 싶었던 것이다. 따라서 세계 저편에 대한 망상에 사로잡힌 사람들에게 이 세계는 '영원히 불완전한 세계, 영원한 모순의 그림자, 그것도 불완전한 그림자'로 여겨졌다.

이 세계는 가짜이고 저 세계가 진짜라고 믿은 철학자인 플라톤은 초월의 세계, 이상의 세계를 이데아Idea로 표현했고 기독교는 그것을 천국이라고 기술했다. 그러나 차라투스트라에 따르면 신은 사람들이 만들어 낸 작품이자 망상에 불과하고 사람과 자아의 빈약한 부분이 지어낸 것이지 다른 세계에서 유래한 것이 아니다. 그러한 유령을 믿는 자는 건강하지 못하다. 왜냐하면 저편의 다른 세계를 꾸며 낸 것은 고통과 무능력, 그리고 더없이 극심하게 고통스러워하는 자만이 경험하는 그 덧없는 행복의 망상이었기 때문이다. 인간의 고통이 신이라는 환상을 만들어 내 구원받고 축복받기를 원했다. 천국을 향해 '단 한 번의 도약, 죽음의 도약으로 끝을 내려는 피로감', '가련하고 무지한 피로감'이 신을 만들어 내고 저편의 또 다른 세계라는 것을 꾸며 낸 것이다.

그렇다면 인간은 무엇에 절망한 것인가? 인간은 이성을 통해 완전한 세계를 증명하는 것보다는 심리적인 불쾌감에서 벗어나기 위해 이상 세계를 만들어 낸 것인가? '이 대지에 절망한', '신체가 혼미한 정신의 손길로 그 마지막 벽', 천국의 문을 더듬었던 것이다. 인간이 저편의 세계로 넘어가려고 한 것은 이성이 아니라 신체의 요구다. 현실을 부정함으로써 도달하고자 하는 '비인간화된 세계'는 소위, 인간의 정신, 자아가 사물의 척도가 되어 왜곡된 것이다. 정신은 사람을 속이지만 신체는 거짓을 모른다. 정직한 신체는 이 대지와 자신의 신체를 찬미할 것을 요구한다. 진정한 자아가 가르치는 '새로운 긍지'는 더 이상 머리를 높은 하늘의 모래에 파묻지 말고 당당히 들라는 것이다. 이 대지에 의미를 부여하는 '지상의 머리'로써 이 현실의 삶 자체를 긍정하라는 말이다.

차라투스트라는 인간이 지금까지 걸어온 길을 받아들이고, 병든 자와 죽어가는 자처럼 샛길로, 저편의 세계에 이르는 길로 도망가지 말라고 부탁한다. 그들은 대지와 신체를 경멸하고 천국을 생각해 내 예수의 희생을 뜻하는 피를 통해 자신이 구원받는다고 믿게 된다.

도덕군자는 덕에 대한 보상을 기대한다. 지상에서의 삶에 대한 대가로 천국을, 오늘에 대한 대가로 영원한 것을 소망하고 있다. 그러나 세상 저편의 신, 초월 세계, 이상 세계는 현실의 인간을 작게 만든다.

자신의 불행에서 벗어나기 위해 천상에 이르는 샛길을 만들어 내려는 자의 기대는 어리석다. 우리가 신체와 대지에서 도망갈 방법은 없다. 신체와 대지로부터 벗어났다는 망상, 탈주의 소원, 현실을 부정하는 정신조차도 신체와 대지 덕분에 가능하기 때문이다.

중요한 일은 무엇보다 그러한 생각을 지어낸 병에서 치유되는 일이며, 그것을 위해 자신을 극복하고 '더 높은 신체를 창조'하도록 노력하는 일이다. 건강을 되찾게 된 후에는 과거의 망상과 눈물이 병든 신체의 징후였음을 깨닫게 될 것이다.

병든 자들이 저 세계에서 원하는 것은 영혼의 구원이 아니라 신체의 구원이라고 차라투스트라는 믿는다. 영혼의 구원은 거짓말이다. 병든 자에게도 신체가 중요하다. "강건한 신체에서 들려오는 정직하고 순수한 소리를 들어라." 대지의 뜻을 전해 주는 것도 순수한 신체라고 차라투스트라는 믿기 때문이다.

누가 천국과 이상 세계를 원하는 것인가? 천국을 만든 이는 왜소한 인간이다. 이쪽 세계는 작게 만들고, 저쪽 세계는 크게 만든 왜소한 인간은 '벼룩'처럼 덕, 복수, 형벌, 보답, 보복을 통해 모든 사물의 의미를 왜곡했다. 그들이 가르치는 왜소한 덕으로 모든 것이 작아지고 말았다. 대지의 의미, 현실과 신체의 의미가 작아진 것이다. 왜소한 자들의 덕은 거짓, 찬양, 칭찬에 근거한 행복과 덕에 대한 잘못된 가르침이다. 나는 '정의롭다'고 생각하지만 사실 나는 '앙갚음을 했다'는 확신이다. 왜소한 자들은 이 세상을 조그마하게 만들어 뛰어다니면서 단 한 번의 도약으로 저쪽 세계에 가려고 한 벼룩과 같은 존재다. 그들에게 정의란 현실의 부, 권력에 대한 앙갚음이자 복수이다.

독일의 유물론 철학자인 포이어바흐Ludwig Andreas Feuerbach에 따르면 신은 인간의 작품에 불과하다. 즉 신의 존재는 인간의 결핍에 따른 소망의 투영물에 지나지 않는다. 그의 저서 『기독교의 본질』에 따르면 '인간에게 신인 것은 인간의 정신이고 영혼이며, 인간의 정신, 영혼, 마음은 인간의 신이다. 신은 인간의 내면이 나타난 것이며 인간 자체가 표현된 것이다.' 따라서 종교에서 말하는 의식, 인식, 사랑은 초월적인 신에서 온 것이 아니라 인간이 내면에서 주관적으로 느낀 것을 객관적으로 투사한 것에 불과하다.

신체와 정신의 관계

    많은 철학자들이 인간의 본성을 영혼, 또는 정신으로 간주하면서 신체와 육체의 가치를 깎아내린 경우가 많았는데, 차라투스트라는 그처럼 신체를 경멸하는 자를 비판한다.

    니체는 정신과 육체를 구분 짓는 전통적인 이원론에 반대하면서 정신을 신체의 일부분으로 간주하는 일원론의 입장을 취한다. 인간은 전적으로 신체일 뿐, 그 밖의 아무것도 아니며, 영혼이라는 것도 신체 안에 있는 그 어떤 한 부분에 붙인 말에 불과하다. 덧붙여 신체는 커다란 이성이며, 하나의 의미를 지닌 다양성이고, 전쟁이자 평화, 가축 떼이자 목자이다. 우리는 신체가 곧 정신이라는 말을 쉽게 이해하기 어렵다. 신체는 다양한 힘이 작용과 반작용을 통해 끊임없이 생성과 파괴를 거듭하는 곳이며, 정신의 현상인 의식과 기억, 정서들이 그 안에서 함께 작용한다는 뜻이다.

인간이 그동안 높게 평가한 '정신'은 '작은 이성'이고, 신체의 도구, 즉 커다란 이성의 작은 도구이자 놀잇감에 불과하다. 인간의 삶을 이끄는 것은 이성이나 지성이 아니라 신체이며, 지성은 생존에 유리한 최상의 방법을 찾아 주는 보조 역할을 할 뿐이다. 과거 관념론자들은 정신과 육체를 둘로 분리하여 정신에 더 높은 지위를 부여한 경우가 많았다. 이 관계를 뒤집고자 시도한 차라투스트라는, 정신에 긍지를 느끼는 자에게 '자아Ich'라고 이름 붙여 지금보다 더 큰 신체, 커다란 이성에 주목할 것을 요구한다. 신체의 도구 역할을 하는 정신은 감각을 통해 인식된 대상을 파악하지만 그 자체로 목적을 지니고 있지 않다. 도구에 불과한 감각과 정신 뒤에 자기das Selbst가 있는데, 이러한 큰 이성인 신체가 정신을 도구로 삼아 사물을 인식하기 때문에 신체적인 자기가 인간을 지배하는 진짜 주인이다. 정신적 자아를 지배하는 것도 역시 신체적 자기 자신이다.

따라서 정신보다 신체가 더 지혜롭다. 인간의 사상과 생각, 느낌의 배후에는 '더욱 강력한 명령자, 알려지지 않은 현자'가 있는데 그것이 바로 '자기'다. 신체와 같은 자기 안에 우리의 정신이 갖는 지혜보다 더 많은 이성, 최고의 지혜가 들어 있다. 따라서 자아를 이끌 목적을 규정하는 자기의 명령에 자아는 따를 수밖에 없다. 정신은 단지 에움길에 불과하다. 니체는 정신과 신체가 나눠지지 않는 하나이며, 정신보다 신체가 오히려 더 큰 역할을 하기 때문에 정신인 자아를 인간의 본질로 보고 신체를 경멸한 자들을 비판한다. '자기'의 관점에서 보면 '정신'의 도약이나 '자아'의 비약은 무의미한 것이다. '창조하는 신체, 그것이 그의 의지가 부리는 손으로서 정신이라는 것을 창조'한 것이기 때문이다.

신체를 경멸하는 자는 이 세계 자체를 경멸하고 있다. 차라투스트라가 보여 주는 자기극복의 길은 정신이 이끄는 추상적인 관념의 길이 아니라, 신체를 통해 자기 자신을 뛰어넘어 창조하는 길이다. 신체를 정신보다 더 신뢰하는 것이 초인에 이르는 길이다. 신체와 몸이 이끄는 대지 위를 긍정하며 걸어가야 초인에 이르는 교량을 지나가게 된다.

쇼펜하우어의 저서 『의지와 표상으로서의 세계』에 따르면 의지가 신체를 만들어 낸다. 사유하려는 의지가 뇌를 만들어서 정신이 작용한다. 사유도 결국 의지에 의존할 수밖에 없다. 데카르트의 이원론과 비교할 때 니체의 생각은 의학이나 생리학에 부합한다. 당시 영혼과 육체의 분리를 믿는 기독교는 신체를 경멸했기 때문에 비위생적이고 불결했다고 니체는 지적한다.

우리가 타인의 삶을 이해하는 통로에는 글이 있다. 차라투스트라는 "일체의 글 가운데서 나는 피로 쓴 것만을 사랑한다. 글을 쓰려면 피로 써라. 그러면 너는 피가 곧 넋임을 알게 될 것이다"라고 말하면서 '피'를 강조한다. 여기서 피로 쓴다는 행위는 혈서를 쓴다는 말이 아니라 생명력을 보존한다는 뜻이다. 세계를 보고 듣고 인식할 때의 느낌은 피처럼 신체 안에서 굳지 않고 남아 있는데, 그것을 언어로 담아낸 것이 '피로 쓴 글'이다. 이런 생명력의 반대는 미라mummy다. 그래서 니체는 '미라'처럼 말라비틀어진 죽은 글을 '개념'으로 비판한다. 추상 개념을 사용한 수사적 장식을 경멸한 니체가, 생생함을 담을 수 있는 '은유'를 활용하여 시나 잠언을 자주 썼다는 사실은 잘 알려져 있다. 피는 삶에 대한 직접적인 체험을 뜻하고 글은 생명이 체득하는 지식의 표현이다. 따라서 정신이란 그 자체로 생명 속으로 파고드는 생명이고 생명은 그 자신이 겪는 고통을 통하여 자신의 앎을 증대시키기 때문에 차라투스트라는 '자신의 피로 자신의 앎을 키워 온 것'이라고 고백한다.

피로써 글을 쓰는 일도 힘들지만 다른 사람의 피를 이해한다는 것도 쉬운 일이 아니다. 그래서 차라투스트라는 작가의 정수인 피를 이해하지 못한 채로 게으름을 피워 가며 책을 뒤적거리는 자들을 미워한다. 글은 작가가 피를 짜내 쓴 사상의 결정체이기 때문에 피와 잠언으로 글을 쓰는 사람은 그저 읽히기를 바라지 않고 암송되기를 바란다.

그렇다면 무엇을 이해하는 것인가? 글로 표현하는 것은 우리의 삶 자체이자 인생의 의미다. 마치 높은 산봉우리와 같은 잠언의 의미를 이해하기 위해서는 독자도 '긴 다리'를 지녀야 한다. 잘 이해하기 위해 저자 못지않은 높은 지식과 식견을 독자도 지녀야 한다. 그렇지 않으면 피로 쓴 잠언은 결코 이해될 수 없다. 물론 이처럼 높은 사유로 올라가는 일은 쉽지 않다. 훌륭한 저자가 높은 곳에서 아래를 내려다보고 있다면, 독자가 그와 같은 높은 경지에 오르기 위해서는 많은 노력이 필요하다. 언젠가 "높은 산에 오른 자는 모든 비극과 비극적인 엄숙성을 비웃는다"고 니체는 말했다. 높은 산에 오르면 인생의 모든 고통을 초월하게 된다.

예를 들어, 많은 사람들이 '삶은 견뎌 내기 힘들다'고 엄숙한 말로 한탄하지만, 그것은 오전에는 긍지를 가졌다가 저녁에는 체념을 하는 너무 나약한 발언이다. '삶은 견뎌 내기 힘들다'는 연약한 말은 하지 말아야 한다. 그것은 마치 이슬이 한 방울이 떨어졌다고 파르르 호들갑을 떨고 있는 장미의 꽃봉오리와 비슷하다. 한탄은 엄살이다. 왜 우리는 견뎌 내기 힘든 삶을 사랑해야 하는가? 우리는 삶에 친숙해서가 아니라 사랑에 익숙하기 때문에 삶을 사랑한다. 사랑 속에는 얼마간의 광기가 있고 광기 속에는 얼마간의 이성이 있기 때문에 삶을 미치도록 사랑해야 한다. 그래서 우리는 삶을 이성과 광기로 사랑함으로써 이해할 수 있게 된다. 우리의 삶은 미리 알 수 없기에 예측이 불가능하고 늘 낯설다. 오래 산다고 삶에 저절로 익숙해지는 것은 아니다. 삶을 이해한다는 것은 사랑을 전제하여, 그 체험을 통해 나중에 그 의미가 이해될 수 있다. 삶을 먼저 사랑해야 이해될 수 있지, 이해하기 때문에 사랑하는 것은 아니다.

영혼의 성장과 상승

    니체는 초인을 향해 인간이 반드시 거쳐야 할 내면의 성장과정을 나무에 비유한다. 차라투스트라는 길을 가는 도중에 나무에 기대어 쉬고 있는 젊은이에게 다음과 같이 말한다. "나무는 보이지 않는 바람에 흔들리며 괴로움을 겪기도 한다. 사람도 나무와 다를 바가 없다", "나무가 더욱 높고 환한 곳으로 향해 뻗어 오르려 할수록 그 뿌리는 더욱더 힘차게 땅속으로, 저 아래로, 어둠 속으로, 나락으로, 악 속으로 뻗어내리려고 하지." 그러나 젊은이는 '악惡 속으로'라는 말에 놀란다. 누구나 악이라는 말에 거부감을 갖는 것은 당연해 보인다.

    나무는 빛을 향해 높이 자라려는, 향일성向日性이라는 상승의 욕구를 갖고 있다. 나무처럼 영혼이 성장하여 높이 올라가면 올라갈수록 혼자가 된다. 말을 건네는 사람도 한 명 없이 '고독'만이 '한기'처럼 느껴진다. 인간은 높은 곳에 올라서 무엇을 하려는 것인가? 차라투스트라는 다음과 같이 말한다. "이 나무는 여기 산허리에 외롭게 서 있다. 나무는 사람과 짐승을 굽어보며 그렇게 드높이 자랐다." 이미 높이 자란 나무의 주위에는 구름이 가까이 있고, 나무가 기다리는 것은 '첫 번갯불'이다.

번갯불은 '깨달음'과 '지혜'에 비유할 수 있다. 이미 초인이야말로 인간이라는 먹구름을 뚫고 내려오는 번갯불이라고 비유했다. 여기서도 구름과 번개가 등장한다. 인간이 나무처럼 높이 성장하려는 이유는 더 많은 자유를 갖고 싶어 하기 때문이다. 땅에 가까울수록 나무의 줄기는 움직임이 없지만, 하늘에 가까울수록 나뭇가지는 유연하게 움직일 수 있다. 인간은 사방이 탁 트인 산정에 올라 별을 갈망한다. 높은 영혼뿐만 아니라 저열한 충동마저도 자유를 갈망한다. '지하실에는 갇혀 있는 들개'도 자유를 원해 감옥문을 빠져나오지만, 아직 '자유를 꿈꾸는 수인 囚人'에 불과하다. 완전한 자유는 쉽게 주어지지 않는다. 그럼에도 나무는 최고의 희망을 버리지 않았다. 소나무처럼 인간도 자신의 '영혼 속에 있는 영웅들을' 간직하고 '높디높은 희망을 신성하게 유지'해야 한다.

나무가 높이 성장하기 위해서는 단단한 바위 사이로 뿌리를 뻗어 내릴 수 있어야 하며, 그 깊이에 비례하여 높이도 성장한다. 깊은 뿌리내림이 없이 성장만 원한다면 그것은 바람에 쉽게 쓰러지는 약한 나무가 될 뿐이다. 나무가 크게 자라려면 바위를 뚫고 뿌리를 내려야 하듯이 인간은 강한 의지를 지녀야 한다.

나무에서 볼 수 있는 상승과 하강이라는 인간의 대립된 본성을

'이중 의지'로 설명한다. '눈길은 산 정상으로 치닫고, 손은 심연을 움켜 잡으려는 의지'처럼 한편으로는 초인을 지향하면서도 다른 한편으로는 인간에게 매달리는 경향이 바로 이중 의지다.

소나무는 고상하고 강한 인간의 의지를 뜻한다. 오랜 세월을 말 없이 견디며 외롭게 서 있으면서도 억세고 푸릇푸릇한 가지를 내뻗고 바람과 뇌우 속에서 살아가는 나무의 모습이 바로 초인이다. 사람들은 높은 산에 오르고자 한다. 오랫동안 먹구름을 견뎌 내고, 언젠가 번개 를 맞이할 준비를 하며 늘 침묵하는, 고귀한 기상을 보여 주는 소나무 를 닮고 싶은 것이다. 언젠가 미래에 불을 밝힐 자는 오랫동안 무거운 폭풍우가 되어 산 위에 걸쳐 있어야 한다. 그때까지 먹구름의 고통을 오랜 시간 견뎌 내야 한다.

니체에게 상승은 하강을 포함하는 개념이기 때문에 초인은 높이 와 함께 깊이를 가져야 한다. 니체는 바다를 설득하여 산의 높이로 올 라오라고 가르친다. 이것은 영혼이 다른 것을 포괄할 수 있을 때 비로 소 산의 높이까지 성장할 수 있다는 역설이다.

차라투스트라는 인간의 심연을 열기 위해 황금 낚싯줄을 던진 다. 차라투스트라가 이렇게 낚시를 하는 이유는 행복이라는 미끼(꿀)를 문 인간이 높이 끌려오기를 바라기 때문이다. 이러한 어부가 바라는 바 는 가장 낮은 바다가 높은 산이 되듯이, 심연에서 끌어올려진 인간이 높은 곳에서 '본래의 자신'이 되는 것이다.

차라투스트라에 따르면 이 땅에는 생에 작별을 고하고 이 세상을 떠나야 한다고 설파하는 죽음의 설교자들이 있다. 그들은 이 땅을 가득 채운 존재할 가치조차 없는 자들이다. '영원한 삶'이라는 미끼로 현혹하여 사람들이 이 생에서 등을 돌리도록 설교하는 그들도 정작 삶에 집착하고 있다. '영원한 생명'에 대한 설교를 들어야 마땅한 자들이 설교의 내용대로 빨리 저편의 세상으로 서둘러 떠나 버리기를 차라투스트라는 기원한다.

'영혼이 결핵에 걸려 있는 자'는 태어나자마자 죽기 시작하여, 피로와 체념에 대한 가르침을 동경한다. 병들어 신음하는 자들은 "생은 반박되었다"고 말하는데, 그것은 인생의 단면밖에 보지 않았기 때문이다. '지푸라기와 다름없는 생'에 매달려 있는 저들 자신을 한심하게 생각하며 살아 있는 자는 바보이고 우리도 마찬가지라고 생각한다. 영원한 생명에 대한 설교를 들어야 마땅한 자들이 생은 고난의 연속이라고 불평하는데, 차라투스트라는 그들이 스스로 목숨을 끊어 이 생에서 조용히 떠나가기를 원한다.

죽음을 설교하는 자 가운데 "감각적 쾌락은 죄다. 그러니 감각적 쾌락을 멀리하자. 그리고 아이는 낳지 말자!"라고 말하는 사람도 있다. "아이를 낳는 것은 고생스러운 일이다. 무엇 때문에 아직도 아이를 낳는가? 고작 불행한 자를 낳으면서!" 이렇게 죽음의 설교자들은 이웃이 생을 혐오하도록 만들어 생에서 벗어나도록 조장한다. 생을 노역과 불안으로 받아들이는 그들은 그만큼 생에 지쳐 있다.

니체는 왜곡된 사악한 것 세 가지를 바로잡으려고 한다. 첫째는 감각적 쾌락이고, 두 번째는 지배욕이며, 세 번째는 이기심이다. 이 가운에 지상에서 누리는 감각적 쾌락은 천진난만한 것이며 행복이자, 최상의 포도주와 같아 결코 비난받을 것이 아니다.

곳곳에 죽음을 설교하는 자들의 목소리가 울려 퍼져 대지는 죽음의 설교를 들어야 할 자로 넘친다. 차라투스트라는 하나의 역설을 발견한다. 세상에 지쳐 있는 자도 이 세상을 등진 적이 한 번도 없다는 사실이다. 삶에 대한 권태도 여전히 삶을 사랑하고 있음을 보여 주는 반증이기 때문이다. 이 대지는 살 만한 가치로 가득하다. 삶에 대한 고통도, 사실은 살고 싶다는 열망을 담고 있고, 죽음을 찬미하는 사람도 그냥 투정을 부린 것일 뿐 삶에 대한 절대적 부정을 말하는 것은 아니다.

즉 생의 탄핵 속에 쾌락이 숨어 있는 것이다. 겉으로 소리치는 탄식 속에 깃들어 있는 감각적 쾌락을 차라투스트라는 발견한 것이다. 즉 삶의 부정은 역설적으로 삶의 긍정인 것이다.

그렇다면 죽음에 대한 올바른 태도란 무엇인가? 너무 오랫동안 살다가 늦게 죽는 사람이 많지만, 어떤 사람은 더러 너무 일찍 죽기도 한다. 인간은 언제 죽어야만 하는가? 차라투스트라는 "제때 죽도록 하라"고 가르친다. 그러나 우선 제때 살지 못하는 자가 어떻게 제때 죽을 수 있겠는가? 제때 죽을 수 있기 전에 먼저 제때 살 수 있어야 한다. 모두가 죽음을 중대하게 받아들여 즐거운 축제로 승화시키지는 못한다. 차라투스트라는 '완성을 가져오는 죽음', '더없이 아름다운 축제가 되는 죽음'을 보여 주고자 한다. 삶을 "완성한 자는 희망에 차 있는 자, 굳게 언약을 하는 자들에 둘러싸여 승리를 확신하며 자신의 죽음을 맞이한다." 차라투스트라가 권하는 죽음은 "내가 원하여 찾아오는 자유로운 죽음"이다. 죽음은 자기완성이어야 된다. 우리는 그렇게 삶의 완성으로서 죽음을 맞이하는 법을 배워야 된다. 그렇다면 인생이 완성되는 시기는 언제인가? 차라투스트라는 삶의 완성도를 과일에 빗대어 설명한다. 가장 과일이 잘 익었을 때는 맛이 좋다. 그러나 남에게 계속 맛을 보이는 일이 없어야 하며 너무 오랫동안 사랑받기를 바라서도 안 된다. 과숙過熟도 바람직하지 않다.

어떤 과일은 신맛을 내는 시기에 일찍 늙어 버려서 과일처럼 제맛을 못내고 썩는 경우가 있다. 이처럼 정신이 먼저 늙고 생에 실패한 자는 죽는 일에도 성공하지 못할 가능성이 있다. 조숙早熟도 원할 일이 아니다. 또한 늦은 나이에도 세상의 명성과 명예와 결별하지 못해 아직 나뭇가지에 매달려 버티고 있는 사람은 비열하기까지 하다. 차라투스트라는 삶에 집착하여 너무 오랫동안 나뭇가지에 매달려 있는 것, 썩어 빠지고 벌레 먹은 것을 모두 흔들어 떨어뜨릴 그런 거센 바람이 불어닥치기를 바란다.

어떻게 잘 죽을 수 있는 것인가? 우리는 삶을 누리는 법과 대지를 사랑하는 법을 배우고, 웃는 법도 배워야 한다. 삶과 죽음을 잘 이해하게 되면 죽음에 대해서도 자유로우며 죽음을 맞이하는 데 자유롭다. 그런 자만이 죽음과 삶을 운명처럼 받아들인다. 차라투스트라는 죽음을 맞이해서도 인간의 정신과 덕이 이 대지를 에워싸고 있는 저녁놀처럼 활활 타오르기를 기원한다. 그것이 죽음의 성공을 뜻하기 때문이다. 차라투스트라는 고백한다. "나 자신도 그렇게 죽고 싶다. 그리하여 너희들로 하여금 이 대지를 더욱 사랑하도록 만들고 싶다. 그리고 나를 낳아 준 대지의 품속으로 돌아가 편히 쉬고 싶다."

"완전의 경지에 이른 것, 무르익은 모든 것은 죽기를 바란다. 그러나 설익은 것들은 하나같이 살아남기를 바라는데, 서글픈 일이다. '고통이여, 사라져라. 너 고통이여' 탄식하지만 고통을 받고 있는 사람도 한결같이 살아남기를 바란다."

인간이 성숙해져 쾌락을 맛보고 연모의 정을 누리고 싶다면 더 먼 것, 더 높은 것, 더 환한 것에 대한 동경을 가지게 된다. 사랑하는 것과 몰락하는 것, 이것들은 영원히 조화를 이루어 왔다. 사랑을 향한 의지, 그것은 기꺼이 죽음을 맞이하려는 것이다. 이처럼 삶을 그토록 사랑하면서도 죽음을 두려움 없이 받아들일 수 있다는 것은 그만큼 인간이 성숙했다는 반증이다. 삶을 완성한 자는 삶을 진정 사랑하기 때문에 몰락과 죽음마저 받아들일 수 있는 것이다. 잘 익는 과일이 땅으로 떨어지는 것이 자연스럽듯이 완성된 인간은 자신의 죽음을, 그리고 몰락을 두려워하지 않는다. 참된 사랑은 몰락마저 받아들일 수 있는 용기를 준다.

근대사회 비판

새로운 우상이 된 국가

근대에 새롭게 등장한 사회제도가 바로 국가다. 사회계약론을 주장한 루소Jean Jacques Rousseau와 홉스Thomas Hobbes는 입장의 차이는 있지만, 개인이 자연권을 국가에 자발적으로 양도함으로써 사회계약에 따른 국가가 성립한다고 보았다. 그러나 차라투스트라는 원래 존재하던 민족이 사라지면서 근대국가가 등장한 현상에 주목하는데, 민족의 죽음 이후에 나타난 국가를 '괴물'이라고 본다. 국가란 온갖 냉혹한 괴물 가운데서 가장 냉혹한 괴물이다. 이 괴물은 자기 입으로 "국가가 곧 민족"이라는 거짓말을 내뱉는다.

왜 거짓말인가? 민족을 창조해 낸 것은 국가가 아니라 창조하는 자들이었다. 그러나 이제 국가가 나서 거짓말을 지어낸다. 민족은 각자의 전통 안에서 자신의 언어를 만들어 냈고 서로 다른 선과 악의 기준을 세웠다. 그런데 국가는 새로운 '선과 악'이라는 말을 동원해 가면서 사람들을 기만한다. 양심도 국가가 국민을 통제하는 수단이다. 국가가 하는 모든 말은 거짓말이며 국가가 소유하는 모든 것은 부당하게 취득한 장물에 불과하다. 무엇이 선이고 악인지에 대한 언어적 혼란이 존재한다는 것이 바로 국가의 징표다. 원래 선과 악의 판단은 개인과 민족이 스스로 행하는 것이다. 국가는 존재할 가치가 없는 사람들을 위해 고안된 것으로, 국가 이상의 위대한 것이 없다고 속여 개인들을 복종시키는 질서를 세운다. 낡은 우상이었던 신의 자리를 대신 차지한 국가는 우리가 섬기는 새로운 우상이 되었다. 국가는 많은 사람들의 경배를 받음으로써 가치를 빛내고 당당해지고 싶어 하지만, '생명에 이르는 길'을 찬미하지 않고 '죽음을 설교하는 자'들의 편에 서 있다. 차라투스트라는 '모든 백성이 독배를 들어 죽어가는 곳'을 국가라고 부른다. 자기 자신을 상실하게 되는 곳, 자신의 생명을 잃어 가는 곳이 국가다. 인간 사회는 '시도試圖'이지 '계약'이 아니다. 국가는 '위선으로 가득한 개', '이 지상에서 가장 중요한 짐승'이 된 것이다.

국가가 말하는 '교육'은 창조하는 자의 업적과 현자들의 보물을 훔쳐 내는 도둑질이다. 신문은 정보와 지식을 게걸스럽게 먹어 대지만 제대로 소화시키지 못하는 자들이 토해 낸 '담즙'이다. 신문은 '말장난'이자 '개숫물'에 불과하고 여론은 '중독'을 조장한다.

시민들은 부를 축적하려고 하지만 오히려 점점 가난해지면서

'권력의 지렛대'인 많은 돈을 원하게 된다. 그런 무능력한 자들이 꿈꾸는 행복이란 무엇인가? 권력의 지위에 오르는 것이다. 정치판에서 원숭이는 서로 높이 기어오르기 위해 앞다퉈 서로를 타고 넘어간다. 그러다가 진흙과 나락으로 떨어지는데, 그들이 오르고자 하는 곳은 모두 '왕좌'이다. 행복이 왕좌에 있다고 생각하며 벌이는 권력투쟁에서 왕좌 안에 진흙만이 있다는 사실을 아무도 모른다. 정치판의 원숭이들은 미치광이요, 정신이 나간 자들이다. 저들이 떠받드는 우상인 '냉혹한 괴물' 뿐만 아니라 국가의 우상숭배자도 고약한 악취를 내뿜고 있다. 저들의 탐욕에서 뿜어져 나오는 악취에 질식하지 않으려면 밖으로 나갈 것을 차라투스트라는 권유한다.

그렇다면 국가에 대해 우리는 어떻게 행동해야 하는가? 국가에 맞서 적극적인 투쟁을 해선 안 된다. 그 대신 "악취를 피하라. 우상숭배에서 벗어나서 위대한 영혼을 위한 대지, 그리고 조용한 바다의 내음이 감도는 곳으로 떠나라. 위대한 영혼들에게는 아직도 자유로운 삶이 열려 있다"라고 차라투스트라는 말한다. 적게 소유하고 있는 자는 소유에 구속되는 일도 그만큼 적을 것이라면서 탐욕을 경계하고 가난을 권하고 있다. 새로운 우상인 국가가 무너지는 곳에 비로소 초인에 이르는 다리, 무지개가 보인다. 국가가 존재하지 않는 곳에 자유로운 정신의 초인이 살 수 있는 것이다.

시장에 관하여

오늘날 수요와 공급에 의해 가격을 자율적으로 결정하는 시장의 기능에 대한 굳건한 믿음이 현대인 사이에 있다. 이러한 경제적인 시각에서 옹호받는 시장에 대해 니체는 호의적이지 않다. 산에서 내려온 차라투스트라가 도착한 시장에 많은 사람들이 웅성거리고 있었다. 국가에는 원숭이들이 있었다면 시장에는 배우와 광대, 파리 떼가 넘친다. 인간의 고독이 끝나는 곳에 시장이 열리면 배우들의 소란이 있고 피를 빨아먹는 독파리의 윙윙거림이 있다.

우선, 시장에는 민중을 위한 연출자들의 공연이 벌어진다. 민중은 위대한 것에 대해 잘 알지 못하는데, 연출자와 배우가 만들어 낸 것을 보여 준다. 배우에게 중요한 것은 명성이다. 배우들은 민중들이 자신에게 확신을 갖도록 만든다. 변덕스러운 민중들에게 확신을 심어 주는 일은 쉽지 않다. 또한 장터에는 요란한 옷으로 치장한 어릿광대가 가득하다. 그들은 민중들이 원하는 영웅의 모습을 보여 준다. 차라투스트라는 이처럼 소란스러운 장터에서는 위대한 일이 이루어질 수 없다고 판단한다. "위대한 일은 하나같이 장터와 명성에서 멀리 떨어진 곳에서 이루어지기 마련이다. 새로운 가치를 창출하는 자들도 예로부터 시장터와 명성에서 멀리 떨어진 곳에서 살아왔다."

배우나 광대보다 더 위험한 것은 쇠파리다. 선한 자를 자처하는 그들은 더없이 독성이 강한 독파리들이다. 저들은 아무 가책 없이 이웃을 물어뜯고 그들에게 거짓말을 해 댄다. 파리처럼 전혀 가책을 느끼지 않고 피를 빨려고 덤벼드는 것은 핏기 없는 영혼이다. 아직 상처가 아물지 않은 곳에도 독충이 붙어 피를 빨아 댄다. 이와 비슷하게 가격을 두고 흥정을 벌이는 장사꾼에게도 이윤추구와 착취가 일어나는 것은 어쩌면 당연하다.

그렇다면 쇠파리를 어떻게 해야만 하는가? 차라투스트라는 파리를 죽이지 말되, 마냥 고통을 견디지 말라고 경고한다. 저들을 너그럽게 용서해서는 안 된다. 선행을 베풀면 오히려 악행으로 되갚기 때문에 미워하면서 피를 빨고 있는 이웃은 영원히 독파리로 남게 된다. 시장에 맞서 싸우지 말고 시장을 떠나 바람이 부는 곳으로 가면, 파리가 더 이상 따라오지 못한다. 그래서 차라투스트라는 말한다. "벗이여, 너의 고독 속으로 달아나라. 너는 독파리 떼에 물려 상처투성이가 되어 있지 않은가. 달아나라. 사납고 거센 바람이 부는 곳으로…." 앙갚음으로 상처를 내는 파리같이 하찮고 가엾은 자를 잡으려고 하지 말아야 한다. 왜냐하면 그들은 헤아릴 수 없이 너무 많기 때문이다. 그래서 파리를 죽이려고 "파리채가 되는 것"은 우리가 할 일이 아니다.

시장에는 천민의 소란이 지배한다. 그들이 타인의 피를 갈구하는 이유는 '우리 모두가 평등하다'고 믿기 때문이다. 시장에는 지체가 높은 사람은 없고 모두 평등하다. 그래서 앙갚음으로 타인의 피를 빨아먹고 비방을 하는 것이다. 마치 '돌볼 목자가 없는 가축무리'처럼 '모두가 평등하기'를 원하기 때문에 특별하다고 생각하는 사람은 제 발로 정신병원에 가야 할 상황이다. 차라투스트라는 천민 앞에서 평등하기를 원하지 않기 때문에 위대함이 사라지고 천민이 지배하는 시장을 거부한다.

'정직'이 니체에게 최고의 가치라면 '평등'은 천민들을 근거 없이 속이려는 거짓이다. 평등의 설교는 자신뿐만 아니라 타인을 기만하는 것이다. 니체의 정의는 '사람들은 평등하지 않다고, 평등해선 안 된다'고 말한다. '초인에 대한 사랑'으로 더 많은 전투가 벌어져야 하고 더 많은 불평등이 조성되어야 한다. 최선의 전투를 벌이기 위해 생은 항상 자기 자신을 극복하지 않으면 안 된다고 말해 주는 표지가 되어야 한다. 생은 계단을, 모순을, 자기극복을 원한다. 생의 비밀은 바로 전투와 불평등, 힘과 그것을 뛰어넘는 그 이상의 힘을 쟁취하기 위한 투쟁이다. 따라서 시장을 지배하는 평등사상은 생의 관점에서 볼 때 거짓된 오류가 된다.

니체가 국가의 해체를 주장했다면, 루소와 홉스는 입장의 차이는 있지만, 인간이 자연권을 국가에 자발적으로 양도함으로써 성립하는 사회 권력의 필요성을 강조했다. 또한 니체가 비판한 시장은 로버트 노직Robert Nozick이 말한 자유주의 정치학에서 사회를 교환의 원칙에 따라 유기적으로 구성하는 데 필수적인 요소다.

우정과 사랑, 결혼

늘 혼자 지냈던 니체의 일생에서 우정과 사랑이 큰 비중을 차지한 것은 아니다. 많은 감정이 1인칭에 그치거나 2인칭으로 주고받는 경우가 많은데, 니체는 우정을 3인칭으로 정의한다. 니체와 같은 '은둔자'에게 벗은 제3인의 관점을 보여 준다. "제3의 인물은 마치 코르크와 같아서 나와 나 자신의 대화가 너무 깊은 심연으로 가라앉지 않도록 막아 준다." 여기서 니체는 주격인 '나Ich'와 목적격인 '나Mich'를 구분하고 있는데, 이 둘이 대화를 나눈다는 것은 결국 독백을 의미한다. 친구인 제3자가 없다면 나는 자신의 세계 안에 완전히 빠져들어 객관성을 잃을 위험이 있다. 친구는 나르시시즘의 독백에 빠질 상황에서 세상과 균형을 잡도록 도와준다.

또한 진정한 친구는 적과 반대가 아니다. "나의 적이라도 되어

달라!" 이렇게 공경하고 두려운 마음으로 말하면서 벗이 원한다면 그를 위해 기꺼이 전쟁이라도 벌일 각오를 해야 한다. 적과 동지라는 오랜 이분법을 깨고 벗 내면에 있는 적에게도 경의를 표하면서 자신의 벗에게서 최고의 적을 찾아야 한다. 누구나 자신의 벗에게 초인을 향한 화살이 되고 동경의 대상이 될 수 있다. 그렇게 함으로써 친구가 초인에 이르도록 서로 돕게 된다.

또한 친구의 얼굴은 바로 자신의 얼굴을 보여 준다. 우리가 어떤 사람인지는 그가 사귀는 친구를 통해 드러난다. "벗에 대한 우리의 동경, 그것은 우리 자신이 누구인지를 드러내 주는 누설자다." 친구는 면이 고르지도 온전하지도 못한 거울에 비친 너 자신의 얼굴과 같다. 친구라면 미루어 짐작하는 일과 침묵하는 일에 대가여야 한다. 모든 것을 다 보려고 해서는 안 되고 너무 자세히 알려고 해서도 안 된다. 벗에 대한 값싼 연민은 깍지 속에 감추어야 한다. 따뜻한 연민은 우정마저 깰수 있다. 만약 고통받고 있는 벗이 있다면, 그가 쉴 수 있는 쉼터가 되어야 하지만, '딱딱한 침상', '야전침상'이 되어 주어야 한다. 편한 길만을 보여 주지 않고 고약하고 가혹한 모습을 보여 줌으로써 친구의 성장에 큰 도움이 된다.

차라투스트라는 묻는다. "너는 네 벗에게 맑은 대기이자 고독이며, 빵이자 약인가? 많은 사람들은 자신의 고리조차 풀지 못한다. 그런데도 벗에게는 구세주가 된다." 속담에 '중이 제 머리 못 깎는다'는 말이 있는데, 인간은 자신의 문제를 해결 못 해도 남의 고민을 해결할 수 있다. 여기서 차라투스트라는 친구를 나타내는 네 가지 비유를 드는데 의미를 보면 이렇다.

첫째, 맑은 대기는 호흡에 필수적인 것으로 없으면 살 수 없다. 둘째, 고독은 다른 사람의 도움 없이 혼자 인생의 길을 가는 태도를 전제한다. 셋째, 빵은 필수적인 식량을 뜻한다. 넷째, 약은 상처를 아물게 하는 역할을 한다. 다시 말해, 좋은 우정은 삶에 없어서는 안 되는 절대적 가치이다. 현실에는 안타깝게도 우정은 없고 우정과 반대되는 '동료애'만 있다고 차라투스트라는 탄식한다.

어떤 사람은 자신을 찾기 위해, 어떤 사람은 자신을 잃기 위해 이웃에게 달려간다. 이웃사랑은 자신의 고독을 감옥으로 여겨서 벗어나고자 하는 도피 심리다. '가까운 사람에 대한 사랑' 대신 '먼 곳에 있는 사람에 대한 사랑'인 우정을 차라투스트라는 권한다. 또한 앞으로 태어날 미래의 사람에 대한 사랑도 숭고한 우정이다.

따라서 이웃이 아니라 벗을 갖도록 노력해야 한다. 벗이 이 땅에서의 '축제'여야 하며 초인을 예감케 하는 그 어떤 것이다. 벗과 넘쳐흐르는 마음에서 사랑을 받고자 하면 해면처럼 서로를 빨아들일 수 있어야 한다. 벗 속에 잠재해 있는 초인을 우리들의 존재이유로서 사랑해야 하기 때문에, 가까운 이웃에 대한 사랑 대신 먼 친구에 대한 사랑을 권유하는 이유가 된다.

그렇다면 남녀 간의 사랑과 결혼은 어떻게 생각할 수 있는가? 니체는 전통적인 성 역할에 따라 남자는 전투를 위해, 여성은 위안을 위해 양육된다고 믿는다. "여인에게 가려는가? 채찍을 잊지 말라"는 말에는 다소 여성을 비하하는 듯한 느낌이 있지만, 여성을 지혜롭다고 보는 입장에는 변함이 없다. 니체는 사랑과 결혼을 매우 진지하게 생각한다. 우선 결혼은 두 사람의 결합을 통해 더 나은 아이를 낳기 위한 목적을 지닌다. 따라서 결혼하기 전에 자신에게 한 아이를 원할 자격이 있는지 우선 물어봐야 한다. 단순한 쾌락과 행복감이 사랑의 목적이 아니기 때문이다. 생식의 목적은 고상한 신체를 창조하는 것, 다시 말해 '최초의 운동, 제 힘으로 돌아가는 바퀴를 창조'하는 것이기 때문에 혼인은 당사자들보다 더 뛰어난 사람 하나를 산출하기 위해 짝을 이루려는 두 사람의 의지라 부를 수 있다. 니체는 독신으로 살면서 위대한 철학자는 결혼을 하지 않는다고 자부했지만, 결혼을 생명의 창조 행위로서 높이 평가한다.

우리가 '서로 공경하고 두려워하는 마음'을 혼인이라 부른다면 연애는 '한때의 어리석음'이다. 사실 혼인이라는 '긴 어리석음'으로 한때의 어리석음을 끝낸다. 혼인하도록 만드는 의지는 바로 더 나은 생명을 창조하려는 자의 목마름, 초인을 향한 화살과 동경이다. 차라투스트라는 이와 같은 '의지와 혼인'을 신성하게 생각하며 자신의 연민의 정 하나를 뛰어넘지 못하면서 주제넘게 사랑을 하는 자는 모두 실패할 것이라 말한다. 사랑은 연민이 아니다. 창조하는 자는 가혹하며 위대한 사랑은 연민을 초월한다. 위대한 사랑을 위해서 위대한 경멸도 필요하다. "자신을 경멸하듯이 자신을 사랑해야 한다." 사랑으로 원하는 것을 행하려면 먼저 원할 줄 알아야 하고, 이웃을 네 자신처럼 사랑하려면 앞서 자신을 사랑할 줄 아는 자가 되어야 한다. 사랑의 조건은 욕망 자체보다 자신의 욕망을 인식하고 실현할 수 있는 능력이 더 중요하며, 이웃사랑보다 자기 사랑이 먼저다. 연민은 약한 자들이 서로 의지하고자하는 소인배의 덕에 불과하다. 니체가 강조하는 자기사랑은 힘찬 영혼에서 솟아오르는 건전하고 건강한 이기심에 근거한다.

우정에 대하여 니체는 적과 친구를 구분 짓는 전통적인 입장을 거부한다. 친구는 걸맞는 적을 찾아 일전을 벌이는 전사와 같다. 따라서 증오할 만한 적을 가져야만 한다. 니체가 볼 때, 여인들에게는 우정이 없고 사랑만이 있을 뿐이다. 즉 노예와 폭군이 내면에 함께 숨어 있어 우정을 나눌 능력이 없다는 것이다.

자기구제에 대하여

    니체가 말하고자 하는 구원은 구세주에 의해 새 삶을 얻는 기독교와는 다르다. 차라투스트라가 큰 다리를 건너갈 때 불구자와 거지들이 그를 둘러쌌다. 허리가 굽은 사람 하나가 다가와 차라투스트라의 가르침을 믿게 하려면 누구보다 불구자를 치료하는 능력을 통해 설득해야 한다고 말했다. 눈먼 자를 고쳐 앞을 보게 하고 다리 저는 사람을 고쳐 걷게 하면 많은 사람들이 차라투스트라의 말을 믿게 될 것이라고 말했지만 이 제안을 차라투스트라는 거절한다.

    만약 눈먼 자에게 볼 수 있는 눈을 준다면 눈 뜨고 볼 수 없는 것을 너무 많이 보게 될 것이므로 눈을 고쳐 준 자를 오히려 저주할 것이라 예상했다. 많은 사람들이 하나씩 없는 경우도 있지만, 하나를 너무 많이 가지고 있어 다른 것을 전혀 갖지 못한 사람들도 많다. 이러한 하나의 큰 눈, 하나의 큰 귀를 가진 자를 '거꾸로 된 불구자'라고 부른다. 한 가지를 너무 많이 갖는 바람에 그 밖의 모든 것에서 너무 적게 가지게 된 불구자의 고통을, 차라투스트라는 과거의 기억에서 지우려고 한다. 자기구제는 장애를 직접 치료하는 것이 아니라, 고통스러운 과거의 시간이 갖는 의미를 바꾸어 현재와 미래를 새롭게 이해하는 것이다.

과거에 한 번 일어난 일은 거꾸로 되돌릴 수 없다. 불구자들이 고통받는 것은 불구를 돌이킬 수 없다는 것, 다시는 정상이 될 수 없다는 사실이다. 이렇게 시간은 한쪽 방향으로만 진행되기 때문에 그 흐름에 거역할 수 없다는 사실이 쓸쓸하고 슬프다. 그래서 이미 일어난 일에 대해 어찌할 수 없기 때문에 의지는 과거에게 악의를 품고 있는 관망자일 뿐, 이전의 과거로 돌아가기를 소망할 수 없다. 그래서 '그랬었지'라는 회상에 인간은 분노한다. 시간이 역류하지 않는다는 사실에 아무리 분개해도 지나간 과거의 일은 굴릴 수 없는 돌덩이처럼 움직이지 않는다. 과거를 바꿀 수 없다는 사실에 분노하면서 앙갚음을 하려고 하면 고통만 더해진다. 이렇게 인간은 과거를 저주하며, 고통이 있는 곳에 징벌이 있다고 믿는다. 자신이 벌을 받아 불구가 되었다고 왜곡하는 것이다. 고통의 원인이 되는 죄와 벌을 상정함으로써, 현실이 결과적으로 고통스럽다는 죄의식을 갖게 된다. 죄(원인)에 따른 벌로 고통(결과)이 생겨났다는 추론은 잘못된 것이다. 여기서 크로노스Cronus처럼 자신의 아이들을 먹어 삼켜야 한다는 잔인한 시간의 법칙이 정의justice가 된다. 사실 불구는 죄가 원인이 아니라 유전이나 환경에 따른 것이다. 다행히 의학의 발전에 따라 잘못된 윤리적인 죄의식은 대체로 소명되었다.

그렇다면 '징벌에 따른 고통스러운 삶'이라는 잘못된 생각에서 벗어날 수 있는 방법은 없는가? 영원한 정의가 있다면 구제라는 것은 불가능하다. 모든 벌이 영원해야 하기 때문에 예외가 있을 수 없기 때문이다. 그러나 정의가 영원하지 않으므로 처벌의 의미도 바뀔 수 있기 때문에 인간은 과거의 고통에서 벗어날 수 있다. 이렇게 과거의 의미를 바꾸는 의지를 차라투스트라는 일종의 '창조자'라고 부른다.

그래서 차라투스트라가 고민하는 일은 미래를 세우는 데 필요한 조각돌을 다시 짜 맞추는 일이다. 구제는 과거의 '조각돌과 수수께끼, 그리고 끔찍한 우연, 이것들을 하나로 압축하여 모으는 일'이다. 지난날 모든 것이 '그랬다'를 '나는 그렇게 되기를 원했다'로 전환함으로써 삶의 의미가 부정에서 긍정으로 바뀌게 된다. 나의 의지 자체가 자신의 구세주가 된다. '나는 그렇게 되기를 원했다'라고 말하기 전까지 과거는 한낱 흩어져 있는 조각돌이요, 수수께끼이자 끔찍한 우연에 불과하다. 하지만 이제 창조적 의지가 과거를 의욕함으로써 조각돌이 맞춰지고 수수께끼가 풀리면서 우연도 구제된다. 인간은 의지와 의욕으로 과거의 파편들을 하나로 모아서 고통으로부터 벗어나면서 기쁨을 누려 앙갚음의 정신과 일체의 절치切齒를 넘어서게 된다. 힘에의 의지는 시간과의 화해를 통해 잘못된 과거에 대한 집착과 후회에서 벗어나, 삶 전체를 긍정할 수 있는 이상을 지향하도록 한다.

차라투스트라가 대화를 나눈 불구자의 경우, 왜 자신이 장애를 갖게 되었는지 원인을 알지 못하는 경우에는 원한을 갖게 된다. 그러나 모든 원인의 조각이 맞추어져 전체의 의미가 드러나고 필연적인 원인을 인식하게 되면, 잘못된 죄책감과 불행에서 벗어날 수 있게 된다. 불구자가 고통에서 벗어나는 것은 불구자일 수밖에 없는 사실을 인정하는 것이다. 장애라는 사실은 바뀌지 않지만 그 의미는 변화될 수 있다.

순간은 영원과 맞닿은 길

차라투스트라는 호젓한 산속의 오솔길을 걷다가 난쟁이를 만나 '시간'에 대한 대화를 나눈다. 두 사람이 마주한 성문을 가로지르는 길이 있는데, 두 길이 이곳에서 만난다. 물론 이 길을 끝까지 가 본 사람은 없지만, 앞의 길도 영원으로 통하고 뒤쪽 골목길도 영원으로 통한다. 이 두 길이 마주쳐 머리를 맞대는 성문의 이름이 '순간'이다. 성문과 길은 차라투스트라가 시간을 설명하기 위해 사용한 비유다. 난쟁이가 말한다. "곧바른 것은 존재하지 않는다. 진리는 하나같이 굽어 있으며 시간 자체도 일종의 둥근 고리다." 우리가 생각하는 일상적인 시간이 과거와 미래가 다시 만날 수 없는 직선이라면 난쟁이가 말한 '순환적 시간'은 둥근 모양이다. 그래서 이 순간이라는 성문을 가로질러 골목길이

앞과 뒤로 영원히 펼쳐진다.

　만약 영원한 시간이 과거와 현재 그리고 미래로 연결된 둥근 모양이라면 무한반복이 가능하다. 그래서 차라투스트라는 "만물 가운데 달릴 줄 아는 것이라면 이미 언제나 이 골목길을 달렸을 것이 아닌가? 만물 가운데 일어날 수 있는 일이라면 이미 일어났고, 행해졌고, 과거사가 되어 버렸을 것이 아닌가?"라고 되묻는다. 즉 영원한 시간 속에서 이미 많은 것이 반복되었을 것이라는 추측이다. 이것이 니체가 말한 '동일한 것의 영원회귀'의 핵심이다. 만약 모든 것이 이미 존재했다면 성문을 가로지르는 길도 이미 존재했을 것이고, 이 순간부터 앞으로 일어날 일들은 본성상 끌어당기게끔 단단하게 연결되어 있어서 과거에 이미 똑같은 방식으로 일어났을 것이다. 이러한 영원회귀에 따르면 우리는 이미 존재했었고, 이 소름 끼치는 길을 달리다 보면 언젠가 같은 자리로 되돌아오게 된다. 순간이라는 성문으로 나 있는 과거, 현재, 미래의 길을 달리는 자는 영원한 시간을 통해 동일성을 무한히 반복하게 된다. 우리 앞에 전혀 새로운 길이 아니라 똑같은 길만이 펼쳐진다면 삶이 견디기 힘들 정도로 지루하고 무의미하게 느껴질 위험이 있다. 앞의 길을 달려도 언젠가 뒤의 길로 연결되어 미래와 과거가 동일하다면 영원회귀는 인간에게 견딜 수 없는 고통이 된다.

영원회귀의 우주론

영원회귀사상은 니체가 여행을 하던 가운데 얻은 영감에서 비롯되었다고 알려져 있다. 마치 불교의 윤회사상과도 비슷한 측면이 있는데 간단히 말하자면 만물은 가고 오며, 되돌아옴을 영원히 반복한다는 주장이다.

> 존재의 수레바퀴는 영원히 돌고 돈다. 모든 것은 시들어 가며, 모든 것은 다시 피어난다. 존재의 해年는 영원히 흐른다. 모든 것은 부러지며, 모든 것은 다시 이어진다. 똑같은 존재의 집이 영원히 지어진다. 모든 것은 헤어지며, 모든 것은 다시 만나 인사를 나눈다. 존재의 수레바퀴는 이렇듯 영원히 자신에게 신실하다. 매 순간 존재는 시작된다. 모든 '여기'를 중심으로 '저기'라는 공이 굴러간다. 중심은 어디에나 있다. 영원이라는 오솔길은 굽어 있다.

봄, 여름, 가을, 겨울이 반복되듯이 우주는 영원히 동일한 것을 반복한다. 차라투스트라가 가르치는 영원회귀에 따르면 만물뿐만 아니라 우리 자신도 돌아오는데, 이미 무한한 횟수에 의해 존재한 것이다. 거대한 생성을 불러오는 시간의 괴물은 마치 모래시계처럼 늘 되돌려져 모두가 다시 출발하여 길을 내달리게 하는데, 큰 것에서나 작은 것까지 변함없이 동일하다. 우리가 죽으면 영혼이나 신체는 무로 돌아가게 되지만 '나를 얽어매고 있는 원인의 매듭'은 돌아와서 차라투스트라를 다시 창조하게 된다. 이때 영원회귀의 여러 원인에 속해 있는 차라투스트라뿐만 아니라 이 태양과 이 대지, 친구인 독수리와 뱀도 함께 다시 돌아온다. 그러나 중요한 점은 새로운 생명이나 좀 더 나은 생명, 비슷한 생명으로 오는 것이 아니라 똑같은, 동일한 생명으로 영원히 되돌아오게 된다는 사실이다.

사계절처럼 인간 세상이 반복한다면 가장 큰 고통은 만나기 싫어하는 사람을 다시 보는 것이다. "네가 지겨워하고 있는 저 왜소한 사람, 그는 영원히 돌아오게 되어 있다." 이것이 영원회귀가 인간에게 비애가 되는 이유다. 위대한 자조차도 차라투스트라에게는 왜소하게 보였는데, 더 왜소한 자들의 돌아옴은 견딜 수 없는 고통이 된다. 우리가 원하든 원하지 않든 더없이 왜소한 자들의 영원한 되돌아옴! "이것이 모든 현존재에 대한 나의 짜증스러움이었다. 아, 메스껍다! 메스껍다!" 이렇게 탄식하는 차라투스트라는 영원회귀를 거부하고 싶어한다. 영원회귀는 우리의 의지와 무관하게 동일한 것이 영원히 반복되는 우주의 법칙을 말하기 때문에 우리가 싫다 해도 회귀하는 타자와의 만남은 피할 수 없다.

'다시 한번 더', 의욕된 긍정

니체는 참을 수 없이 어려운 영원회귀의 고통을, 사람을 질식시키는 뱀에 비유한다. 차라투스트라는 어떤 양치기의 입에 달려 있는 시커멓고 묵직한 뱀 한 마리가 목구멍으로 들어간 상황을 설명한다. 그 뱀은 영원회귀를 뜻하는 둥근 모양의 동물이다. 영원회귀를 통해 반복되는 인간의 삶을 어떻게 참고 견뎌 낼 것일까? 무엇보다 내가 싫어하는 타자와 다시 만나게 되는 고통을 어떻게 극복할 것인가? 차라투스트라는 입안으로 들어가 목구멍을 깨문 뱀의 대가리를 "물어뜯어라! 물어뜯어라!"라고 외친다. 그래서 양치기는 뱀의 머리를 깨물어 뱉어 낸 다음 일어났다. 이제 영원회귀가 주는 공포, 구역질, 증오의 감정을 완전히 극복한 양치기는 예전의 모습이 아니라 변화한 자, 빛으로 감싸여 웃고 있는 자로 바뀌었다. 만약 물어뜯지 않았다면 뱀은 목구멍으로 들어가 자신을 숨 막히게 했을 텐데, 그 괴물의 머리를 물어뜯어서 겨우 살아나게 되었다. 뱀의 머리를 물어뜯었다는 것은 영원회귀의 고통을 받아들였다는 것으로 해석할 수 있다. 양치기는 뱀의 둥근 모양이 상징하는 둥근 고리의 영원회귀의 시간 안으로 들어가게 된다.

다른 한편, 차라투스트라는 영원회귀를 결혼반지에 비유한다. 영원을 열망하는 것은 반지 가운데 가장 특별한 결혼반지를 통해 다른 사람과의 만남을 원하는 것과 같다. 결혼은 사랑하는 사람을 영원히 다시 만나겠다는 약속이며, 그 영원을 사랑하는 이유는 자신의 아이, 곧 초인을 낳기 위해서다. 쾌락이 영원을 원한다면 고통은 영원을 거부한다. 쾌락은 반복을 다시 한번 더 원하고 고통은 그 반복을 거부한다. 사람들이 행복한 순간은 다시 되돌아오기를 원하지만 불행한 시간은 떠나보내고 싶어 하는 것처럼, 쾌락은 다시 한번 더 원하고 고통은 그 반복을 결사코 거부한다. 영원회귀는 반복된 만남에 대한 쾌락과 욕망에 근거한다. 왜냐하면 쾌락은 자신이 원한 삶이 다시 돌아오기를 간절히 바라기 때문이다. 영원회귀는 그냥 저절로 이루어지는 것이 아니라 인간의 선택과 결단을 통해 만들어진다. 그렇다면 모든 것이 일괄적으로 회귀하는 것이 아니라 내가 좋아하는 사람만 만나게 되고 싫은 사람은 만나지 않아도 된다. 결혼은 반지를 통해 내가 가장 만나고 싶은 사람, 사랑하는 사람을 선택하여 영원을 약속하는 것이다. 영원회귀를 선택함으로써 싫어하는 사람과의 만남을 거부할 자유를 갖는다.

그러나 더 높은 단계에서 생각이 성숙하여 깊어짐으로써 자신의 세계가 완성되면, 긍정의 폭도 넓어진다. 차라투스트라는 시적인 표현으로 "세계가 완성되면 정오가 곧 자정이 되고 밤 또한 태양이 된다"면서 쾌락과 고통이 궁극적으로 일치한다는 사실을 강조한다. 영원회귀를 통해 '동일한 자기 자신'이 회귀하기를 원한다면, 자신 안에 포함된 기쁨뿐만 아니라 슬픔도 원하게 된다. 나의 실재는 기쁨과 슬픔을 모두 포괄하기 때문이다. 모든 것이 영원히 자기 자신과 동일하기를 원하게 되면 삶 전체 안의 기쁨뿐만 아니라 고통도 함께 긍정하게 된다. 즉 온갖 고통에 대해서도 좋다고 말한다. 모든 사물은 '사슬'과 '실'로 묶여 있는데, 그것이 '사랑'이다.

일찍이 어떤 한 순간이 다시 오기를 소망한 일이 있다면 "너, 내 마음에 든다. 행복이여! 찰나여! 순간이여!"라고 말한 일이 있다면, 모든 것이 되돌아오기를 소망한 것이 된다. 우리가 살아가는 세계는 이미 우리가 사랑으로 이어 선택한 새롭고 영원한 것이지, 물리적인 원인과 결과로 이루어진 세계가 아니다. 우리는 사랑으로 만든 세계를 다시 한 번 더 긍정함으로써 새롭고 영원한 동일성의 반복을 만들어 낸다.

　　운명애와 같은 사랑으로 끊어진 사물의 고리는 새롭게 연결된다. 쾌락은 모든 사물이 영원하기를 원하면서 '취기 어린 자정'과 '무덤에서 흘린 눈물의 위안' 그리고 '황금빛 저녁놀' 모두를 원한다. 쾌락이 원하지 않는 것은 아무것도 없기 때문에 모든 고통보다 더 목말라 있다. 쾌락은 '동일한 자기 자신'을 소망하고 영원회귀라는 '둥근 고리를 향한 의지'를 통해, 사랑뿐만 아니라 증오와 미움을 받기도 원하며, 고통스러운 지옥과 실패한 순간마저 동경한다. 모든 쾌락은 자기 자신을 원하기 때문에 가슴이 미어질 듯한 과거의 고통까지도 받아들인다. 영원하기를 소망하는 것, 모든 사물의 깊은 영원을 소망하는 것에는 역설적으로 고통이 배제되지 않는다. 영원회귀의 긍정인 쾌락은 영원회귀의 부정인 고통을 이겨 낸다.

　　영원회귀에서 필요한 것은 용기다. 인간은 더없이 용기 있는 짐승이며 인간은 바로 그 용기 덕분에 온갖 다른 짐승들을 극복할 수 있었다. 용기는 심연에서 느끼는 현기증까지 없애 준다. 용기를 갖고 생의 심연을 들여다보면 고통도 그만큼 인식하게 되는데, 공격적인 용기는 "그것이 생이었던가? 좋다! 그렇다면 다시 한번!"이라고 말함으로써 죽음을 죽이기도 한다. 그러므로 "내가 살아온 전 생애에 만족한다.

이 지상에서의 삶, 그것은 보람 있는 일이다. 그것이 바로 삶이었던가"라고 죽음을 향해 차라투스트라는 말하고자 한다. '다시 한번 더'를 외친다면 자신의 삶에서 빼거나 더하는 것이 없이 그 전체를 사랑한 것이 된다. 삶을 긍정하는 쾌락과 삶을 부정하는 고통의 힘은 같지 않다. 고통이 쾌락을 압도하지 못한다. 삶의 심연에서 보면 쾌락이 고통보다 깊고, 긍정이 부정보다 강하기 때문에 같은 것의 되돌아옴, 삶의 영원한 반복이 긍정될 수 있다.

영원회귀는 우주론적인 차원과 가치론의 차원으로 구분해서 이해되어야 한다. 우주론이 인간의 의지와 무관한 객관적인 시간을 말한다면, 가치론은 인간의 욕망과 의욕에 의한 시간을 말한다. 다시 한번 더 의욕하는 영원회귀가 니체가 말한 진짜 영원회귀의 의미인 것이다.

인생은 주사위 놀이

니체는 생명체에서 힘에의 의지를 발견한다. "생명이 있는 곳에 의지가 있다." 그것은 쇼펜하우어가 말한 생명에 대한 의지가 아니라 힘에의 의지다. 니체의 철학은 쇼펜하우어의 의지의 철학에 큰 영향을 받은 것으로 알려졌는데, 염세주의를 극복하여 적극적인 관점에서 의지를 새롭게 해석하고 있다. 누군가를 모시고자 하는 노예의 의지에서도 주인이 되고자 하는 의지가 발견된다. 지배나 약탈을 통해서 더 큰 힘을 얻고자 하는 인생은 모험과 위험, 목숨을 건 '주사위 놀이'다. 힘에의 의지는 더 큰 희생과 헌신을 필요로 한다.

우리의 노력과 관계없이 인생이라는 도박에는 예측하지 못한 운과 우연이 작용하는데, 그것에 따라 행복과 불행이 결정된다. 운은 태어나면서 고정된 부분도 있지만 노력에 의해 부분적으로 바뀌기도 한다. 그러나 니체에게 운과 우연은 인간의 영역이 아니다. 그 '주사위'가 우리 손을 떠나는 순간부터 우리는 원하는 패를 얻을 수 없기 때문이다. 인간이 아무리 노력한다고 해도 결과를 장담할 수 없다. 운칠기삼運七技三이라는 말도 있다. 우리가 주사위를 던지는 모든 사물 위에 우연이라는 하늘, 천진난만이라는 하늘, 뜻밖이라는 하늘, 자유분방이라는 하늘이 펼쳐져 있다. 이 세계에는 약간의 이성과 지혜의 씨앗이 섞여 있어 인간이 예측할 수 있는 부분이 있지만 이성과 합리성으로 모두 파악될 수 없는 것이 우연이다. '영원한 이성'은 거미가 먹이를 잡으려고 펼친 거미줄처럼 세상을 다 파악할 수는 없다. 하늘은 신성한 우연이 춤을 추는 무도장이며 신성한 주사위와 주사위 놀이를 즐기는 자를 위한 신의 탁자이고, 모든 사물은 우연이라는 발로 춤을 추려고 한다.

그렇다면 세계를 결정하는 우연을 어떻게 바라봐야 할까? 인간이 자유롭게 높이 던지는 주사위라 하더라도 하늘에 바람이 불면 패가 바뀌어 땅에 떨어진다. 이미 떨어진 패를 뒤집거나 바꿀 수는 없다. 주사위 놀이에서 인간의 자유, 하늘의 우연, 땅의 필연이 순서대로 일어난다. 기대하고, 예측하고, 소망한 대로 결과가 나오지 않더라도, 인간이 할 수 있는 것은 포기하지 않고 주사위를 높이 다시 던지는 것이며 우연의 결과를 긍정하는 일뿐이다.

따라서 인생의 실패는 도박의 기술이 서툴러 주사위를 잘못 던져서 일어난 결과이기에, 너무 연연해 할 필요가 없고 도박을 즐겨야 한다. 실패도 좋다고 말해야 한다. 높은 종種일수록 실패의 확률이 높기 때문이다. 차라투스트라는 주사위 놀이에서 실패한 사람에게 "용기를 잃지 말라"고 위로한다. 실패가 문제가 되지 않는 것은 아직도 많은 것이 가능하기 때문이다. 반쯤 실패한 자들의 내부에서 인류의 미래가 밀치락달치락 몸부림치고 있다. 사람에게 있어서 가장 먼 것, 가장 깊은 것, 별처럼 덧없이 드높은 것, 인간의 엄청난 힘, 모두가 그대들 항아리 속에서 서로를 향해 화학작용을 하고 있기 때문이다.

많은 실패도 대수롭지 않게 받아들여야 한다. "이 세계에는 성취된 것이 많다. 작고, 훌륭하며, 완전한 것, 제대로 된 것이 넘친다. 황금빛으로 무르익은 것들이 심장을 치유하니, 완전한 것이 우리로 하여금 희망을 갖도록 한다." 언젠가 이룰 자기완성의 삶을 위해 주사위를 과감하게 던지는 용기를 가져야 한다.

그렇다면 진정한 용기란 무엇인가? 그것은 사람들 앞에서의 용기가 아니라, 자신을 내려다볼 그 어떤 신도 두지 않은 은자의 용기, 독수리의 용기다. 두려움을 알면서도 두려움을 제어할 수 있고 긍지를 갖고 심연을 바라보는 자는 독수리의 눈으로 심연을 응시하며 자신의 발톱으로 심연을 움켜잡는다. 그런 자가 용기 있는 자다.

니체의 우연에 대한 긍정은 카오스에 대한 사유에서 출발했다. 그는 아낙사고라스Anaxagoras에 대한 연구를 통해 이 우주는 질서 이전에 혼돈이 지배했다는 입장에 동의하고 혼돈의 재구성을 미학과 윤리학의 과제로 삼았다.

　니체가 설명하는 초인이 되는 법 가운데 하나는 자신을 돌을 깎아 작품으로 완성하는 조각술이다. 인간이란 아직 아무런 형태가 없는 원석으로, 다듬어지지 않았기 때문에 흉한 모습을 하고 있다. 인간은 이것을 재료로 초인을 만들어야 한다. 초인이란 망치로 돌을 쪼아 완성한 자신의 형상이다. 설계도는 물건처럼 미리 있는 것은 아니다. 초인의 아름다움이 그림자로 올 때 그것을 모방해서 만들면 된다.

　니체는 인간을 가장 보잘것없는 단단한 돌에 비유한다. 그러나 돌을 어떻게 깎느냐에 따라 예술 작품이 될 수도, 돌조각이 될 수도 있다. 중요한 것은 창조자의 예술가적 역량이다. "사람에게 있어서 더없이 악하다는 것도 실은 하나같이 최선의 힘이며, 최고의 창조자에게는 쓰임새 있는, 가장 단단한 돌이라는 것이다." 최고의 창조자에게 인간이 돌에 불과하다는 최악도 쓰임새 있는 '최선의 힘'이 될 수 있다. 최선의 것을 위해 최악의 것이 필요하다는 인식을 갖고 돌에서 초인이라는 최상의 유형을 탄생시켜야 한다.

어떻게 단단한 돌을 깎아 하나의 위대한 작품을 만들 수 있는가? 돌 안에는 '형상'이 잠들어 있는데, 깎아 내는 고통을 통해 잠들어 있던 진짜 모습이 나타난다. 인간의 형상은 물건처럼 똑같이 주어지는 것이 아니라 각자의 욕망에 따라 바뀔 수 있다.

선이 악을 필요로 하듯이 창조를 위해서는 파괴가 먼저 전제되어야 한다. 돌을 깨는 파괴의 기쁨에서 창조하는 즐거움이 나온다. 그래서 창조하는 자는 단단하기 마련이다. 다이아몬드처럼 수천 년을 기약하여 새겨 넣는 것을 더없는 행복으로 여겨야 한다. 동판 안에 써넣듯이 수천 년의 의지 위에 글을 써넣는 것, 동판보다 더 단단하고 고결하게 써넣는 것이 행복이다. 단단하게 새길수록 쉽게 변하지 않는다.

무엇보다 선과 악의 껍질이 깨져야 한다. 불변의 선과 악은 존재하지 않고 선과 악에 대한 평가가 있을 뿐이다. 선과 악을 창조하려면 먼저 낡은 서판書板을 파괴해야 한다. 새로운 서판에 미래의 약속을 새겨야 한다. 자기명령과 자기복종을 통해 자신의 가치가 담긴 서판을 세워야 생이 우리에게 약속한 것을 지킬 수 있는 '새로운 귀족'이 나타난다. 우리는 '미래를 분만하는 자, 미래를 양육하는 자, 씨 뿌리는 자'가 되어야 한다. 앞으로 어디에서 왔는가가 아니라 어디로 가고 있는가를 자신의 명예로 삼아야 한다. 과거가 아니라 미래를 내다봐야 한다.

위대한 정오와 그림자

차라투스트라는 '위대한 정오'를 자신이 최고의 깨달음에 이른 자기성찰의 시간으로 표현하고 있다. "위대한 정오란 사람이 짐승에서 초인에 이르는 길 한가운데 와 있고, 저녁을 향한 그의 길을 최고의 희망으로서 찬미하는 때를 가리킨다. 저녁을 향한 길이 곧 새로운 아침을 향한 길이기 때문이다." 밤이 지난 후 새 아침이 밝고 자신의 깨달음의 태양이 중천에 떠오르면 "모든 신은 죽었다. 이제 초인이 등장하기를 우리는 바란다"고 외치게 된다. 그것이 위대한 정오를 맞이하여 인간이 마지막으로 원하는 것이다.

위대한 정오란 인간이 초인에 이르는 길을 가는 가운데 햇볕이 가장 밝은 순간, 차라투스트라의 의식이 깨어 있는 시간이다. 이를 위해 인간은 '번개를 머금은 구름', '자신의 화살을 갈망하는 활', '자신의 별을 갈망하는 화살'로서 자신의 정오를 맞이할 준비가 된 성숙한 별이 되어야 한다. 시적으로 표현하자면 '자신이 갈망하는 별을 성숙시켜 자신의 정오'를 만든 초인은 '위대한 대지의 정오'와 '위대한 인간의 정오'에 비로소 나타난다. 세계와 인간이 둘 다 완성될 때 초인이 도래할 시기가 된다. 차라투스트라는 온전하게 무르익은 정오의 시간에 잠을 자다가 그 행복감에 취해 이 세계가 완전해졌다고 느낀다. 뜨거운 정오가 초원 위에 잠들고 있을 때 세계는 완전하며 아주 작은 것으로도 최상의 행복을 만들어 낸다.

위대한 정오에 세계의 완전함뿐만 아니라 인간의 완전함이 동시에 이루어진다. '번개가 내리칠 복된 시간'이 다가오는 위대한 정오에 지체 높은 인간이 주인이 되고자 인류의 미래를 위한 산통을 겪은 후에, 신은 죽고 이제 초인이 나타나기를 우리는 기대한다.

위대한 정오는 빛이 가장 밝으면서 그림자가 가장 짧은 순간이다. 방랑자인 차라투스트라의 뒤를 따라온 그림자는 "나, 그대의 그림자"라고 고백한다. 차라투스트라는 자신의 그림자에게서 도망가려고 한다. 계속 달아나는 차라투스트라에게 그림자는 마음에 들지 않아도 오랫동안 따라다녔다는 사실을 고백한다. 자신을 숨겨 왔지만 차라투스트라에게 '최선의 그림자'였고 '참된 것은 따로 없다. 모든 것은 허용된다'는 믿음으로 진리를 추구했으며, 소망하는 삶을 살려고 노력했다고 고백한다. 차라투스트라는 자신의 그림자를 알아보고 큰 위험을 감수한 '자유로운 정신'인 방랑자를 휴식을 취할 수 있는 동굴로 안내한다.

차라투스트라가 동굴을 맨 마지막으로 떠날 때 동굴에서 처음 내려올 때처럼 '증여의 덕'에 대해 말한다.

> 너, 위대한 천체여. 너, 그윽한 행복의 눈동자여. 네가 비추어 줄 그런 것들이 존재하지 않는다면, 무엇이 너의 행복이겠느냐!

베풀고 나누는 것이 자신에게 주어진 과업임을 알고 차라투스트라는 '자신의 대낮'으로 향해 나아간다. 이제 차라투스트라에게는 '마지막 죄'로서 아무것도 남아 있지 않다. 자신의 삶은 '행복에 뜻을 두고 있는 것이 아니라 과업에 뜻을 두고 있다'고 고백한 차라투스트라는 오랜 방랑을 끝낼 만큼 성숙해졌다. 차라투스트라는 그림자가 없는 가장 밝은 태양의 의식 속에서 떠날 준비를 한다. 차라투스트라는 "나의 때가 온 것이다. 나의 아침이다. 나의 낮의 시작이다. 솟아올라라, 솟아올라라, 너 위대한 정오여!"라고 말하면서 자신의 동굴을 떠난다. 어둠을 지우고 솟아오르는 아침 태양처럼 불타는 모습으로 차라투스트라는 여행을 끝냈다.

Ich lehre euch den Übermenschen. Der Mensch ist Etwas, das überwunden werden soll. Was habt ihr gethan, ihn zu überwinden?

나는 너희들에게 초인을 가르치노라. 인간은 극복되어야 할 그 무엇이다. 너희들은 인간을 극복하기 위해 무엇을 했는가?

IV

안티크리스트

Der Antichrist

새로운 삶의 가치를 찾아

니체는 '모든 가치의 전도'라는 부제로 기획된 첫 번째 책을 『안티크리스트』로 정했다. 이 책은 극소수를 위한 것으로 아직 태어나지 않은 미래의 독자를 염두에 두기 때문에 이해할 수 있는 사람은 극히 일부다. 새로운 독자란 어떤 조건을 갖추어야 하는가? '자기 자신에 대한 존경', '사랑', 그리고 '무조건적 자유'를 지닌 자만이 니체의 '정당한 독자이며 예정된 독자'로서 자격이 있다. 또한 '정직한 정신과 멀리 있는 것에 대한 눈', '금지된 것에 대한 용기', 그리고 '침묵하고 있는 진리에 대한 양심' 등을 갖춰 자신을 극복한 자로 독자의 요건을 매우 제한했다.

그렇다면 우리의 행복은 어디에 있는가? 우리는 '북방 너머에, 얼음 너머에, 죽음 너머에' 삶과 우리의 행복의 길을 발견했고, 수 세기에 걸친 미궁에서 나가는 통로를 찾아냈다. 안타깝게도 현대인은 행복에 이르는 길을 찾지 못해 어디서 와서 어디로 가는지 알지 못한다. 가야 할 방향의 상실은 현대인이 앓는 질병이다.

니체 역시 어디로 가야 할지 몰랐지만 '힘의 충만과 긴장과 축적'을 숙명으로 느끼고, 생명력을 기준으로 삼아 행복을 새롭게 규정한다. 니체의 행복은 약자의 행복과는 거리가 멀다. 니체가 찾는 행복의 공식은 하나의 긍정이자 하나의 목표다. 따라서 행복은 힘이 증가된다는 느낌, 저항이 극복되었다는 느낌, 즉 외부의 저항을 이겨 낸 후 수반되는 결과로서의 쾌락이기 때문에 행복 자체가 아리스토텔레스와 같은 전통 철학처럼 인간 행위의 목적이 될 수 없다. 또한 '좋은 것'은 힘의 느낌, 힘에의 의지, 인간 안에서 힘 그 자체를 증대시키는 모든 것이며, '나쁜 것'은 약함에서 유래하는 모든 것이다. 이렇게 좋음과 나쁨, 행복과 불행을 힘의 관점에서 새롭게 규정함으로써 니체의 사유는 기존의 가치를 완전히 뒤집는 것, 즉 '모든 가치의 가치전도'의 기획으로 이해될 수 있다.

따라서 힘의 증가를 좋음의 조건으로 본다면, 만족이 아니라 더 많은 힘이 필요해져 평화가 아니라 싸움, 덕이 아니라 유능함이 중요하다. '유능함'이란 '르네상스 양식의 덕'이자 '허위도덕에서 자유로운 덕'이기 때문에 탁월함으로서의 덕이 아니다. 따라서 우리는 지니지 못한 약자와 실패자가 몰락하도록 도와야 한다. '악덕'보다 더 해로운 약자에 대한 연민과 실패자에 대한 동정이 바로 기독교의 본질이기 때문에 이 책 제목 '안티크리스트'는 동정에 근거한 기독교에 대한 거부를 선포한다.

니체의 고민은 어떤 유형의 인간이 어떻게 좀 더 가치 있고, 좀 더 살 만한 가치를 지닌 미래를 확신하는 자로서 사육되느냐의 과제다. '좀 더 가치 있는 존재'는 자주 있었지만, 행운이나 예외에 해당되는 자였을 뿐 사람들이 원해서 된 것이 아니다. 오히려 공포와 두려움 때문에 정반대 유형의 사람을 원하여 결국 기독교인처럼 가축과 같이 병든 인간을 사육했다.

오늘날 현대인들이 말하는 진보는 강력하고 높은 곳으로의 발전을 위한 가치가 아니라 '현대적 이념'이라는 잘못된 가치에 불과하다. 인류가 후퇴한 상황을 고려할 때 진보는 인간의 '고양', '상승', '강화'가 아니다. 인류 전체가 퇴락해도 개인의 차원에서는 '좀 더 높은 유형의 인간'이 존재할 수 있다고 니체는 믿는다. 초인은 언제나 가능하다. 초인이 우리가 추구하는 행복한 인간의 모습이다.

기독교의 본질과 이상, 그리고 동정

    기독교는 '좀 더 강한 유형의 인간에 대항하는 사투'를 통해 건강한 본능을 모두 쏟아내 버리고 자신의 본능에서 악과 악인을 만들어 냈다. 그 결과 강한 인간이, 비난받아 마땅한 '버림받는 인간'의 전형이 되었다. 기독교는 약한 자, 천한 자, 실패한 자를 지지한 반면, 강한 자의 보존본능을 반박하는 것을 이상으로 삼았다. 그래서 기독교는 정신의 최고 가치인 이성이 인간을 유혹하기 때문에 죄가 된다고 비방한다. 종교는 파스칼Blaise Pascal과 같은 위대한 인간의 정신마저도 망가뜨렸다. 니체는 원죄로 인한 인간의 타락을 믿게 하는 기독교의 장막을 걷어 내 허위도덕에서 자유로워졌다.

    지금까지 사람들이 덕과 신성을 열망하면서도 도덕적 타락을 느꼈다면, 거꾸로 니체는 덕과 신성 자체를 타락, 즉 '데카당스Decadence'라고 역설적으로 이해하고 있다. 현재 인류가 자신이 최고로 소망하는 목록을 모아 놓은 가치가 모두 데카당스다. 니체는 타락을, '어떤 짐승이나 종이나 어떤 개인이 자기의 본능을 상실할 때 자기에게 불리한 것을 선택하고 선호하는 반자연적인 행위'로 본다. 삶 자체가 성장을 위한 본능, 지속을 위한 본능, 힘의 축적을 위한 본능인데 그것이 부족하면 타락이라는 쇠퇴가 일어난다.

인류의 모든 최고의 가치에 힘에의 의지가 결여되면서 쇠퇴와 허무가 인류를 지배하는 성스러운 이름이 된다. 기독교는 퇴락과 쇠퇴가 나타난 '동정의 종교'이다. 동정은 생명감의 에너지를 증대시키는 강장剛腸적인 격정과는 반대로 힘을 약화시킨다. 동정으로 고통에 의해 생명력의 손실이 더욱 커진다. 동정은 위험한 전염성 질병과 같다.

더 중요한 것은 동정이 삶을 위협한다는 사실이다. 동정은 도태의 법칙인 진화의 법칙과 충돌한다. 즉 삶에서 몰락하고 실패하는 것을 보존하려는 동정은 자연의 생존법칙에서 탈락하면 저절로 낙오될 것을 애써 살려 두려고 한다. 이러한 고귀한 도덕의 관점에서 무능으로 비난받는 동정을 사람들은 덕이라 부른다. 그러나 동정을 덕 그 자체로, 모든 덕의 토대이자 근원으로 삼는 태도는 삶의 부정을 표현하는 허무주의 철학과 다르지 않다. 삶의 힘을 약화시키는 동정이라는 이름의 의기소침하고 전염성 강한 본능은 삶의 가치를 보존하고 더 높이려는 자연적 본능과 충돌한다. 동정은 삶의 약화, 곧 데카당스의 증대를 가져온다.

동정은 건강하고 활력 있는 삶 대신에 '무無'를 강조하는데, 사람들은 '무'를 '피안', '신', '참된 삶', '니르바나', '구원', '지복'으로 이상화한다. 종교와 도덕에서 요구받는 동정은 삶에 적대적인 성향을 지닌 덕이다. 아리스토텔레스 역시 동정을 병들고 위험한 상태로 보았으며, 비극(하제下劑)을 통해 동정을 정화해야 한다고 보았다. 니체는 "병들고 위험한 그런 동정의 축적에 구멍을 내는 수단을 생명본능에서 찾아야" 한다고 말하며 어떻게 축적된 동정을 터트릴 수 있는지 그 방법을 찾는다. 그것은 의사의 메스로만 할 수 있다.

> 우리의 병든 현대성의 가운데서 기독교적 동정보다 더 병들어 있는 것은 없다. 여기서 의사이고 여기서 가차 없게 되며 여기서 칼을 들이대는 것—이것이 우리의 일이며, 이것이 우리 방식의 인간애이다. 이렇게 해서 우리는 철학자인 것이다.

니체는 신학자에 반대해 '자연과학자와 생리학자'에서 자유정신을 찾는다. 이상주의자를 자처하며, 높은 출신 신분 덕에 우위를 갖는 신학자는 '오만'의 본능을 갖고 세상을 지배하려고 한다. 이상주의자들은 '오성', '감각', '명예', '유복한 생활', '학문' 등을 경멸하며 이러한 낮은 현실 위에 높은 정신의 힘이 있다고 생각한다. 그러나 그들이 말하는 '신성함', 예를 들어 겸허, 정절, 가난이 어떤 공포나 악덕보다 엄청난 해를 삶에 끼쳤다는 것을 부정한다. 이상은 삶을 지지하는 것이 아니라

삶의 퇴락을 가져오는 데카당스의 가치다.

　　니체에게 이상주의자들이 주장하는 순수한 정신이란 존재하지 않는다. "순수정신이란 전적으로 거짓이다." "삶의 부정자이고 비방자이며 삶을 독살하는 자인 성직자가 좀 더 고급한 인간형으로 간주되면 우리는 진리란 무엇인가라는 물음에 답을 할 수 없다." 무와 부정에 대한 변호인이 '진리'의 대변자로 간주될 때 진리는 이미 거꾸로 세워져 버렸기 때문이다. 요약하면 기독교는 삶의 건강한 가치를 뒤집는 데카당스의 병든 표현이다.

신학자 본능과 철학자

    니체가 신학적 본능에 맞서 싸움을 벌인 이유는 신앙이 만사를 삐딱하게 부정적으로 보며 정직하지 않은 신학자의 파토스에서 발전된 믿음이기 때문이다. 고통을 덜 받기 위해 그릇된 관점에서 도덕과 덕德, 그리고 신성함을 만들어 양심을 바로 보지 못하게 하며 자기 자신의 광학(관점)을 '신', '구원', '영원'의 이름 아래 신성불가침으로 만든 다음, 어떤 다른 종류의 광학도 더 이상 가치를 가져서는 안 된다고 금지한다. 비밀스러운 형식의 거짓의 본능에서 신학자가 참이라고 느끼는 것은 '자기보존본능'에서 유래한 거짓이다. 신학자의 참과 거짓에 대한 가치 판단은 뒤집힌 개념이다. 즉 '삶에 가장 해로운 것'이 '참'으로 불리고, '삶을 고양하고 증대시키고 긍정하고 정당화하며 승리하게 만드는 것'이 '거짓'으로 불린다. 이러한 가치평가의 목적은 권력에 대한 의지다.

종말에의 의지, 허무에의 의지가 사실은 양심을 기만하면서 권력을 원하는 것이다.

이러한 신학은 독일의 철학에도 악영향을 끼쳤는데, 신학자의 피가 철학을 부패시키는 결과를 낳는다. 프로테스탄트Protestant 목사가 독일 철학의 '원조'이며 프로테스탄티즘Protestantism 자체가 독일 철학의 '원죄'이다. 반신불수 기독교, 그리고 반신불수 이성에서 태어난 프로테스탄티즘은 독일 철학의 바탕이 되는 교활한 신학이다. 철학자 칸트가 세상에 나왔을 때 독일 학계는 대부분 기독교 신자인 목사의 가족이었다. 독일의 모든 철학자의 사유는 사제 유형이 발전된 것에 불과하다.

독일 철학자가 갖게 된 신학자 본능은 낡은 이상에 이르는 샛길을 보여 준다. 즉 '참된 세계'와 '도덕' 개념이라는 가장 사악한 두 가지 오류를 증명하지 못하더라도 반박을 할 수 없게 만들었다. 이성이 제대로 작동하지 않는 곳에 실재가 가상이 되었고, 완전히 날조된 존재자의 세계인 가상이 실재가 되어 버렸다. 따라서 신학자로서 변신에 성공한 철학자 칸트, 루터, 그리고 라이프니츠는 실재성을 신학과 자신에 대한 믿음으로 왜곡함으로써 '독일의 성실성'에 제동을 거는 브레이크에 불과하다.

도덕주의자인 칸트가 가장 개인적인 정당방위이며 필수품이라고 말한 우리의 '덕'은 니체에게는 '위험'일 뿐이다. 칸트의 도덕은 삶의 참된 조건에서 나온 것이 아니기 때문에 해롭다. '덕', '의무', '선 그 자체', '비개인성과 보편타당성' 등은 삶의 몰락과 소진을 나타내는 환영

일 뿐이다. 칸트의 이성주의를 비꼬는 쾨니히스베르크Königsberg 의 중국

주의中國主意(니체는 칸트를 쾨니히스베르크의 중국인이라고 비판한 적이 있다. 중국주의란

칸트의 사상을 뜻한다.)에 반대하여 니체는 삶의 조건에서 나오는 긍정적인

의미에서의 정언명법을 주장한다. 가장 심층적인 보존법칙과 성장의

법칙은 칸트의 도덕법칙과는 반대로, 즉 각자가 자기의 덕, 자기의 정

언명령을 고안해야 한다. 개인이 자신의 의무를 의무 개념 일반과 혼동

하게 되면 민족도 망하고 만다. 각자가 자신의 정언명법을 창안하려면

비개인적인 의무를 지킬 때 희생과 자기파괴를 거부하게 된다. 칸트는

'삶의 본능이 강요하는 행위가 옳다'는 것을 입증하는 기쁨조차도 반박

하는데, 어떠한 즐거움도 없는 철학은 삶을 소진하는 데카당스다.

프랑스 혁명은 인간의 도덕적 성향에 의존하지 않고서도 진보를

설명할 수 있는 역사적 사건이다. 선을 추구하는 인간의 '도덕적 성향',

'선을 추구하는 인간의 경향'을 증명하는 방법을 '혁명'에서 찾은 칸트

를, 니체는 반자연주의자로 여긴다.

칸트는 회의주의자들의 지적인 성실을 알지 못한다. '대단한 몽

상가'인 칸트는 '아름다운 감정'을 논거로 사용하고, '고양된 가슴'을 신

성함의 통로로 여겨 '확신을 진리의 규약'으로 사용한다. 칸트의 실천이

성은 부패의 형식과 지적 양심의 부족을 바탕으로 세워진 행위규범이

다. 칸트의 '너는 이러저러해야 한다'는 고상한 요구는 사제 유형에 불

과한 철학자들의 자기기만적인 거짓부렁이에 불과하다. 인류를 개선하

고 구제하고 구원한다는 '신성한 사명'을 지니고 사람에게 신성을 부여

함으로써 피안의 세계를 동경하도록 만드는 사명은 큰 문제가 된다. 그러한 사명을 통해 성직자는 성스럽게 되었고, 높은 서열의 유형에 속하게 되었다는 것이다. 그 결과 가장 높은 곳에 자리 잡은 사제 권력은 사회의 최정점을 이룬다. 사제는 학문, 종교, 지식을 통해 지금까지 진리와 비진리를 결정함으로써 세계를 지배할 수 있었다. '모든 가치의 전도'를 기획한 니체는, 진리와 비진리를 구분하는 모든 옛 개념에 대한 선전포고에서 승리를 쟁취하려는 '자유정신'이고자 한다. 칸트의 정언명법은 우리의 삶에 적대적이다. 니체는 인류의 모든 파토스를 자신에게 맞서게 한 "너는 해야만 한다"는 선언에 맞서 싸우고자 한 것이다.

이제 우리는 인간의 지위에 대해 달리 생각하는 법을 배워야 한다. 우리가 철학자와 신학자가 가졌던 허영심과 오만 대신에 겸손함을 가져야 하는 이유는 인간이 다른 동물과 유사하며 '정신'은 교활함의 결과일 뿐, 진화나 창조의 궁극적인 끝이 아니기 때문이다. 우리는 인간을 더 이상 '정신'과 '신성'으로 소급시키지 않는다. 우리는 인간을 동물 가운데로 되돌려 놓았다. 우리는 인간을 가장 교활하다는 이유 때문에 가장 강한 동물로 간주한다. 인간의 정신성은 교활함의 한 결과다.

인간의 허영심은 마치 인간을 동물 진화에서 가장 위대한 존재로 간주하는 오류인데, 정신에서의 우월함은 터무니없는 주장이다. 인간은 결코 창조의 극치가 아니다. 인간은 여전히 동물에 머물러 있지만, 동물 중에서 최고의 실패작, 가장 병적이고, 자신의 본능에서 가장 위험하게 벗어나 있는 동물에 불과하다.

데카르트가 처음으로 동물을 기계로 이해하려는 시도를 했고, 생리학이 이 명제를 입증하려는 노력을 했다. 기계론은 인간을 특별하게 예외로 두지 않는다. 예전에는 인간의 자유의지에 큰 의미를 두었지만 기계론에 따르면 더 이상 자유롭지 못하기 때문에 인과율에서 벗어난 자유의지는 존재하지 않는다.

'의지'는 더 이상 인간의 능력으로 이해되어서는 안 된다. 의지라는 낡은 단어는 부분적으로는 모순되고 부분적으로는 조화되는 수많은 자극들에 필연적으로 따르는 결과, 일종의 개별적인 반응을 뜻한다. 의지는 자극에 작용하지 않고 반응만 할 뿐이다. 과거에는 인간의 의식 안에서, 정신에서 자신의 고등한 기원과 신성에 대한 증거를 이끌어내려고 노력했다. 그래서 육체라는 '사멸하는 껍데기'를 벗겨 내면 인간의 핵심인 '순수한 정신'만 남을 것이라고 믿었다. 그러나 이것은 오류였다. 니체의 생각에 따르면 '의식적이 된다는 것, 정신이라는 것'은 유기체의 상대적인 불완전성의 징후로서, 시도와 모색과 실수로서, 불필요하게 많은 신경 에너지가 사용되는 노력이다. 따라서 인간이 의식으로 완전해지기 위한 '순수정신'은 '순전한 우매'의 믿음이다. 만약 사멸하는 껍데기인 신경계와 감관을 빼면 무엇이 남는 것인가? 순수정신을 믿는 것은 우리에 대한 오산이다. 당시 진화론과 생물학, 생리학의 연구 결과에 따르자면 정신은 자극, 감각, 신경자극에 의존한다. 이러한 과학을 배제한 채 잘못된 정신의 독립성에 대한 믿음에 근거해 기독교는 실재성을 결여한 많은 공상적인 것을 만들어 낸 결과, 예를 들면, 신, 영혼, 나, 정신, 자유의지와 같은 '공상적인 원인'이 있고, 죄, 구원, 은총, 죄의 사함과 같은 '공상적인 효력'이 있다. 또한 신, 정신, 영혼 등 '공상적인 존재들 사이의 교류'가 있고 인간중심이면서 자연적 원인 개념을 완전히 결여한 '공상적인 자연과학'이 있다. 덧붙여 쾌와 불쾌라는 감정을 오해하는 '공상적 심리학'이 있다. 즉 교감신경의 상태를 종교적이고 도덕적인 특이 성질을 지닌 상징 언어인 후회, 양심의 가책, 악마의 유혹, 신의 도래 등으로 해석한 것이다. 그 결과 신의 나라, 최후의 심판, 영생 등을 다룬 '공상적 신학'이 생겨났는데, 허구는 세계의 실재성을 왜곡하고 탈가치화하며 부정한다.

실재성을 반영하지 않고 배제하는 기독교에서 '자연'이 '신'의 대립 개념으로 고안된 다음부터 자연적인 것은 비난받아 마땅한 것을 의미한다. 허구 세계 전체가 자연적인 것(실재성)에 대한 증오에 자신의 뿌리를 두고 있으며, 실재성에 대한 깊은 불만족의 표현이라는 사실이 기독교 심리학의 본질이다. 자연성, 실재성에 대한 증오가 신을 만들어 냈다면 누가 실재성에서 벗어나라는 말을 한 것인가? 실재성으로 인해 고통을 받는 자, '실재성에 실패한 자'가 느끼는 불쾌감이 허구적인 도덕과 허구적인 종교, 그리고 데카당스의 원인이 된다.

인간은 어떻게 신을 믿게 된 것인가? 신을 믿는 민족은 자신만의 고유한 신에 대한 신앙을 갖는다. 민족은 신 안에서 자신의 최상의 조건인 덕을 숭배한 것이다. 민족은 자신에 대한 기쁨을, 자신이 힘을 가지고 있다는 느낌을 그것에 대해 감사할 수 있는 존재인 신에 투사한다. 자신의 투사로서 신을 필요로 할 때, 긍지에 찬 민족은 희생을 위한 신의 개념을 필요로 하여, 감사하는 형식을 취한다. 다시 말하면 자기 자신에게 감사하기 위해 신을 필요로 한다. 그러나 '반자연적인 거세'를 통해 신을 선한 존재로만 경탄하는 것은 좋지 않다. 왜냐하면 인간은 선한 신뿐만 아니라 악한 신, 즉 복수와 분노, 질투와 폭행, 승리와 파괴의 황홀한 열정을 아는 신을 필요로 하기 때문이다. 신의 개념은 민족의 흥망성쇠에 따라 달라지는데, 신은 힘이 강하면 자연화되지만 힘이 약화되면 도덕화된다.

　민족이 몰락할 때, 민족의 보존을 위해 복종이 가장 이로운 덕목으로 인정되면 신의 개념도 바뀌게 된다. 그 결과 신은 음험한 위선자가 되고 겁도 많아지고 겸손해져서 영혼의 평화를, 더 이상 증오하지 않기를, 관용을, 친구와 적마저도 사랑하기를 권하게 된다.

　따라서 신의 의미는 민족이 보유하는 힘에 따라 다른 표상을 갖는다. 신은 예전에는 한 민족, 한 민족의 강력한 힘, 한 민족의 영혼에서 나오는 공격적인 모든 것과 모든 힘에의 갈망을 표현했지만, 이제 신은 약해진 '선한 신'일 뿐이다.

　신이 힘에의 의지Wille zur Macht를 표현하면 민족의 강한 신이 되지만, 힘에의 무기력Ohnmacht zur Macht을 표현하면 필연적으로 약자의 선한 신이 된다. 전쟁의 호전성을 잃어버리면 이웃사랑을 주장하게 되는 것이 당연하다. 신은 민족의 힘의 강함과 약함이 반영된 상이기 때문이다.

　종교는 힘에의 의지가 약해져 생리적인 퇴행, 즉 데카당스가 있을 때 생겨난다. 가장 남성적인 덕목과 충동이 제거당한 데카당스의 신은 반드시 생리적으로 퇴행한 약자의 신이 된다. 그런데 약자는 자신을 '선한 자'라고 바꿔 부른다. 역사적으로 선한 신과 악한 신을 구분하는 이분법적 허구는 약자의 상상에서 생겨났다. 즉 자신의 신을 선 자체로 믿는 피정복자가 정복자의 신에게서 선한 속성을 삭제하고 그 '신'을 '악마'로 낙인찍어 복수를 감행한 것이다. 선과 악은 모두 데카당스의 산물이며 자연이 퇴락한 반자연과 생명력 약화의 반영이다.

니체는 이스라엘의 민족 신에서 기독교의 신으로 확장되었다는, 즉 모든 선을 총괄하는 존재 개념으로 진보한 것이라는 신학자의 입장에 반대한다. 예전에 신은 선택된 민족만을 위한 것이었는데, 이제는 모든 민족을 위한 보편 개념으로 확장되었다. 사해동포주의로 그 범위가 넓어지면서 유대인의 신은 이제 모든 창백하고 병든 자인 대중을 위한 신이 되었다. 그러나 상승하는 삶의 전제, 즉 강한 것과 용감한 것과 탁월한 것과 긍지가 제거되어 신 개념이 '지친 자를 위한 지팡이', '물에 빠진 모든 자를 위한 구조대'로 의미가 바뀐다면, 가난한 자의 신, 죄인의 신, 병자의 신으로 새롭게 변신한 구세주는 어떤 긍정적인 의미를 지니게 되는 것인가?

이러한 과정에서 스피노자와 같은 철학자는 신학을 바탕으로 형이상학을 만드는 데 기여하기도 했다. 거미가 거미줄을 짜내 먹이를 잡는 것처럼, 철학자와 신학자는 자신의 정신에서 실을 짜내 세계를 파악한다. 따라서 인간도 주관적인 정신작용을 뜻하는 거미줄을 통해 세상을 자신이 원하는 대로 만들게 되는데, 그 결과물 가운데 종교적인 신도 포함된다. 이처럼 자기 몸에서 줄을 짜내는 거미에 의해 신이 이상이 되고, 순수정신이 되고, 절대자와 물자체가 되면서 선과 악을 넘어서 있는 자연신은 붕괴되고 만다.

결국 기독교의 신은 '병자', '거미', '정신'에 기초하여 지금까지 실현되었던 것 중에서 가장 부패한 신 개념 중 하나가 되었기 때문에 신의 유형에서 바닥 수준을 보여 준다. 신은 삶에 대한 미화이자 삶에 대한 영원한 긍정이 되지 못한 채 삶에 대한 반박으로 변질되었고, 이 세상에 대한 비방과 저 세상에 대한 욕망을 통해 무Nichts가 신격화되었으며 무에의 의지Wille zum Nichts가 신성시되면서 신은 현실에서 삶과 자연에 대한 부정으로 표현된다.

북유럽의 강한 민족은 병, 노쇠 등 자연현상을 건강한 본능으로 받아들였지만, 어떤 도덕적 신도 만들어 내지 않았다. 기독교는 신을 '인간의 힘과 창조 정신의 궁극점이자 극대점'으로 당연시하지만 실제로는 무, 모순, 타락, 데카당스, 영혼의 피로에 의존하고 있다.

기독교에 대해 유죄판결을 내린 니체는 그것과 비슷한 특성의 불교를 데카당스의 종교로 간주한다. 이 두 종교는 허무주의 종교라는 점에서는 유사하지만 독특한 방식에서 서로 구별된다. 인도 학자의 연구 덕분에 비교하자면 불교는 기독교보다 실제적이고 객관적이고 냉정한 문제를 제기하고 있다.

무엇보다 불교에는 신 개념이 없다. 경험에 바탕을 둔 단 하나의 실증적 종교로서 현실을 인정하면서 '죄에 대한 싸움' 대신 '고통에 대한 싸움'을 벌인다. 불교는 이 점에서 기독교와 구분된다. 기독교의 문제인 '도덕 개념의 자기기만'을 갖지 않는 불교는 선과 악의 저편에 서 있다. 기독교가 죄와 같은 고통을 더욱 강화한다면 불교는 그 반대로 고통을 제거하려는 데 목적이 있다.

불교는 두 가지 생리적인 사실에 근거해 고통에 맞서 싸우는 위생적인 처방을 제시한다. 첫째는 고통을 지나치게 느끼는 감수성의 민감함을 줄이고, 둘째는 지나친 정신화를 통해 개인의 본능에 해를 주는 것에 맞서는 절제된 식생활, 분노조절 등의 방법으로 번뇌를 없애도록 한다. 기도나 정언명법, 강제뿐만 아니라 기독교처럼 지극한 민감성을 강화하는 수단도 없다. 불교는 번뇌를 없애기 위해 다른 식으로 생각하는 자들에게 싸움을 걸지 않는다. 부처의 가르침이 복수 감정과 혐오 감정과 원한 감정을 경계하라는 것이기 때문에 평온을 추구하는 불교에서 자신에 대해서나 타인에 대해서도 번뇌하지 않는다. 타인에 대한 적대감을 끝내는 것이 가르침의 핵심이기 때문이다.

개인적인 관심을 줄여 객관성을 취하려는 '정신적 피로'에 반대해 부처는 이기주의를 의무로 취하라고 가르친다. 가장 중요한 한 가지의 물음인 "너는 어떻게 고통에서 벗어날 수 있는가"의 해답은 정신적인 섭생을 제한하면서도 개인적 이기주의를 도덕에 허용함으로써 찾을 수 있다.

불교는 온화한 풍토에서 생활하는 자유로운 관습을 가진 상위층, 식자층의 종교다. 불교는 '명랑과 평정과 무욕'이라는 최고의 목표에 이르고자 수행하지만, 기독교처럼 '완전성만을 열망하는 종교'가 아니다. 반면, 기독교에서 '정복된 자와 압박받는 자의 본능'을 반영해 구원을 원하는 자는 최하층 사람이다.

기독교에서는 죄에 대한 궤변, 자기비판, 양심에 따른 심문이 종교의 수단이 된다. 기도를 통해서 신이라 불리는 권력자에 대한 격정이 지속되며, '최고의 것'은 도달 불가능한 '선물'과 '은총'으로 간주된다. 공개성이 결여되어 있으며 육체가 경시되면서 신체를 관리하는 위생도 소홀하게 된다. 다르게 생각하는 자들에 대한 증오와 그들을 박해하려는 의지뿐만 아니라 선동적인 생각을 가진 자들이 열망하는 최고의 상태가 '간질'과 같기 때문에 섭생법은 병적인 현상을 이롭게 하고 신경을 지나치게 자극하기 위해 선택된다. 기독교는 억압된 자들이 지상의 주인인 '고귀한 자'들과 원수관계를 만들면서 '은밀한 경쟁'을 벌일 때, 자신은 영혼을 원하지만 타자에게는 육체를 허용하면서 감각뿐만 아니라 감각의 기쁨, 더 나아가 삶의 기쁨 전체를 증오하려는 종교다.

기독교가 영역을 확장하는 과정에서 처음에는 최하층을 지반으로 성장하다가 야만 민족을 지배할 때 권력의 방식을 바꾸었다. 더 이상 지쳐 있는 사람을 대상으로 하지 않고, 야만적인 실패자를 대상으로 삼았다. 강한 인간이지만 내적으로 야만화되어 있고 스스로를 괴롭히는 자에게 고통을 더 주는 방식을 취한 것이다. 불교에는 고통을 줄이려는 요구가 많았다면 기독교에서는 거꾸로 고통을 주려는 강력한 요구, 즉 자신의 내적 긴장을 적대적인 행위와 표상으로 방출하려는 요구가 더 크다. 야만인을 지배하기 위해 야만적인 개념과 가치, 예를 들어 첫 자식을 제물로 바치는 것, 성찬식에 피를 마시는 것이 필요하다. 불교가 노년의 정신적인 인간을 위한 성숙한 종교로 평화와 명랑, 섭생요법 등을 더 중요하게 여겼다면 기독교는 야수를 지배하기 위해 그들을 병들게 하는 방법을 사용한다. 야만인을 길들이기 위한 기독교적 처방은 '약화'라는 근대문명을 낳았다.

물론 불교도 지쳐 버린 인간을 위한 종교라는 점에서 기독교와 마찬가지로 데카당스다. 그러나 불교는 훨씬 냉정하고 진실되고 객관적이다. 왜냐하면 자신의 고통과 고통을 느끼는 능력을 구분하여, 더 이상 죄와 연결된 해석을 할 필요가 없기 때문이다. 불교에서는 "나는 괴롭다"에 대한 생각을 말할 뿐이다. 그런데 기독교에서 고통이란 야만인에게 바람직하지 않다. 따라서 고통을 부정하고 감내하라는 본능에 맞서 자신의 괴로움을 시인하기 위해 악마라는 존재를 필요로 하는데, 여기서 악마라는 외부의 무서운 적은 자신의 고통을 더 이상 부끄럽지 않게 만드는 역할을 한다.

유대인 본능과 기독교

기독교의 기원은 본래 유대인 본능이다. 예수가 새롭게 제창한 기독교는 유대인 본능에 맞서는 반대운동이 아니라 그것의 심화이다. 다만 보복에 근거해 공포감을 조성하던 유대인 본능의 논리에서 더 나아가, "구원은 유대인에게서 온다"는 주장이 인류의 구원이라는 목적에 맞게 그 내용이 바뀌게 된다.

존재를 비존재보다 우선시한 유대인이 치른 대가는 모든 자연, 모든 자연성, 모든 현실성, 세계 전부에 대한 극단적인 왜곡이었다. 그들은 이제껏 민족을 살 수 있게 한 모든 자연적 조건과 거리를 두었다. 종교, 제의, 도덕, 역사, 심리학 등을 활용하여 자연의 반대 개념을 자기 자신에게서 만들어 내, 자연적 조건에 근거한 가치를 뒤엎어 버렸다.

유대인은 가장 숙명적인 민족으로 인류를 기만했다. 『도덕의 계보』에서 니체가 처음 '고귀한 도덕'과 '원한의 도덕'이라는 상반된 개념을 심리학적으로 제시했는데, 후자는 전자에 대한 부정이다. '원한의 도덕'은 '유대적-기독교적 도덕'으로 삶의 상승 운동, 제대로 잘됨, 힘, 아름다움, 지상에서의 자기긍정을 나타내는 모든 것을 부정하기 위해 원한본능을 통해 천재적으로 다른 세계를 고안해야만 했다. 즉 그 자체 세계인 삶의 긍정을 악으로 배척하는 유대 민족은 가장 질긴 생명력을 지닌 민족이다. 그렇게 원한 도덕을 통해 유대인은 오랫동안 생존할 수 있었다.

유대인은 '자기보존'이라는 목적을 위해 교활함을 발휘해서 데카당스의 편을 들었다. 기독교는 퇴락의 본능에 지배당해서가 아니라 세계에 맞서 자신을 관철시킬 수 있는 자발적인 힘을 데카당스의 본능에서 찾아냈다. 그들이 데카당스를 표현하지만 실제로는 데카당스의 민족이 아니고 삶을 긍정하는 어떤 당파보다도 삶을 긍정하는 강력한 힘을 데카당스의 정점에서 만들어 내고자 한 것이다. 따라서 유대교와 기독교로 권력을 추구하는 사제는 인간을 병들게 만들고, 선과 악, 진리와 오류 개념으로 삶을 위험하게 만들고 비방함으로써 자신의 보존을 추구한 것이다. 데카당스는 권력을 추구하는 수단이다.

이스라엘은 자연적 가치가 완전히 탈자연화된 역사의 전형이다. 원래 이스라엘이 모든 것과 옳은 관계, 즉 자연적인 관계를 맺고 있었기 때문에 야훼는 힘, 의식, 기쁨에 대한 표현이었다. 야훼 안에서 승리와 구원을 기대할 때 필요한 자연을 신뢰했다. 양심의 가책을 받지 않는 민족은 축제에서 자신의 운명에 감사했고, 계절의 변화, 목축과 농경에서 얻는 모든 복에 감사했다. 나중에 그러한 신의 개념이 변경되었다. 탈자연화된 신 개념은 사제 선동가들의 손아귀에서 모든 행복을 보상으로, 모든 불행을 신에 대한 불복종의 벌, 즉 죄에 대한 벌로 해석하는 수단이 된다. 자연적인 원인과 결과 개념을 뒤집어 버린, 이른바 '도덕적 세계 질서'라는 가장 기만적 해석 방식이다. 자연적 인과율을 세상에서 없애 버리면 보상과 벌과 같은 반자연적인 도덕적인 인과율이 지배하게 된다.

　　도덕은 더 이상 한 민족의 생존과 성장 조건에 대한 표현이 아니다. 민족의 가장 심층적인 삶의 본능이 아니라 추상화를 겪으면서 오히려 삶의 반대가 되었다. 자연에 대한 사악해진 시선이 기독교적 도덕으로 둔갑한 결과, 순수함을 잃어버린 우연, 불행을 죄 개념으로 오염시키는 것, "양심이라는 벌레의 독에 중독된 생리적 불편"이 나타난다.

유대 역사의 왜곡

신 개념이 변형되면서 도덕 개념도 함께 변조되었다. 유대의 사제들은 이스라엘의 역사를 없애고 그것에 왜곡된 내용을 새로 덧붙였다. 모든 전승과 역사적 실재성에 대해 비할 바 없는 경멸감을 갖고 민족의 과거를 종교적인 것으로 옮겨 버려, 자기 민족의 과거를 야훼에 대한 죄와 벌, 보상이라는 '바보 같은 구원기제'로 만들어 버린 것이다.

이러한 역사왜곡을 통해 교회를 변호하는 수단인 '도덕적 세계질서'라는 거짓말이 철학의 분야에 스며들었다. 다시 말해, 인간이 해야 할 것과 하지 말아야 할 것을 정하는 영원한 신의 뜻이 존재한다는 것, 한 민족의 가치와 한 개인의 가치는 얼마만큼 신의 뜻에 복종했는지에 의거해 측정된다는 것이다. 민족과 개인의 운명도 세계를 지배하는 신의 뜻에 대한 복종의 정도에 따라 처벌과 보상이 결정된다는 주장은 모두 '측은한 거짓말'에 불과하다.

사제는 신의 이름을 악용하여 삶의 전체 건강을 파괴하는 기생충 같은 인간이다. 자신이 정할 수 있는 가치의 궁극적인 상태를 '신의 나라'로 부른 다음, 그것에 도달하여 유지할 수 있는 수단을 '신의 뜻'이라고 부른다. 이스라엘의 위대한 시대는 유대 사제들의 기만에 의해 쇠퇴하였다. 유대 사제들이 위대한 사건을 신에 대한 복종 아니면 불복종이라는 백치 같은 공식으로 단순화시키고, '신의 뜻'이라는 사제 권력을 유지해 주는 조건으로 계시를 필요로 하였고, 그와 같은 대단한 문헌 위조을 통해 '성서'를 만들어 내었다.

사제들을 통해 공표되는 성서에 따르면 신의 뜻에서 멀어지는 자는 불행하게 된다. 모세에게 계시된 신의 뜻에 따라 사제는 자신이 갖고자 하는 것을 신의 뜻으로 정식화하여 많은 것을 삶에 필수불가결한 것으로 만들었다. '성스러운 기생충'은 과제, 출생, 결혼, 질병, 죽음, 희생에서조차 삶의 모든 자연스러운 일을 탈자연화하고자 한다. 성스럽게 만들고자 한다는 변명과는 달리 모든 자연적인 관습, 제도 등 그 자체로 가치를 갖는 모든 것이 사제의 도덕적 세계 질서에 의해 무가치해진다. 이러한 일을 초래한 이유는 무엇인가? 사제는 권력을 원한다. 자연을 부정함으로써 어떤 가치를 창조해 내고, 가치를 부여하는 하나의 권력이 필요한 것이다. 자연을 '탈가치화', '탈신성화'시키는 대가를 통해 존재할 수 있는 사제의 판단에 따라, 신에 대한 불복종뿐만 아니라 사제에 대한 불복종도 죄가 된다. 사제만이 구원을 줄 수 있기 때문에 죄는 사제가 지배하는 사회에서 반드시 필요하다. 이렇게 권력을 부리는 사제가 죄에 의존해서 생존하므로 죄를 짓는 인간 역시 반드시 필요하다. 신은 '회개하는 자'를 용서한다지만, 실제로는 '사제에게 복종하는 자'를 용서한다.

기독교는 현실에 대한 증오심을 갖고 자연의 위계에 따라 형성된 지배계급의 본능에 맞서는 왜곡된 경향을 갖는다. 기독교는 지상의 힘 있는 모든 것을 신성하지 않다, 죄가 있다고 부르면서 최후의 정식을 만들어 냈다. 기존의 종교에 반대했던 예수도 현실성을 철저히 부정하는 사제의 본능을 여전히 지녔다. 니체에 따르면 나사렛 예수라는 이름으로 불린 작은 봉기 운동은 하나의 유대인 본능의 표현이며, 달리 말해 더 이상 견디지 못해 훨씬 더 추상적인 존재 형식을 만들어 낸 것이다. 현실을 부정함으로써 천국, 구원, 영생과 같은 더 비현실적인 세계상을 지어낸 것이다.

예수가 주모자로 간주된 봉기는 과연 오늘날 교회에 대항하는 투쟁일까? 사실상 그것은 소위 선한 자와 정의로운 자, 이스라엘의 성자, 사회의 위계질서에 대한 봉기였다. 즉 계급과 특권, 질서와 정식에 대항한 봉기였다. 예수는 소위 '더 높은 사람들'에 대해 불신을 가져 사제와 신학자 모두를 부정했다. 무엇보다 위계질서에 대한 공격은 가장 깊은 민족본능, 즉 민족 생존본능에 대한 반발이었다. 그럼에도 니체가 긍정적으로 평가하는 예수라는 성스러운 아나키스트는 하층민과 사회로부터 배제된 자, 죄인과 유대교 내부의 찬달라Candāla(카스트 사회에서 가장 낮은 계급)에게 지배 질서에 대한 저항을 호소했다는 점에서 정치범에 속하기 때문에 '자신의 죄'로 인해 죽었다. 따라서 다른 이들의 죄 때문에 죽었다는 주장은 근거가 없게 된다.

니체는 구원자의 심리 문제와 관련해 복음서만큼 읽기 어려웠던 책은 몇 안 된다고 고백하면서 성자들의 전설이 어떻게 전승되었는지 따져 묻는다. 성자들의 이야기는 애매한 문헌이며, 기록이 남아 있지 않은 경우에도 학적인 방법론을 사용하는 것이 터무니없는, '배운 자들의 한가로운 짓거리'에 불과하다.

복음서에서 구원자의 심리 유형을 들여다보면 관건이 되는 질문은 행위, 말, 죽음에 대한 사실 여부가 아니다. 도대체 어떻게 그러한 유형이 생각이 가능한 것인가, 어떻게 지금까지 전승된 것인가이다. 그러나 이러한 전체 맥락을 무시하고 구원자인 한 사람의 영혼의 역사만을 복음서에서 끄집어내는 것은 심리학적으로 볼 때 "경박"한 것이다. 가령 전체 맥락을 무시한 채 예수가 천재이자 영웅이라는 설명은 합당치 않다.

그러나 복음의 의미를 따져 보면 예수뿐만 아니라 모두가 신의 자식이기 때문에 예수만을 영웅이나 천재로 만드는 것은 오해에 따른 것이다.

> "기쁜 소식은 무엇을 의미하는가? '참된 삶', '영원한 삶'이 따로 약속되지 않고, 바로 우리 안에, '사랑하며 사는 삶'으로서, '뺄 것도 제할 것도 없이 거리를 두지 않는 사랑을 실천하며 사는 삶'안에서 가능하다. 누구든 신의 자식이라면 모두 '서로 동등하다.'"

니체가 볼 때 구원자는 천재가 아니라 오히려 '백치白癡'에 더 가깝다. 생리학자의 입장에서 백치는 '단단한 대상을 건드리기만 하거나 만지기만 해도 움츠러드는, 병적으로 민감한 촉감의 상태'를 뜻한다. 이러한 생리적 습관은 논리적으로 볼 때 증오다. 예수는 현실에 대한 본능적인 증오로 인해 비현실적인 곳으로의 도피를 원했을 뿐이다. 현실적인 것 전부에 대한 본능적 증오 때문에 '잡을 수 없는 것', '파악할 수 없는 것'으로의 도피가 일어났고, 기존의 모든 관습이나 교회의 제도에 대한 반감에서 현실성이 없는 세계, 내적인 세계, 참된 세계, 영원한 세계 안에 안주하게 된 것이다. 그래서 "신의 나라는 너희 안에 있다"는 말씀이 생겨났다.

구원의 가르침의 두 가지 생리적 현실은 증오와 혐오다. 그것은 고통과 자극에 대한 극단적인 예민함의 결과다. 즉 현실에 대한 본능적인 증오, 혐오와 적개심, 한계에 대한 본능적 배재가 그것이다. 기독교는 작은 고통에 대해 공포를 갖는 데카당스적 토대에서 발전한 쾌락주의, 정확히 말해 에피쿠로스주의 학파다. 작은 고통에 대한 공포야말로 데카당스다. 예수라는 구세주 유형은 나중에 병든 사제들에 의해 왜곡되어 덧붙여진 내용이 많다. 이해하지 못한 상징을 조잡하게 번역해 버린 이유는 자신들을 변호하기 위해 스승을 악용할 필요가 있기 때문이다. 니체에 따르면 원시 기독교 공동체는 다른 신학자들에 대항하기 위해 궤변을 늘어놓는 신학자 한 사람을 통해 자기네 신을 창조했고 나중에 재림, 최후의 심판과 같은 개념을 추가하였다.

니체는 광신자를 구세주 유형에 집어넣는 것에 반대한다. 하늘 나라는 아이들의 것이다. 정신적으로 아이 같은 천진함으로 되돌아간 것이다. 신앙은 원래 존재하는 것이지 싸워 획득되는 것이 아니다. 신앙은 그 자체로 입증될 수 없으며 성서에 의해서도 마찬가지다. 신앙 그 자체가 매 순간마다 신앙의 기적이고, 신앙에 대한 보상이자 증거이며 신의 나라인 것이다. 이런 살아 있는 신앙은 이론적인 교리로 공식화할 수 없는데, 기독교는 유대교적, 셈적인 개념만을 사용해서 이론을 세웠다. 고정된 개념을 전혀 중요하지 않게 여기는 예수는 자유정신의 소유자다. 왜냐하면 '말言'은 언어적 표현을 통해 세계를 고정시켜 운동과 활력을 모두 없애기 때문이다. 예수가 유일하게 알고 있는 개념인 '삶의 경험'은 온갖 종류의 말, 공식, 법칙, 신앙, 교의와 대립한다. 예수는 믿음과 진리가 이론적 근거에 의해 입증될 것이라고 생각하지 않고 '내적인 빛', '내적인 기쁨과 자기긍정인 힘'에 의해 지지받을 것으로 봤다.

복음적 실천의 의미

    복음이 기쁜 소식을 뜻한다면 죄와 벌의 개념도 없어지고 보상도 사라진다. 신과 인간 사이의 관계를 멀어지게 하는 '죄'가 없어졌다는 것이 바로 복음, 기쁜 소식의 내용이다. 그렇다면 복음에서 중요한 것은 무엇인가? 용서의 기도와 같은 의식이나 회개의 교설이 아니라, 구세주의 삶과 죽음이라는 복음적 실천이다. 자신들이 모두 신의 자식이라고 느끼게 하는 계기도 오직 삶의 실천을 통해 주어진다. 따라서 '신에게 향하는 길'은 회개나 용서의 기도가 아니라 복음적인 실천뿐이다.

    이미 복음을 통해 죄의 사함과 신앙을 통한 구원은 사라졌다. 천국에 있다고 느끼거나 영원하다고 느끼는 것은 구원이라고 하는 것의 유일한 심리적 사실에 따른 변화지 새로운 신앙의 근거는 아니다. 신의 나라, 천국 등 많은 경우 상징, 기호, 비유에 불과한 언어가 진리로 받아들여지는데, 특히 삼위일체의 제2격인 '신의 아들'은 기독교에 맞지 않는 조잡한 이론이다.

니체가 볼 때 천국은 마음의 특정한 상태이다. '지상의 위'에서 또는 '죽은 다음'에 오는 어떤 것이 아니다. 기쁜 소식은 신의 나라가 오기만을 기다리는 것이 아니다. 신의 나라는 어제 오지 않았고 내일 오지 않을 것이며 천년을 기다려도 소용없을 것이다. "신의 나라는 마음속의 특정한 경험이다. 그것은 어디에도 없다." 그렇게 기쁜 소식을 가져온 자인 예수는 자신이 가르쳤던 대로 복음을 몸소 실천했지만 인간을 구원하기 위해서가 아니라 어떻게 살아야 하는가를 보여 주기 위해 죽었다. 그가 인류에게 남겨 놓은 의미는 바로 복음적 실천의 중요성이다.

예수가 십자가에 매달린 도적에게 한 말이 복음 전체의 의미를 잘 보여 준다. "이 사람이야말로 신적인 사람, 신의 자식이었구나"라고 느낀다면 "너는 낙원에 있는 것이다. 너 역시 신의 자식인 것이다. 악한 자에게도 저항하지 말고 그를 사랑하라"는 실천이 강조된다.

선한 자뿐만 아니라 악한 자 역시 신의 자식으로 천국을 누릴 동등한 권리가 갖고 있다. 그러나 성직자는 시대를 떠나 복음을 통해 자신들의 이익만을 원했고 복음의 원리와는 반대로 많은 교회를 세우는 데 치중했다. 인류는 복음이 의미하던 권능과는 반대인 세속적 권력에 굴종하여 기쁜 소식을 가져온 자를 자신의 아래에 두고, 교회라는 개념 안에서 신성시하는 것은 세계적인 아이러니다. 이제 자유정신은 19세기 동안 종교를 빙자한 '성스러운 거짓말'에 맞서 싸우면서 '정직성'을 갖추게 된 것이다.

　니체는 기독교의 세 가지 덕목인 믿음, 소망, 사랑을 '교활'로 비판한다. 첫째, 믿음과 관련해 기독교에서는 어떤 것이 참인지의 여부는 그 자체로는 상관없는 것이며, 어떤 것이 참이라고 믿어지는 한에서 최고로 중요하다는 것이다. 진리와 진리에 대한 믿음은 전혀 다른, 정반대의 영역인데 기독교에서는 인간이 죄에서 구원받았다고 믿는 데서 행복을 느낀다면 충분하다. 여기서 인간이 죄지은 자라는 사실이 아니라, 인간이 스스로 죄를 지었다고 느끼는 것이 전제된다. 따라서 이성과 인식을 통해 진리로 향하는 길은 금지된다.

　둘째, 강력한 소망은 무엇보다 강력한 삶의 자극제다. 현실로써 반박당할 수 없고, 실현되어도 없어지지 않는 소망은 피안이라는 존재하지 않은 이상으로 붙잡아 둔다.

　셋째, 사랑과 관련해 신과 인간은 비슷하다. 사랑이 가능하려면 신은 '인격적 존재'이어야 하고 젊어야 하며, 여자의 열정을 만족시키기 위하여 잘생겨야 한다. 특히 '순결에 대한 요구'는 종교적 본능의 내면을 격렬하게 강화한다. 사랑은 사실을 다르게 보는 환영처럼 달콤하여 현실을 아름답게 하는 힘을 지니고 있다. 사랑을 통해 인간은 많은 것을 견뎌 낼 수 있기 때문에 자신이 사랑받을 수 있는 종교를 고안해 낸다. 따라서 최악의 상태를 넘어서기 위해 만들어 낸 기독교의 세 가지 덕목인 '믿음, 소망, 사랑'은 니체에게 있어 '교활'하기 짝이 없다.

기독교의 출발점이 기적을 행하는 자와 구세주에 관한 조야粗野한 우화라는 것은 오해다. 실제는 그 반대다. 처음에는 문제가 없던 기독교에서 근원적인 상징 체계를 점차 더 조야하게 오해해 온 이유는 종교가 미개한 대중들 사이로 점점 더 퍼져 나가면서 통속화, 야만화될 필요가 있었기 때문이다. 그래서 나중에 교리는 기독교를 탄생시켰던 초기의 전제 조건에서 멀어졌다. 기독교는 교회라는 제도로 권력이 집중되어 모든 종류의 질병, 불합리, 천박함을 포함하면서 통속화될 수밖에 없었다. 그래서 기독교적 가치는 고결한 가치인 모든 정직성, 모든 영혼의 높이, 정신의 모든 훈련, 모든 솔직하고도 관대한 인간성 그리고 자유로워진 정신과 대립한다.

니체가 볼 때 기독교가 지배한 세계는 정신병원과 같다. 정직하자고 요구를 해도 거짓말을 늘어놓는 사제 본인은 신앙이 거짓인 줄 알고 있다. 모든 사람들이 생각하는 것처럼 사제도 신, 죄인, 구세주가 더 이상 존재하지 않는다는 사실을 모를 리가 없다. 자유의지와 도덕적 세계 질서도 거짓말인 것이 밝혀졌다.

교회의 모든 개념은 세계의 진짜 모습인 자연과 자연가치를 탈가치화하는 목적에서 날조된 가장 사악한 허위다. "사제는 가장 위험한 기생충이자 삶의 진정한 독거미에 불과하다. 오늘날 우리는 기독교가 거짓이라는 사실을 알고 있다."

사제와 교회는 날조해 낸 거짓말을 어떤 목적에 사용하는 걸까? 가령 인류의 자기모독인 피안, 최후의 심판, 영혼의 불멸, 영혼 자체 개념은 사제를 지배자로 만든 잔인한 '고문 기계'다. 기독교인으로 불리는 현대인은 '허위의 괴물'에 불과하며 오직 한 사람의 기독교인이 존재했지만 그가 십자가에 달려 죽으면서 복음도 사라졌다. 그 이후 유일한 기독교인 예수가 경험했던 복음과는 정반대의 일, 즉 나쁜 소식이 들려온 것이다.

예수가 삶과 죽음으로 보여 준 대로 기독교적인 실천만이 복음의 가치다. 삶은 언제나 신앙이 아니라 행동으로 입증해야 하는데 신앙에서도 중요한 것은 의식이 아니라 본능적 가치다. 기독교성을 참으로 간주하는 것, 의식 현상으로 환원하는 것은 기독교를 부정하는 일이다. 기독교를 의식만으로 환원한다면 예수를 포함해 기독교인은 단 한 명도 존재할 수 없다. 따라서 기독교는 무의식을 다루는 심리학에서 파악되어야 하는 현상이다.

2천 년 동안 기독교인이라고 불려온 것은 한갓 심리적인 자기오해에 불과하다. 자세히 보면, 신앙에서 특정인의 본능만이 기독교인을 지배해 왔다는 사실이다. 그렇다면 어떤 본능이 지배한 것인가? 종교의 배후에는 사제의 본능이 작용하고 있다. 신앙은 특정한 본능들의 지배를 가리는 교활한 눈가림이었다. 신앙은 성직자의 자기보존 욕망에 의해 파악될 수 있다.

니체가 '기독교적 교활'이라고 비판한 신앙은 본능에 의해서만 행복감을 주기 때문에 기독교인의 표상 세계에서는 현실을 건드리는 일이 없다. '현실성에 대한 본능적 증오'가 유일한 동적 요소이기 때문에 신앙의 근본적인 골자가 오류투성이인 것은 당연하다. 빈 껍데기뿐인 종교의 개념을 제거한 진리에 유일한 하나의 현실을 가져다 놓으면 기독교 전체가 사라지고 만다.

종교는 삶과 마음에 독을 타는 해로운 오류에서 만들어진 것이기 때문에 그 결과 기독교인의 삶은 되갚을 수 없는 죄로 오염된다. 복음의 운명은 십자가에 매달린 예수의 죽음에 달려 있다. 예수의 죽음이 치욕적인 이유는 남을 해치고 속인 천민에게만 사용되었던 십자가에서 그의 처형이 일어났기 때문이다. 그를 죽인 자는 그 당시 사회를 지배하던 유대 민족의 제1계층이었다. 예수는 질서를 거스르는 봉기를 일으키는 자로 간주되어 죽임을 당했지만, 그의 죽음이 모든 원한 감정을 넘어선 자유와 능가라는 모범을 보여 주었다는 점은 전혀 이해되지 못했다.

사도들은 그의 죽음을 용서하지 못했고 가장 비복음적인 감정인 복수심을 가진 채로, 보복, 심판, 보상, 벌, 판결 등의 개념을 지어냈다. 그러나 구세주가 자신의 적을 심판하러 오는 순간에 신의 나라가 실현된다는 것은 오해다. 우리가 기다릴 필요가 없는 예수의 죽음 자체가 이미 신의 나라를 의미한다. 신학자들은 '만인이 신의 자식'이라고 예수가 가르쳤던 복음적 평등권을 더 이상 인정할 수 없어 '신과 신의 아들을 분리'하여 예수를 구세주로 특권화했지만 모두 '원한의 산물'이다.

왜 신이 그런 아들의 죽음을 허용했는가? 여기서 허무맹랑한 답변을 듣게 된다. "신이 죄의 사함을 위해서 자신의 아들을 희생물로 주었다"는 궤변이다. 죄의 희생양이라는 논리에 따르면 신이 죄의 사함을 위해서 자신의 아들을 희생양으로 대신 주었다는 주장이다. 이것은 "가장 역겹고 야만적인 형식으로 죄지은 자의 죄를 위해 죄없는 자가 희생된다는 소름끼치는 이교주의다." 예수야말로 진정 죄 개념 자체를 없애버려 신과 인간 사이의 간격 일체를 부정했으며, 인간과 신의 통일을 기쁜 소식으로 삼고 살았다. 어떤 특권도 누리지 않았던 예수의 죽음과 함께 복음의 진정한 의미는 사후 세계를 위해 변형되어 삶보다 부활에 강조점을 두게 되었다. 따라서 예전의 복음의 내용과는 전혀 다른 내용이 추가되어 죽은 이후의 "개인의 불멸에 대한 파렴치한 교설"이 "가장 경멸스러운 약속"이 되었다. 예수가 실천으로 보여 준 복음적 행복과는 대조적으로 전혀 실현될 수 없는 소망인 셈이다.

십자가에서의 예수의 죽음과 함께 지상에서의 행복을 추구하는 모든 단초가 끝나 버렸다. 두 데카당스 종교 가운데 불교가 약속하지 않은 것을 지키는 반면, 기독교는 약속한 모든 것을 전혀 지키지 않는다. 기쁜 소식 뒤에 따라온 가장 나쁜 소식은 지켜질 수 없는 부활에 대한 약속이다.

복음을 전하는 예수와는 다르게 바울은 증오를 활용하여 냉혹한 논리를 만들었다. 모든 것을 증오에 의해 희생시켰는데, 우선 구세주를 바울이 생각한 십자가에 못 박아 희생시킴으로써 구세주의 삶과 모범, 가르침과 죽음, 복음 전체의 의미와 권능을 십자가에 못 박아 버렸다. 증오에 찬 위조가인 유대인의 사제본능에서 큰 범죄를 저지른 것이다. 바울은 기독교의 역사를 왜곡해서 초기 기독교의 역사를 고안해 냈다. 즉 이스라엘의 역사 전체를 뒤틀어 행복, 죽음의 의미, 죽음 이후의 세계를 모두 바꿔 버리기 시작했다. 바울은 그러한 삶 전체의 중심을 간단히, 부활한 예수에 대한 거짓말 속으로 옮겨 버렸다. 구세주가 여전히 살아 있다는 것에 대한 증거를 환영으로 만들어 낼 때 바울이 원했던 것은 권력이었다. 개념, 교설, 상징의 핵심은 모두 대중을 폭압하여 무리를 형성하기 위한 바울의 수단이자 바울의 고안물인 불멸에 대한 믿음, 즉 심판이었다.

결국 삶의 중심을 현실 삶에 두지 않고, 오히려 피안, 무로 옮겨 버린다면, 진정 삶에서 중심을 빼앗아 버리는 것이 된다. 개인의 불멸에 대한 엄청난 거짓말은 모든 이성과 본능의 자연성 전부를 파괴해 버린다. 그 결과 본능에 있는 유익한 모든 것, 삶을 증진시키는 모든 것, 미래를 보장해 주는 모든 것에 불신이 싹터 이곳에서는 의미 없이 사는 것이 역설적으로 삶의 의미가 되었다. 인간은 불멸의 영혼으로서 서로 동등할 뿐만 아니라 개별자의 구원이 영원 속에서 이루어진다는 주장에서 기독교는 개인의 허영심에 아첨을 떤다. 온갖 실패자, 찌꺼기와 쓰레기를 설득한 영원한 구원은 "세계는 나를 중심으로 돈다"는 이기주의의 논리다. 만인평등권이라는 교설의 독소는 자신만의 구원을 원하는 이기주의를 철저히 전파시켰다.

기독교는 인간과 인간 사이의 존경심과 차이에 대해, 즉 문화의 모든 상승과 성장의 전제 조건에 대해 사악한 본능의 가장 은밀한 구석에서 사투를 벌여 왔다. 즉 지상의 모든 고결하고 기쁘며 고귀한 것, 우리의 지상의 행복에 맞서는 무기를 대중의 원한에서 만들어 냈다. 개인의 불멸성에 근거해 평등을 주장하는 것은 모든 고결한 인간성에 대한 악의에 찬 암살 행위였다. 이러한 평등지향적 경향이 정치의 영역으로 스며들어 귀족주의를 파괴하는 결과를 만들어 낸다. 이로써 누구도 오늘날 특권이나 지배권을 주장할 용기를, 자기 자신과 자신과 같은 부류를 경외할 용기, 즉 '거리의 파토스'를 느낄 용기를 갖지 못한다. 그래서 병든 오늘날 정치에서 귀족주의 성향은 영혼들이 평등하다는 거짓말과 다수의 특권에 대한 믿음으로, 혁명을 일으키려는 기독교에 의해 무너진다. 기독교는 높이를 갖는 모든 것에 대한 낮은 것의 봉기다.

복음서는 예술가의 세련된 조작 기술을 발휘하여 자신을 성스러움으로 위장한다. 성스러운 거짓말은 잘못된 사유를 하도록 만든다. 니체가 '무죄의 책'이라고 읽어 온 복음서는 이제 인간을 도덕의 수단으로 유혹하는 서적이 되었다. 자신의 우위를 지키는 데 필요한 덕만을 요청하면서, 비열한 자는 자기의 이익을 관철하기 위해 삶을 의무와 순종으로 규정할 뿐이다. 복음을 통하여 '천한 자'에게 독점된 도덕은 우롱이며, '선민이라는 가장 의식적인 오만'이 겸허라는 이름으로 감추어져 있다. 그래서 자신을 선한 자와 의로운 자, 진리의 편으로 가르고 다른 사람을 악한 자로 배제한다.

이렇게 자기 편은 진리로 삼고 다른 편은 거짓으로 삼는 행위는 "가장 숙명적인 과대망상"에 불과하다. 비소한 실패작인 위선자와 거짓말쟁이가 자신들이 독점한 '신', '진리', '빛', '정신', '사랑', '지혜', '삶' 개념을 그들 자신과 동일시한다. 자신이 세상의 빛과 소금이자 가치의 척도, 최고 법정인 듯 모든 가치를 자기의 입맛에 맞게 비틀어 버렸다. 이런 유대인의 과대망상을 자기보존을 위해 적용한 기독교인은 결국 자유로운 종파에 속한 유대인에 불과하다.

니체는 신약성서를 읽을 때 장갑을 끼는 것이 좋다고 말한다. 성경이 그만큼 불결하기 때문이다. 악취를 풍기는 원인은 성경의 모든 내용이 비겁한 자기기만으로 가득하기 때문이다. 신약성서에는 깨끗함에 대한 본능이 결여되고 더러운 본능만이 들어 있다. 그래서 너무 지저분한 신약성서를 읽고 나면 세상의 때 묻은 것이 깨끗해 보인다고 니체는 비꼬아서 말한다.

찬달라의 증오를 가진 자들은 평등의 권리를 위해 투쟁하는데, 신에 선택받는 자가 되려면 정직, 정신, 남성성과 긍지, 마음의 아름다움과 자유 등 세상의 원칙이 악으로서 거부되어야 한다. 따라서 기독교인이 말하는 것은 거짓이고, 행복은 본능적으로 볼 때 허위다. 여기서 기독교인, 특별히 기독교 사제가 가치를 정하는 특권층이 된다.

역사에서든 자연에서든 그 배후에서 어떤 신도 발견되지 않았는데, 무엇인가를 신으로 경외하는 것은 그것을 신적으로 느낀 것이 아니라, 가련하고 불합리하며 해롭다고 느꼈기 때문이다. 니체에게 신은 오류일 뿐만 아니라 삶에 대한 범죄다.

인간은 자신의 지혜로 신을 알 수 없다. 그래서 복음을 통해 신이 구원하기로 한 사람은 신앙이 있지만 어리석고 약한 사람이다. 강한 자를 부끄럽게 하고, 유력한 자를 무력하게 하려고 아무것도 아닌 사람을 택하였고, 신 앞에서 아무것도 자랑할 수 없는 육체를 가진 인간을 구원한다. 그러나 이러한 구원론의 바탕이 되는 찬달라 도덕의 심리에 대한 최상의 증거를 밝히려면 '고귀한 도덕'과 '원한과 복수심에서 나온 찬달라 도덕' 사이의 대립을 이해해야 한다. 모든 복수의 사도 가운데 최고였던 바울이 이러한 거짓된 신앙이 필요하다는 사실을 알고 고안해 낸 신은, 세상의 지혜이자 미신의 적수인 '문헌학'과 '의학'의 입장에서 보면 거짓말이다. 신이란 사실상 바울 자신이 하려던 결연한 결심의 결과물일 뿐이고, 자기 자신의 의지에 이름 붙인 것에 불과하다.

현실과 전혀 접촉하지 않는 명령으로서의 신앙은 근대과학에 의해 반박된다. 그러한 세상의 지혜를 갖춘 '문헌학자'와 '의사'는 기독교에 맞서 싸울 수밖에 없다. 우리는 문헌학자이자 동시에 의사의 관점에서 성경을 바라보아야 한다. 문헌학자는 성경이라는 '성스러운 서적'의 배후를 보고 사기라고 비난하며, 의사는 기독교인의 '생리적 타락상'의 배후를 보고 치유불가라고 진단한다.

성경의 맨 앞에 나오는 유명한 이야기는 인간의 지식에 대한 신의 공포를 나타낸다. 인간이 갖는 앎이란 신과 사제에게 어려움이자 큰 위험이다.

창조론에 따르면 '정신'이자 '대제사장'이며, '완전성'을 뜻하는 '옛 신'이 정원을 거닐다가 지루함을 견디지 못해 인간을 창조했다. 신에게 재미를 주는 인간도 같은 지루함을 느낀다. 낙원이지만 신은 인간의 고민에 동정을 갖고 다른 동물을 창조해 냈다. 이것이 신의 첫 실책이다. 왜냐하면 인간은 이 동물들에 재미를 느끼지 못했기 때문이다. 인간은 동물을 지배했지만 자신은 정작 동물이기를 거부했다. 그래서 신은 여자를 창조함으로써 인간의 견딜 수 없는 지루함을 끝냈다. 그러나 여자의 창조가 신의 두 번째 실책이 된 이유는 본질상 '뱀'이자 '하와'

인 여자에게서 온갖 '악'과 '지식'이 나왔기 때문이다.

인간은 여자를 통해서야 비로소 인식의 나무를 맛보는 법을 배웠기에 옛 신은 심한 공포에 사로잡혔다. 이제 인간 자체가 신의 가장 큰 실책이 되어 버렸다. 지식이 신과 인간을 동등하게 만들기 때문에, 신은 여자의 창조로 '자신의 라이벌'을 만든 셈이다. 인간이 지적으로 발달하면 사제와 신들은 끝장나기 때문에 지식은 금지된다. 신에게 인간의 지식은 첫 번째 죄이자 모든 죄의 씨앗이며 원죄이다. 그래서 성경의 제일 도덕은 '인식해서는 안 된다'는 것이며, 나머지 도덕은 나중에 덧붙여졌다.

인간이 영민해지는 것에 심한 공포를 가졌던 신이었지만 그것을 방해하지는 못했다. 그래서 인간의 지식에 대해 저항하는 방법으로 인간을 낙원에서 추방했다. 행복하고 한가로우면 이런저런 생각을 하기 마련이기 때문이다. 인간이 나쁜 것 자체인 생각을 해서는 안 되기 때문에 신은 고난, 죽음, 임신 등 온갖 종류의 괴로움, 노쇠, 노고 무엇보다도 병을 만들어 냈다. 인간을 생각하지 않게 만드는 고난은 인간의 지식과 싸우는 수단이다. 그럼에도 인간이 쌓는 지식의 건축물은 날로 높아져 갔다. 결국 신은 전쟁을 고안해서 민족을 갈라놓고 서로 죽이게 만들었다. 이런 점에서 사제는 '지식의 대교란자'다. 그러나 전쟁을 통한 방해에도 인간은 사제로부터 점차 벗어나게 되어 옛 신은 최후의 결단을 내린다. "인간이 지적으로 되어 버렸다. 어떤 것도 소용없다. 인간을 익사시키지 않으면 안 되겠다!" 신은 마지막 단계에서 노아의 방주로 인류를 멸종시키기로 결정했다.

니체의 성경 해석에 따르면, 지식을 갖게 될수록 인간은 신에 대한 믿음을 버릴 수 있다. 지식을 갖게 되면 당연히 신을 믿지 않기 때문에, 사제의 입장에서 원인과 결과에 대한 건강한 개념인 지식을 인간이 갖는 것이 위협이다. 따라서 인간을 불행하게 만들어야만 생각할 여유와 능력을 빼앗을 수 있다.

이러한 사제의 논리적 필요성에 따라 세상에 등장한 것이 '죄'다. 죄와 벌, 도덕적 세계 질서는 인간의 지식에 맞서 고안되었다. 사제와 분리되는 것을 막기 위해 인간은 자신을 넘어 위를 보아서는 안 되고, 사물을 현명하게 들여다보아서는 안 되며, 자신의 내면에서 고통을 받아야 한다. 이제 치료하는 의사는 필요가 없고 고통을 주는 사제만 필요하다.

니체에 따르면, 은총과 구원과 용서에 대한 교설과 더불어 기독교에서 말하는 죄와 벌 개념은 그 어떤 심적 실재성도 갖고 있지 않은 철두철미한 거짓이며, 인간의 원인 감각을 파괴하기 위해서 고안되었다. 죄와 벌은 원인과 결과 개념에 대한 암살 행위로서 실재에 대한 인간의 올바른 인식을 방해한다. 원인과 결과를 제대로 인식하지 못하게 하려는 방해는 "가장 비겁하고 교활하며 천한 사제의 기생충과 같은 본능"에서 나왔다. 신앙은 "지하 세계의 창백한 흡혈귀들의 흡혈 미신"과도 같다.

인간은 이제 인간의 행위가 자연적인 인과관계에서 파악되지 않고 유령과도 같은 '신'이나 '영', '영혼'에 의해 초래된다고 믿게 된다. 따라서 모든 일을 도덕적 귀결, 보상과 벌로 해석하면서 인간이 합리적으로 인식하는 모든 전제를 무너뜨린다. 인간의 지식과 인식을 방해하기 위한 종교의 수단인 죄는, 인류에게 가장 큰 범죄가 된다. '죄'라는 인간의 전형적인 '자기모독'은 지식, 문화, 인간의 고양과 고결함을 불가능하게 만든다. 죄를 고안해 냈기에 사제는 인간을 지배할 수 있다. 죄는 사제의 권력 유지를 위한 효과적인 수단일 뿐이다.

'믿음'과 '믿는 자'의 심리를 분석하면 기독교인 사이에는 '효력증거'라고 불리는 일종의 진리의 규준이 있다. 즉 "믿으면 복을 받는다. 그러므로 믿음이 진리"라는 것이다. 그러나 여기서 복이라는 것은 아직 입증되지 않았고 약속되어 있을 뿐이다. 지복至福은 신앙의 조건과 결합되어 있어, 오직 믿어야만 장차 복을 받게 된다. 그러나 피안의 세계에서 실제로 복을 받는지 입증할 수 없다. 따라서 효력증거란 근본적으로는 '믿음에 의해 약속된 결과가 생길 것이라고 다시 한번 믿는 것'에 불과하다. 다시 말해 "믿음이 복되게 만든다는 것을 나는 믿는다. 따라서 그것은 참이다"라고 할 때 두 명제를 잇는 '따라서'는 진리의 규준으로서는 충분하지 않다.

만약 복되게 하는 원리가 입증되었다고 해도 쾌가 진리의 증거일 수 있는지 의문을 제기할 수 있다. "무엇이 참인가"라는 질문에서 "쾌를 준다"는 것이 참의 충족조건이 될 수는 없다. 좋은 느낌을 준다는 쾌에 의한 증거는, 그저 쾌에 대한 증거일 뿐이다. 예정된 조화에 따라 참된 판단이 그릇된 판단보다 즐거움을 필연적으로 더 수반한다는 주장이 진리로 확립될 수 없다. 오히려 진리는 고통을 수반하면서 애써 쟁취되어야 한다. 진리를 향한 길에는 다른 것을 과감히 희생하는, 엄격하고 심오한 정신이 필요하다. 진리를 얻는 일은 다른 일을 포기해야만 하는 가장 어려운 과제다.

니체가 꼽은 가장 중요한 덕목인 정직성은 거짓말을 하지 않는다는 뜻이다. 정신적인 부분에서 정직하다는 것은 자기의 마음에 엄격하다는 것, 아름다운 감정을 경멸한다는 것, 모든 긍정과 부정에 대해 의심을 한다는 것이다. 이러한 정직성의 기준으로 볼 때, '믿음은 복되게 한다'는 신앙은 거짓말을 하고 있다.

그렇다면 믿음의 오류는 무엇일까? 니체는 정신병원을 대충 둘러봐도 알아차릴 수 있다고 말한다. 사제는 신앙이 정신병과 같다는 사실을 깨닫지 못할 뿐만 아니라 본능적으로 부정한다. 헬레니즘 시대가 넘쳐나는 건강을 필요로 했듯이, 기독교는 병을 필요로 한다. 교회에서 말한 구원을 위해서 인간을 병들게 만드는 것이 진짜 의도이며, 그 궁극적 이상은 '가톨릭의 정신병원'을 만드는 일이다. 지상 전체가 정신병원이 된다. 교회가 바라는 종교적 인간은 전형적인 데카당스다. 전염성 신경증과 같이 종교적 인간의 내면세계에서는 '가장 드높은 상태에서의 간질, 주기적 발작'이 일어난다. 미치광이나 사기꾼만이 신을 경배하는 성자로 간주되며, 병이 충분히 들어 있어야만 기독교인이 될 자격이 있다. 기독교는 건강을 적수로, 악마로, 유혹으로 간주하고 맞서 싸우는 퇴락한 종교다.

기독교의 신성함이란 것은 피폐하고 쇠잔해지고 치유가 불가할 정도로 부패한 육체의 여러 증후들의 대열에 불과하다. 기독교는 처음부터 온갖 종류의 저질적 요소와 쓰레기 같은 요소들의 총체적인 운동이었다. 기독교의 본질은 권력을 원한다는 사실이다.

그렇지만 기독교는 특정 종족의 쇠퇴나 데카당스의 집적, 고대 자체의 부패에서 유래한 것이 아니다. 오히려 로마 제국에서 귀족계층이 가장 아름답고 성숙한 모습으로 존재했던 시기에 찬달라 계층이 다수의 지배자가 되면서 '기독교적 본능의 민주주의'가 승리하게 된 것이다.

기독교는 종족이나 민족에 얽매여 있지 않고 도처의 병든 자들이 가진 양심의 편이었다. 병든 자의 본능은 건강한 자와 건강함에 대해 적대적이었다. '긍지 있고 원기발랄하며 아름다운 것'은 모두 병든 자를 고통스럽게 했다. 바울의 말을 떠올려 보면 "하느님은 세상의 약한 자, 세상의 어리석은 자, 세상의 비천하고 멸시받는 자"를 선택하였는데 이러한 표적表迹에 의해 약자의 데카당스가 강자의 건강함을 이길 수 있었다.

십자가에 매달린 신은 고통받는 모든 것을 구원하며, "십자가에 매달린 모든 것이 신적이다"라는 말은 "누구나 십자가에 매달리면 신적"이라는 뜻이 된다. 이로써 신이 선택하지 않는 '고귀한 성향'이 기독교로 인해 몰락했기 때문에 기독교의 승리는 인류의 가장 큰 불행이었다.

순교자의 죽음이 사람을 늘 유혹해 온 것이 사실이다. 모든 백치의 추론은 이렇다. 누군가를 죽음에 이르게 하는 데는 무언가 의미심장한 내용이 있다. 그러나 이러한 추론은 검증할 필요도 없이 오류다. 순교자는 진리에 치명상을 입혔다. 명예로운 이름을 얻으려면 박해가 필요하며, 어떤 것을 위해 누군가가 목숨을 버릴 때, 그것의 가치가 달라진다고 생각하는 것은 오류인 것이다. 무엇보다 순교로 명예롭게 된다는 것은 더 유혹적인 오류이며, 순교한다고 해서 거짓이 진리가 되는 법은 없다. 세계사에서 모든 박해자들이 자신의 적대자에게조차 순교의 매력을 알려 주었다는 것은 우매한 일이다. 오늘날에도 사람들은 이 오류 앞에 무릎을 꿇는다. 누군가가 십자가에서 죽었다고 해서 십자가가 진리의 논거가 될 수는 없다. 순교자들은 '핏자국'으로 진리를 입증해야 한다고 하지만 피는 진리에 대한 최악의 증인이며 순교를 통해 진리를 말한다는 것은 '망상'과 '증오'로 중독된 가르침에 불과하다.

"위대한 정신은 회의주의자다." 정신의 강력한 힘과 자유는 회의를 통해 입증되며, 확신하는 인간은 가치와 무가치의 문제에서 근본적인 것 전부를 전혀 고려하지 못한다. 확신은 감옥이다. 수백 가지 확신을 뒤로 하고 위대한 것을 원하기 위한 수단이 바로 회의주의다. 회의주의가 주는 '온갖 종류의 확신으로부터의 자유는 자유롭게 볼 수 있는 강한 힘'이다. 그러한 의심을 거친 '위대한 열정'은 예외적인 경우를 제외하고 확신에 쉽게 굴복하지 않는다. 이러한 회의주의가 강한 정신의 힘을 나타낸다면, 믿음에 대한 욕구, 무조건적인 긍정과 부정에의 욕구는 '약한 힘의 욕구'를 나타낸다.

믿음을 가진 자, 신앙을 가진 자는 의존적인 사람이며, 자기 자신을 목적으로 설정할 수 있는 주권자가 아니다. 믿는 자는 자신을 누군가가 사용할 수단으로 여길 뿐이다. 맹목적인 신앙을 가지려는 이러한 본능에서 최고의 가치로 여겨진 '탈아Entselbstung'의 도덕이 생겨난다. 모든 종류의 믿음은 그 자체로 '탈아의 표현'이자 '자기소외의 표현'이다. 믿음은 자신이 아니라 바깥에 속하기 때문에 대다수 사람들은 그들을 묶고 고정시킬 외부의 규정을 필요로 한다. 따라서 강압적인 노예제가 의지박약의 인간에게 확신과 믿음을 주기 때문에 더 큰 의미를 갖는다.

확신은 믿는 자에게 그를 지탱해 주는 기둥과 같다. 그러나 믿음을 가진 자는 많은 것을 보지 않고, 공평하게도 관찰하지 않으며, 필요한 것만 본다는 점에서 편파적이다. 이처럼 확신에 가득 찬 인간은 '진실한 인간'과 '진리'의 적대자이기 때문에 스스로 자신의 양심에 따라 참과 거짓을 판단할 수 없어서 정직성을 갖지 못한다.

'확신에 가득 찬 자'의 병적으로 좁아진 시각이 만든 '광신자'는 루소, 루터, 생시몽Saint-Simon과 같은 강하고 자유로워진 자유정신과 반대되는 유형이다. 이처럼 병든 광신자의 정신, 간질병자의 거창한 태도는 대중에게 큰 효력을 발휘한다. 대중은 광신자의 합리적인 근거를 듣기보다는 그의 제스처를 보며 열광하기 때문이다. 따라서 심리학에서 보면 확신이 거짓보다 더 위험한 진리의 적수가 될 수 있다.

니체에 따르면 '거짓'은 '보이는 것을 보려 하지 않고, 보이는 그대로 보려 하지 않는 것'을 뜻한다. 가장 습관적인 거짓은 다른 사람을 속이는 것보다 '자기 자신을 속이는 것'이다. 이러한 거짓은 "우리는 확신을 위해 살고 죽는다"는 당파적인 사람의 믿음이 된다. 사제들의 경우 확신은 목적을 위한 허위일 뿐이며, 확신을 심어 주기 위해 신, 신의 뜻, 신의 계시라는 거짓 개념을 집어넣었다. 칸트의 정언명법도 이러한 잘못된 확신을 보여 준다.

칸트의 철학에서, 특히 실천이성의 영역에서는 이성의 한계 때문에 인간이 진리와 거짓을 판별하지 못하는 문제가 생긴다. "최고의 문제와 최고의 가치 문제는 전부 인간 이성을 넘어서 있다." 따라서 신이 인간에게 어떤 목적으로 계시를 주었는가라는 물음처럼, 인간은 무엇이 선인지, 무엇이 옳은 것인지 알 수 없다. 계시를 통해 신이 인간에게 자신의 뜻을 가르친다는 점을 고려할 때 칸트의 교훈은 "사제는 거짓말을 하지 않는다"는 믿음을 전제한다.

니체는 사제의 진실성을 믿는 칸트의 신앙적 태도를 지적한다. "사제가 말하는 것들이 참 인가 거짓인가 하는 문제는 거짓을 허용하지 않는다." 니체가 볼 때 거짓말을 하려면 무엇이 참인지를 먼저 판별할 수 있어야 하는데, 이는 사제만이 가능한 일이기 때문에 보통의 인간은 판별할 수 없다. 사제가 '신의 대변자'로서 계시와 같은 거짓말을 하는 이유가 사제 권력을 위한 것이기 때문에, 율법, 신의 뜻, 성서, 영감 등 모든 것이 사제의 권력을 유지시키기 위한 조건의 표현일 뿐이다. 광신에 숨겨진 '신성한 거짓말'이 철학적, 사제적 권력 구조의 기초를 이룬다는 점은 공자, 마누Manu법전, 마호메트Mahomet, 기독교 교회, 플라톤에도 공통된다. 따라서 성경 말씀에 "진리가 여기에 있다"는 말은 "사제는 거짓말을 한다"와 같은 말이다.

니체에게 중요한 것은 신앙이 어떤 목적을 위해 거짓말을 하는 가의 문제다. 신앙에는 좋은 목적은 없고 나쁜 목적만 있다. 즉 삶의 독살, 삶의 비방, 삶의 부정, 육체의 경멸, 죄 개념을 통한 인간 가치의 저하와 인간의 자기모독이라는 목적이 신앙의 감춰진 목표다.

　기독교의 목적을 마누법전과 비교하면, 그 수단이 신성하지 못하다는 것을 확인할 수 있다. 마누법전은 오랜 세월의 경험과 지혜와 실험적 도덕을 통해 완결 짓고 더 이상 새로운 것을 만들지 않는다. 이렇게 하나의 진리에 영속적 권위를 부여하는 것은 법전 편찬의 전제 조건이다. 그렇지 않으면 법은 명령적 어조, "너는 해야 한다"라는 복종의 조건을 잃어버리게 된다.

　한 민족이 발전하는 과정에서 생각이 깊고, 멀리 내다보는 계층의 경험이 반영될 때 법전의 완성이 선언된다. 실험과 실패에서 가장 풍부한 수확을 거둬들이는 것도 사실이지만 계속 실험하는 것을 통해 가치의 상태가 '유동적이 되는 것'은 경계해야 한다. 즉 가치를 무한히 검증하고 선택하며 비판하는 일을 어느 시점에 멈춰야 한다. 이것을 위한 방법은 첫째는 신의 계시이고 둘째는 전통이다. 법은 민족의 경험을 통해 입증된 삶의 가치이지만 무의식화를 통해 모든 신성한 거짓말의 목적에 맞게 본능을 자연스럽게 지배한다.

기독교는 어떤 목적으로 거짓말을 하는가? 아나키스트와 마찬가지로 기독교의 본능은 파괴로만 향한다. 마누법전의 목적이 삶을 증진시키기 위한 최고의 조건인 사회라는 거대 조직을 영구화시키는 것이라면, 기독교는 삶을 증진시킨 사회를 끝장내는 것을 사명으로 삼았다. 마누법전이 풍요롭고 완전한 수확을 거두었다면, 기독교는 그러한 수확물을 오염시켰다.

기독교와 아나키스트는 둘 다 데카당스이다. 즉 둘 다 건강한 삶을 해체하고 오염시켜 쇠약하게 만드는 '흡혈귀'와 같다. 위대한 것을 웅장하게 세워 미래를 약속하는 모든 것을 격렬하게 증오하는 본능을 갖고, 기독교는 로마 제국의 피를 빨았던 것이다. 기독교는 로마의 위대한 문화의 지반을 무효화시켰다. 견고한 건축물도 기독교인의 파괴에 버티지 못했다. 기독교인은 밤사이 아무도 모르게 접근해 '참된 것'에 대한 로마인의 진지함과 실재성에 대한 본능을 모두 빨아먹는 벌레였다. 이러한 무리는 점차 로마의 거대한 건축물에서 영혼을 소외시켜 버렸고, 로마적인 것에서 자기의 고유한 것과 고유의 진지함과 고유의 긍지를 느꼈던 그 가치 있고 남성적이며 고결했던 본성을 없애 버렸다.

그 결과 노예인 찬달라의 복수의 불길이 로마를 지배했다. 에피쿠로스는 기독교에 맞서 싸웠지만 이교도와 싸우지는 않았다. 즉 죄 개넘에 의한, 벌과 불멸 개념에 의한 영혼의 타락에 맞서 싸웠다. 불멸을 부정하는 것이 당시의 진정한 구원이었다. 그러나 그때 로마와 세상에 대한 찬달라적 증오의 육화이자 찬달라적 증오의 천재인 바울이 영원한 유대인의 전형으로서 유대교 변두리의 작은 종파인 기독교를 이용하여 세계적인 불길을 일으켜 어떻게 온 세상을 지배할 수 있는지 고민했다. 어떻게 십자가의 신이라는 상징을 이용해 이 세상의 바닥에 있는 반항적이고, 아나키즘적인 것을 거대한 힘으로 끌어모을지 고민한 것이다.

바울은 자신이 고안한 '구세주'를 사제도 쉽게 이해할 수 있는 존재로 변형했다. 세상의 가치를 빼앗기 위해 '불멸에 대한 믿음'이 필요하다는 것을 알았던 바울은 지옥 개념으로 로마 제국을 지배하고 삶을 피안으로 쫓아내 죽여 버리고자 하였다. 이를 통해 허무주의자로서 로마를 지배할 수 있게 된 기독교 때문에 고대 세계의 모든 수고가 허사가 되었다.

기독교를 넘어

르네상스 시대에 이미 책을 잘 읽기 위한 새로운 이해의 방법론이 확립되어 있었다. 성서도 그 학적인 방법론에 의해 새롭게 읽힐 수 있었다. '잘 읽기 위한 기술' 외에도 학문의 통일을 위해 수학과 역학이 함께하는 자연과학이 발전하면서 모든 감각 중에서 최종 감각이자 가장 가치 있는 감각인 '사실적 감각'이 중요하게 되었다.

이제 우리가 되찾아야 하는 것은 현실에 대한 자유로운 시선, 신중한 손, 아주 사소한 것들에 대한 인내와 진지, 앎의 정직성 전체다. 이미 2천 년 전에 그리스인과 로마인에게 존재했던 본능과 취향의 고귀함, 방법적 탐구, 조직과 관리의 천재, 인간의 미래에 대한 신념과 의지, 만사에 대한 위대한 긍정, 위대한 양식이 밤사이에 묻혀 버렸다. 로마인은 게르만 민족에게 침략당해서 망한 것이 아니라 "교활하고 은밀하고 보이지 않으며, 피에 굶주린 흡혈귀에게 치욕을 당한 것이다! 정복된 것이 아니라 — 다만 피를 다 빨려 버린 것이다." 즉 은밀한 복수심. 비소한 시기심을 가진 자가 지배자가 되면서 비천한 모든 것, 자기학대 등 '영혼의 게토' 전체가 세계를 압도하게 되었다. 지상을 지배하려는 기독교의 선동가, 예를 들어 아우구스티누스Aurelius Augustinus는 이러한 유럽의 상황을 잘 알고 있을 만큼 영리한 두뇌를 가졌다.

　십자군 원정은 전리품을 원한 고등한 해적질일 뿐 그 이상도 이하도 아니다. 근본적으로 바이킹족이었던 독일 귀족은 그런 야비한 짓에서 본령을 찾았다. 교회는 독일의 귀족을 손에 넣는 법을 알고 있었기 때문에 교회의 전위병으로서 교회의 나쁜 온갖 본능에 봉사하는 독일 귀족들은 모든 고결한 것에 맞서 전쟁을 치렀다.

　니체가 제기하는 것은 '르네상스의 물음'이다. 르네상스는 기독교의 본거지를 공격하여 고귀한 가치를 왕좌에 올리는 것, 본능과 욕구에 고귀한 가치를 넣는 것을 목적으로 한다. 루터라는 독일인 수도사가 현실에 좌절당한 사제의 복수심으로 불타는 본능을 지니고 로마에서 르네상스에 대항하여 들고 일어났다. 루터의 증오심은 자신을 살찌울 양식만을 끄집어낸다. "종교적인 인간은 자기 자신만을 생각하는 법이다." 루터가 본 것은 교황청의 부패였지만 실제로는 반대다. 르네상스 시대의 교황 자리에는 기독교가 아니라 삶이 있었다. 우리가 생각하는 것과는 반대로 기독교에는 실제로 삶의 승리, 오히려 높고 아름답고 대담한 모든 것에 대한 위대한 긍정이 자리 잡고 있었다. 루터가 교회를 재건함으로써 르네상스는 헛수고가 되었다. 그래서 니체는 독일인을 자신의 적으로 여긴다. 니체는 독일인이 보인 정직한 긍정과 부정 앞에서의 비겁을 경멸한다. 유럽을 병들게 한 독일인은 "존재하는 것 중 가장 불결한 유형의 기독교, 가장 치유하기 어렵고, 가장 반박하기 어려운 유형의 기독교, 즉 프로테스탄티즘에 대해 책임"이 있다. 독일인은 이제 책임을 지고 기독교를 끝내도록 노력해야 한다.

끝으로 니체는 유죄판결을 내려 탄핵하고자 한 기독교가 "부패 중 최고의 부패이면서 부패에의 의지"를 가졌다고 지적한다. "기독교 교회가 부패의 손길을 대지 않은 것은 아무것도 없으며, 모든 가치를 무가치로, 모든 진리를 하나의 거짓으로, 모든 정직성을 영혼의 비열성 하나로 만들어 버렸다." 이제 교회가 자신을 연명하고 영구화시키기 위해 비상사태를 만들어 낸 것이 바로 인간의 영혼을 갉아먹는 '죄라는 벌레'다. 이러한 비상사태로 교회는 인류를 더욱 쉽게 지배할 수 있었다. 신 앞에서의 평등은 폭탄의 효과를 가졌다. 평등이라는 허위는 천한 자들의 원한을 결집시켜 혁명과 현대적 이념으로, 더 나아가 사회질서 전체의 몰락으로 이끈 기독교적인 다이너마이트다.

기독교의 자기모순은, 인류애가 사실상 모든 선하고 정직한 본능에 대한 반감과 경멸을 길러 내는 '자기모독'이란 거짓된 기술로 활용된다는 점이다. 교회는 신성한 이상을 수단으로 피와 사랑과 삶에 대한 희망을 다 마셔 버리고 고갈시켜 빈혈증을 만든다. 또한, 모든 현실성을 부정하여 피안을 꿈꾸게 하지만 건강과 아름다움과 제대로 된 성장과 용기와 정신과 영혼의 선의에 맞서고, 삶 자체에 맞서는 모반일 뿐이다. 니체는 기독교의 최후의 날을 기점으로, 모든 가치의 전도를 기획한다. 지금까지 모든 반자연적인 것이 악덕이었으므로 이제부터 자연적인 가치를 다시 발견하고자 하는 것이다.

Die christliche Kirche liess Nichts mit ihrer Verderbniss
unberührt, sie hat aus jedem Werth einen Unwerth, aus
jeder Wahrheit eine Lüge, aus jeder Rechtschaffenheit eine
Seelen-Niedertracht gemacht.

교회가 부패한 손길을 대지 않은 것은 아무것도 없으며, 모든 가치에서 무가치
를, 모든 진리에서 하나의 거짓말을, 모든 정직에서 영혼의 비열함을 만들었다.

V
_____

이 사람을 보라

Ecce Homo

니체는 책의 부제로 달린 "어떻게 사람은 자신의 모습이 되는
가?"라는 물음에 답하기 전에 자신의 일생을 소개한다. 자신이 누구인
지를 감추지 않고 드러내면서, 자신이 짊어진 과제의 위대함과 동시대
인의 비소卑小함 사이에서 오는 오해를 해소하려고 한다. 니체는 우선
이제껏 덕 있다고 존경받았던 인간의 부류와 정반대되는 본성을 지닌
존재로 자신을 규정한다. 즉 그는 철학자 디오니소스의 제자로서 성인
이 되기를 거부하고 차라리 사티로스가 되고 싶다고 고백한다. 가령 니
체는 인류를 개선한다는 거창한 약속을 하거나 새로운 우상을 세우려
하지 않는다. 니체는 과격한 우상파괴주의자다. 이상적 세계가 날조됨
으로써 실재의 가치와 의미, 진실성은 사라져 버렸는데, 참된 세계와
가상 세계, 즉 날조된 세계와 실재, 이상이라는 거짓말은 실재에 대한

저주였다. 미래 인류의 성장을 보장하려고 믿은 이상과 달리 인간은 실제로 그것과 정반대되는 것을 숭배하게 된다. 옛 우상은 '진흙으로 만든 다리'처럼 부서질 수밖에 없다.

니체의 책은 '높은 곳의 공기', '강렬한 공기', '차가운 공기'를 갖고 얼음과 고독, 태양빛에 가까이 있다. 그의 철학은 삶의 낯설고 의문스러운 모든 것을, 이제껏 도덕에 의해 추방당해 왔던 모든 것을 찾아내는 것이다.

도덕화와 이상화된 사회에서 금지된 것을 완전히 뒤집어 보는 법을 시도할 때, "철학이라는 위대한 이름"을 결정짓는 진정한 가치의 기준은 어떤 정신이 진리를 견뎌 내고 많은 진리를 감행할 수 있는가 여부다. 니체는 이상에 대한 믿음이라는 오류가 맹목이 아니라 비겁이라는 사실을 문제 삼는다. "인식의 모든 성과와 발전은 용기에서, 자신에 대한 엄격함과 순수함에서 나온다." 그러나 지금까지 진리만이 철저하게 금지되었기 때문에 니체는 금지된 것을 얻으려고 더 노력하면 자신의 철학이 언젠가 승리할 것이라 믿는다.

이상을 파괴하려는 목적에서 볼 때, 니체는 자신의 작품 가운데 『차라투스트라는 이렇게 말했다』를 가장 독보적인 저술로 평가한다. "수천 년간 퍼져 나갈 목소리"를 지닌 이 책은 "최고의 책"이며 진정 높은 공기를 향한 가장 심오한 진리의 보고에서 탄생했다. 고갈되지 않는 샘과 같은 책에는 차라투스트라가 등장하지만 실제로 종교의 창시자도 선지자도 없다.

차라투스트라의 입에서 나오는 지혜는 "폭풍을 일으키는 잔잔한 말"이며 잘 익은 무화과처럼 그의 가르침이 떨어지면 인간은 그 열매의 즙과 살을 먹어야 한다. 차라투스트라는 아무것도 설교하지 않기 때문에 광신자를 요구하지 않는다. 우상을 섬기는 믿음이 필요가 없기 때문이다. 무한히 깊은 행복에서 말을 하면 들을 수 있는 선택된 자만이 진리에 접근할 수 있다.

차라투스트라는 유혹자이지만 현자, 성자, 세상의 구원자가 말한 것과 정반대의 존재이다. 차라투스트라는 그를 따르는 제자들을 각자의 길로 떠나보내 우상이 되기를 거부한다. 자신을 숭배하는 신자를 거부하고, 그들이 자기 자신을 스스로 발견할 것을 부탁한다. 모두가 차라투스트라를 거부할 때 다시 돌아올 것을 약속한다. 니체는 이렇듯 『차라투스트라는 이렇게 말했다』의 저자로서 자부심을 갖고 자신에 대해 말한다. 니체의 화신이 바로 차라투스트라이기 때문에 자신과 동일시된 차라투스트라에 대해 긍지가 넘치는 것은 당연하다.

　　니체는 모든 것이 가장 성숙한 44살 되던 시기에 자신의 삶에 대해 털어놓는다. 니체는 "내 삶의 행복. 내 삶의 유일성은 아마도 내 삶의 숙명에 자리"한다고 고백하면서 숙명주의자를 자처한다. 아버지가 일찍 돌아가시고 어머니가 고령이 된 상황에서 니체의 삶이 퇴락하기 시작했다. 1879년 바젤대학 교수직을 사임한 니체는 나움부르크 Naumburg에서 "빛이 가장 적은 겨울을 그림자로 보냈다"고 회고한다. 니체는 그의 삶에서 생명력이 가장 낮았던 36살에 『방랑자와 그의 그림자』와 『아침놀』을 완성했다. 데카당스에 대한 고찰을 책에서 다룬 이유는 니체가 자신의 병적 장애에 대한 근심이 컸기 때문이다. 니체를 오랫동안 치료했던 의사는 다행히 신경에는 아무런 이상이 없고 신경 과민일 뿐이라는 위안의 말을 건넨다. 신체에는 어떤 데카당스, 퇴화가 없다고 진단받은 이 시기를 전환점으로 니체는 생명력이 증대되면서 시력이 좋아지는 회복을 잠시 경험했지만, 결국 주기적인 병의 재발과 악화를 겪으며 데카당스의 전문가가 되었다.

그런 반복된 질병이 니체에게 나쁜 영향을 끼친 것만은 아니었다. 병을 앓는 중에 모든 관찰력이 섬세해지면서 얻은 경험은 진정한 선물이다. 즉 "병자의 광학에서 좀 더 건강한 개념들과 가치들을 바라보거나, 거꾸로 풍부한 삶의 충만과 자기확신에서 데카당스 본능의 은밀한 작업을 내려다본다는 것"이 가장 오랜 니체의 연습이었고, 진정한 경험이었다고 고백하면서 관점을 전환할 근거와 도구를 가지게 되었다고 자부한다. 모든 가치의 전환이 가능한 이유는 니체만이 질병에서 건강으로, 건강에서 질병으로 관점 전환을 할 수 있기 때문이다.

니체가 병자의 데카당스 상태에서 데카당스에 반대하고자 노력한 이유는, 불행한 상황에서 철학적 사고를 하기에 가장 적합한 수단을 본능적으로 선택했기 때문이다. 데카당스는 자신에게 불리한 수단을 선택하게 하는데 고독, 습관, 치료 거부 등의 퇴락에도 니체는 전체적으로 건강했다. 무엇보다 자신의 본능을 통해 건강을 회복할 수 있었던 전제는 모든 생리학자가 인정하듯 사람은 근본적으로는 건강하다는 사실이다. 전형적으로 병든 존재는 건강해질 수 없고, 스스로 건강하게 만들기는 더욱 어렵다. 따라서 건강이 질병과 같은 것이 될 수는 없다. 심지어 병들어 있는 것마저 삶을 위한, 더 풍부한 삶을 위한 효과적인 자극제이다. 오랜 투병 시기에 니체는 자신뿐만 아니라 삶을 새롭게 발견할 수 있었다. 질병의 경험이 전체로 봐선 나쁜 것만은 아니기 때문에 이 힘든 시기를 거쳐 니체는 "모든 좋은 것과 다른 사람들이 쉽게 맛볼 수 없는 것까지 맛보았다"라고 고백한다.

니체는 건강에의 의지와 삶에의 의지를 자기 철학의 기초로 만들었다. 생명력이 가장 낮을 때 염세주의자이기를 포기한 이유는 건강을 되찾으려는 재건본능이 비참과 낙담의 철학을 관두게 하였기 때문이다.

인간의 본능은 원래 "제대로 갖추어져 있다Wohlgerathenheit." 즉 감각, 육체, 정신, 미각 등은 제대로 작동한다. 해로운 것에 대한 치유책은 나쁜 것들을 자기에게 유용하게 만들 줄 아는 것이다. 니체의 건강에 대한 가장 유명한 잠언은 "죽이지 못하는 것은 그를 더욱 강하게 만든다"는 것이다. 질병을 견뎌 낸 자는 더 강한 저항력과 면역력을 갖게 된다. 본능이 자극을 선택하고 조절하여 스스로 종합하는 강한 상태를 유지한다는 사실을 알고 나서 데카당스에 빠졌던 니체는 건강의 편에서 데카당스의 반대자가 된 것이다.

니체의 특권의식은 목사인 아버지의 혈통에서 유래했는데, 자신은 "나쁜 피는 한 방울도 섞이지 않고, 독일 피는 거의 섞이지 않은 폴란드 정통 귀족" 출신이라고 잘못 믿고 있었다. 가족과 사이가 별로 좋지 않았기 때문에, 자신의 "진정한 심연적 사유인 영원회귀에 대한 가장 철저한 반박은 언제나 어머니와 여동생"의 존재라고 말할 정도다. 반복되는 시간에서 가족을 다시 만나고 싶지 않다는 뜻이다. 니체처럼 '가장 고귀한 혈통, 순수한 본능'을 지닌 고귀한 본성의 소유자는 바그너뿐이다. 친족 유사성은 생리학적으로 불합리하기 때문에 거부된다. 심지어 사람들은 자기 부모를 가장 적게 닮기 때문에 "부모를 닮는 것은 비천함을 표현해 주는 가장 강력한 표시"라고 믿었다. 고귀한 본성을 지닌 위대한 개인의 아버지는 알렉산드로스 대왕 정도라야 자격을 가질 수 있다.

니체의 삶에 폐를 끼친 것은 그가 불신했던 선의와 이웃사랑으로 나타나는 동정심이다. 동정심은 그 자체가 나약함이고, 자극에 대해 저항할 수 없는 무능력이며, 데카당스에서만 덕의 일종으로 간주된다. 니체는 동정하는 자를 비난한다. 수치심, 경외감, 거리를 느끼는 민감함을 제거한 동정을 극복하여 가치의 전도라는 자신의 과제를 사심 없이 스스로 순수하게 유지하는 것이 차라투스트라가 치르는 마지막 시험이 된다.

동정심과 더불어 인간의 가장 큰 병은 원한이다. 사람들은 원한이라는 격정에 휘말려 자기 자신을 너무 빨리 불살라 버린다. 그것은 노여움, 무기력, 예민함, 복수, 독살과 같은 반응이다. 원한은 소진되어 버린 자에게는 확실히 가장 불리한 반응 양식이다. 이것은 신경에너지의 급격한 소모나 해로운 배설의 병적 증가를, 이를테면 위에서 담즙의 병적인 분비 등을 발생하게 한다. 따라서 이렇게 위험한 원한은 병자에게는 그 자체로 금물이어야 된다.

또한 원한에서 해방되어 원한의 진상을 규명하는 일은 간단하지가 않다. 왜냐하면 자기의 강함과 약함을 통해 원한을 직접 체험해 보지 않으면 안 되기 때문이다. 질병은 진정한 치유본능, 즉 인간 안에 있는 저항과 공격본능이 쇠퇴해 간다는 징후다. 질병에서 모든 것이 상처를 입는다. 인간과 사물이 집요하게 접근하여 주는 깊은 충격의 체험은 나중에 곪아 버린 기억이 된다. 질병 자체가 원한이다. 니체는 병자에 대한 유일한 치료책을 "러시아 숙명론"으로 제시한다. 즉 행군이 너무 혹독하고 힘들어 결국 눈 위에 쓰러지고야 마는 러시아 군인의 무저항의 숙명론에 따르면, 인간은 어떤 것을 자기 안으로 받아들이거나 그것에 반응도 하지 못한다. 하지만 러시아 숙명론은 죽음에의 의지가 아니다. 신체인 '위대한 이성'이 가장 치명적인 상황에서도 신진대사를 감소하거나 겨울잠을 자게 하여 삶을 유지하기 때문이다.

한편, 불교는 원한이라는 병에 훌륭한 처방전을 갖고 있다. 심오한 생리학자인 부처의 불교는 기독교와는 다른 위생법을 제시한다. "불교는 영혼을 원한에서 아예 해방시켜 버린다. 그리고 이것이야말로 회복에 이르는 첫걸음이다." 원한을 해소하는 방법은 무엇인가? "적대는 적대를 통해서는 종결되지 않고, 우호를 통해서 종결된다." 자비를 통해 원한에 대한 승리를 이끌어 낸 부처의 가르침은 도덕이 아니라 생리학에 근거하고 있다. 원한은 약함에서 생겨나고, 그 누구보다도 약자 자신을 가장 해롭게 한다. 이러한 원한은 풍부한 본성의 소유자에게는 불필요한 감정이다. 원한 감정을 극복했다는 것은 결핍이 없는 풍요로움에 대한 증거다. 생리적으로 건강한 사람은 원한이 없기 때문에 원한은 빈곤에 대한 증거다. 삶이 풍부해지고 긍지를 갖게 되면 원한은 저절로 사라진다.

니체가 볼 때 '우연한 것'을 바꿀 수 있다고 믿는 것보다 러시아 숙명론을 믿는 것이 더 낫다. 원한을 줄이기 위해 바깥 대상에 맞서 반항하는 것보다 스스로를 숙명처럼 받아들이는 것이 중요하다. 위대한 이성 그 자체에 신뢰를 갖는 것이다. 건강에 가장 중요한 것은 신체에서 일어나는 자기치유라는 생리학적인 과정이다.

니체는 자신의 본성을 특징짓는 것이 "싸움"이라고 말한다. 기질이 호전적이라면 공격은 본능의 일부이며, 적수는 강한 본성에서만 전제될 수 있다. 싸움은 저항을 필요로 하고, 저항을 찾기까지도 한다. 공격적 파토스가 강함에 속한다면, 복수심이라는 뒷감정은 약함에 속한다. 예를 들어 복수욕, 복수심은 약한 것과 곤경에 대한 민감함 때문에 생겨난다. 따라서 공격자가 어떤 적수를 필요로 하는지가 그의 힘을 측정하는 일종의 척도가 된다. 성장은 좀 더 강력한 적수를 찾고 좀 더 강력한 문제를 찾는다는 데서 드러난다. 호전적인 철학자는 단순히 대등한 적수를 이기는 것이 아니라, 모든 역량과 싸움 기술을 힘껏 발휘하면서 전력을 다해 적수를 이겨 내는 데 목적이 있다. 따라서 적과의 대등함이 정직한 결투를 위한 첫 번째 전제 조건이 되지만 적을 경멸한다면 싸움을 할 수 없고, 명령을 하거나 적을 얕잡아 봐도 진정한 싸움이 이루어질 수 없다.

자신의 본성에 대한 니체의 마지막 설명은 "완벽한 민감함", 즉 순수에 대한 본능이다. 자신에게 다가오는 영혼의 가장 내적인 것, 영혼의 '내장'을 생리적으로 느낄 수 있는 민감성은 니체에게 모든 비밀을 감지하고 파악해 내는 심적 촉수이다.

　　매우 민감한 성격 때문에 후각을 통해 숨겨진 오물을 바로 찾아내고, 순수한 본성 때문에 나쁜 것을 보면 구토를 느끼기도 하는 니체는 자신에 대한 극도의 순수함이 자신의 생존 조건이기 때문에 불결한 조건에서는 죽고 만다고 고백한다. 이러한 결벽증은 현실에서 타자와 살아가는 데 문제 될 수 있고, 특히 타자와 공감력이 부족한 상황을 가져올 수 있다. 인간에 대한 사랑을 갖고 사람들과 공감하려 하지 않았던 니체는 끊임없는 자기극복을 위해 고독을 필요로 하기 때문에 건강의 회복을 위해 타인을 떠나 자기 자신에게로 되돌아오는 일이 가장 우선이었다.

　　니체의 순수함에 대한 열망이 어떻게 고독을 필요로 하는지 그의 저서 『차라투스트라는 이렇게 말했다』에서 확인할 수 있다. 이 책은 고독에 대한 송가이자 순수에 대한 송가이다. 인간에 대한 구토, 불결한 것에 대한 구토는 니체에게 늘 가장 큰 위험이다. 차라투스트라는 어떻게 구토로부터 구제되었는가? 더러운 곳이 닿지 않은 높은 경지에는 순수함만 있다. 차라투스트라는 다음과 같이 말한다. "우리는 아주 거센 바람처럼 그들 위에 살고자 한다. 독수리와 이웃하고, 만년설과 이웃하며 태양과도 이웃하면서: 거센 바람이라면 그렇게 산다." 차라투스트라는 거센 바람이 되어 온갖 낮은 것을 휩쓸어 버리는데, 구토하는 자들에게 바람 쪽으로 침을 뱉지 말라고 경고한다. 그러나 이처럼 고독과 순수를 찬미한 니체도 완고한 결벽증 때문에 대중과 거리를 두고, 대중을 경멸하는 상황에 이르게 된다.

나는 왜 이렇게 영리한지

니체는 어린 시절부터 이미 신, 영혼불멸, 구원, 피안에 큰 관심을 갖지 않았다. 무신론은 어떤 논증의 결과가 아니라 즉각적으로 자명한 사실이다. 신은 인간에게 '아무것도 생각해서는 안 된다'는 조야한 금지를 의미한다. 니체가 신의 존재보다 더 중요하게 생각한 것은 현실이다.

영양섭취와 식사

니체에게 '인류의 구원'이라는 신학자들의 말보다 더 중요한 것은 '영양섭취'와 같은 문제다. 따라서 "네 힘의 극대화에, 르네상스 양식의 덕의 극대화에, 허위도덕으로부터 자유로운 덕의 극대화에 이르기 위해서는 너는 어떤 영양섭취를 해야 하는가?"라고 물어봐야 한다. 그러나 고전 교육뿐만 아니라 독일의 교육은 이상주의, 즉 이상적인 목표를 추구하기 위해 현실을 제대로 보지 못하게 가르쳤다. 니체는 자신의 가장 성숙한 시기에 이르기까지 나쁜 식사를 해 왔다고 회고한다. 도덕을 식사에 빗대어 말하자면, 요리사들과 기독교인의 구원을 위해 비개인적, 무사無私적, 이타적인 식사를 해 왔을 뿐, 자신을 위한 이기적인 식사는 하지 못했다. 쇼펜하우어를 공부하면서 니체는 자신의 삶에의 의지를 처음 부인하고 금욕주의적 목적에 맞는 불충분한 영양섭취로 위를 망쳐 버렸다고 후회한다. 니체가 말하는 그 당시의 독일 정신은 야만적인 음식에서 유래한다. 암담해진 내장에서 나오는 독일 정신은 소화불량에 걸려 어느 것도 잘 소화시키지 못한다.

니체는 건강을 위해 무엇보다 알코올을 금지하고 물만으로도 건강 유지가 충분하다고 믿는다. 정신적인 본성의 소유자는 무조건 금주를 해야 하기 때문에 "포도주 속에 진리가 있다in vino veritas"는 속담을 틀렸다고 말하기도 했다.

영양섭취의 문제는 장소와 풍토의 문제처럼 까다로워야 한다. 인간이 어디서든 살 수 있는 것은 아니기 때문에 선택이 중요하다. 더구나 자신의 온 힘을 쏟아 위대한 과제를 수행해야 하는 사람에게 선택의 영역은 더 제한될 수밖에 없다. 생활하는 풍토가 신진대사를 촉진하고 방해하는 데 큰 영향을 미치기 때문에 활력이 부족하면 '가장 정신적인 것으로 밀려들어 오는 자유', '나만이 그것을 할 수 있다고 인식하는 자유'에 이르지 못한다.

풍토와 장소

이와 반대로 꾹 눌러앉는 끈기를 통해 만들어진 '내장의 태만'은 독일적인 인간을 만들었다. 신진대사의 속도는 정신의 발이 움직이느냐 아니면 무기력하느냐의 상태와 정확히 연결되며, 물론 정신 활동 자체도 신진대사의 한 측면이다. 그러나 고정된 공간에 앉아 있지 말고 야외에서 자유롭게 활동하며 생겨난 생각, 즉 '근육이 춤추듯 움직이는 생각'만 믿어야 한다. 야외 활동에 중요한 날씨를 고려할 때 니체 자신이 자신의 안식처로 삼았던 곳의 날씨는 매우 건조하다. 날씨와 풍토가 천재의 생산력에 큰 영향을 미치는 것이 사실이다. 천재는 건조한 대기와 맑은 하늘을 필요로 하며 신속한 신진대사를 통해 거대하고도 어마어마한 양의 힘을 항상 다시 공급할 능력을 갖춘다. 천재라도 풍토를 선택하는 섬세한 본능이 없는 사람은 오그라들고 유머감각이 없는 뚱한 사람이 될 수밖에 없다.

대기의 습도 변화가 생리에 영향을 주는 측면을 고려할 때, 니체는 마지막 10년을 제외하고 잘못된 생활공간에서 시간을 낭비한 것을 불운 탓으로 돌린다. 니체의 생리적인 면에 관한 무지가 삶의 진정한 불행의 원인이었고 저주스러운 이상주의에 빠져 니체가 삶의 중심궤도에서 이탈하는 실책을 범하게 되었다. 이것이 니체가 자신의 모든 본능에서 탈선하고 문헌학자가 된 이유이다. 학자가 아니라 오히려 의사가 되었다면 더 나았을 것이라는 뒤늦은 후회와 함께, 투병 생활을 통해 니체는 이상주의가 초래한 삶의 비이성성을 들여다보는 이성을 갖추게 되었다.

휴양

영양섭취, 풍토와 장소의 선택 다음으로 중요한 세 번째 일은 자신의 휴양을 취하는 방식이다. 여기서 정신이 허락하는 선택의 폭은 매우 좁다. 니체의 경우 독서가 휴양이다. 독서는 니체를 자신에게서 떠나게 하고 낯선 학문과 영혼들 안으로 산책하게 하여 진지함을 없애 준다. 즉 독서는 진지함으로부터의 휴식이다. 그러나 일에 몰두해야 하는 시간에는 몰입을 방해하는 책을 가까이해선 안 된다. 이것이 바로 니체가 생각하는 휴양으로서의 진정한 독서 방법이다.

진정한 독서에서 '자기의 성을 쌓는 일'은 정신적인 잉태에서 본능이 취하는 첫 번째 일인데, 타인의 낯선 생각이 자신의 성벽을 타고 올라가는 것을 허용하지 않는다. 독서를 할 때 우연한 상황이 발생할 가능성이나 외적인 자극을 많이 없애야 한다. 그래서 항상 몇 권 안 되는 똑같은 책으로 도피하면서 자신에게 합당하다고 입증된 책만 읽는 니체에게 잡다한 종류를 다독하는 것은 올바른 독서 방식이 아니다.

니체는 늘 옛 프랑스인의 책을 선호했는데, 프랑스적 교양만을 믿고 다른 유럽의 교양은 불신했기 때문이다. 고급 교양을 대표하는 사상가로는 파스칼, 몽테뉴, 셰익스피어, 몰리에르나 코르네유, 라신, 기드 모파상이 있고 니체는 특히 스탕달을 정직한 무신론자로 높게 평가했다. 독일의 문화는 부패했지만 서정 시인 가운데 예외적으로 니체에게 최고의 영감을 준 시인은 하인리히 하이네다. 니체는 자신과 하이네가 독일어를 사용하는 최초의 예술가로 불릴 것이라 확신한다. 삶에서 기억되는 가장 깊은 휴양은 바그너와의 친밀한 교제였지만, 니체는 그 시간을 자신의 삶에서 지우고자 한다. 니체는 한때 혁명가로서 추앙받았지만 전형적인 데카당스로 독일 문화를 타락시켰기 때문에 이제 바그너를 비웃는다.

취향과 자기보존본능

니체는 영양섭취, 장소와 풍토의 선택, 휴양 다음으로 자기보존본능에 주목한다. 자기보존본능의 명령에 따라 가장 명료하게 드러나는 것이 자기방어본능이다. 따라서 취향은 "자기에게 접근하게 놔두지 말라"는 자기방어본능의 관용적 표현인 셈이다. 자신이 좋고 싫어하는 기준이 바로 취향이다. 그러나 타인이 다가오지 못하도록 하는 부정적인 목적을 위한 지나친 방어는 약화와 같은 에너지 낭비를 가져온다. 고슴도치가 가시를 세우는 것처럼 모든 것에 대한 거부 조치로서 자기방어는, 지나치면 문제가 되지만 현명하고 적절하게 관리하면, 즉 드물게 반응하면 주도권과 자유를 갖게 된다는 장점이 있다.

예를 들어 책에 저항하지 않는 학자는 서적을 그냥 '뒤적이는' 자다. 그래서 하루에 대략 200권 정도가 적당하다고 하는 문헌학자는 결국 스스로 생각하는 능력을 완전히 상실해 버리고 만다. 책을 뒤적거리지 않으면, 아무 생각도 하지 않는다. 생각은 특정한 자극에, 읽은 생각에 응답하는 것뿐이다. 반응만 할 뿐 주도적인 생각을 하지 않는 학자는 자기의 모든 힘을 기존의 사고를 긍정하거나 부정하거나 비판하는 데 모조리 쏟아붓는다. 그런 학자는 자기 취향이 없다.

자극에 대한 과민반응도 문제지만 그 반대로 자기방어본능이 약해져서 생기는 무반응도 문제다. 더 이상 반응도 없다면 스스로 생각조차 하지 않는 학자가 데카당스다. 아쉽게도 자유롭게 태어난 본성의 소유자가 30대에 다독으로 망가지는 것을 쉽게 볼 수 있다. 이렇게 책을 읽는 것은 잘못된 습관이다. 독서는 생각을 위한, 불꽃을 일으키기 위한 성냥개비에 불과할 뿐이다. 독서를 통해 책에 반응만 하다가 자기 생각의 주도권을 잃어버려선 안 된다. 반응만 하지 말고 저항도 해야 한다.

본래의 자기 자신이 되는 법

니체는 이제 이 책의 부제에서 던졌던 "어떻게 사람은 자기의 모습이 되는가"라는 질문에 대답하기로 한다. 이것에는 이기적인 자기보존에 여념이 없는 평균적인 대중을 넘어서 자신의 운명적 과제를 파악해야 하는 위험이 따른다.

우선 "어떻게 사람은 자기의 모습이 되는가"라는 질문은 자기가 본래 무엇인지에 대해 가장 희미하게라도 예측하고 있지 않다는 사실을 전제한다. 장차 펼쳐질 우리의 인생을 미리 알 수 없는 것이 당연하다. 하나의 목적이나 길이 정해져 있지 않으므로 잘못된 길로 빠지는 인생의 실패도 나름의 의미와 가치를 지닌다. 샛길이나 몰락도 자신의 길을 찾는 데 도움이 된다. 니체가 경멸하는 비이기적인 이웃사랑도 예외적으로 가장 강한 자아를 유지하기 위한 방어 조치로, 인간의 이기성의 향상과 자기도야에 기여한다. 인간이 목적을 본능적으로 미리 짐작하는 일은 위험하다.

어느 정도 때를 기다려야 이상이 깊은 곳에서 자라나 샛길에 빠져 있는 자신에게 명령하기 시작한다. 이때 전체를 향해 반드시 필요한 수단인 개별적인 것을 조직하고 지배하는 유능함을 갖추게 된다. 목표, 목적, 의미 등 과제를 미리 알기 전에 그것에 봉사하는 능력을 먼저 가져야 한다.

자신의 이상이 자라나면서 형성된 개별과 전체를 연결하는 능력은 가치의 전도라는 과제를 위해 더 필요하다. 서로를 교란시켜서도, 파괴시켜서도 안 되는 능력들의 대립이 무엇보다도 필요하다. 능력들의 서열, 거리, 적대시키지 않으면서도 분리하는 기술, 그 무엇도 섞지 않고, 그 무엇도 화해시키지 않으며, 셀 수 없이 많은 다양함을 갖지만 카오스와는 반대되는 것이 니체의 오랜 비밀스러운 작업을 가능하게 한 본능의 전제 조건이다.

니체조차 자신의 안에서 무엇이 자라는지 예감조차 하지 못했지만 모든 능력이 갑자기 성숙하여 궁극적인 완성 형태가 된 것에 놀랐다. 그러나 니체가 무엇을 원하고, 추구하는지, 그 목적과 소망을 알지 못했기 때문에 의도적으로 노력한 것은 아니지만, 미래를 향해 니체는 "어떤 것도 자기의 모습과 다르게 되는 것"을 원하지 않았다고 고백한다. 그렇게 어떤 것도 적극적으로 원하지 않고 살다 보니 스물네 살에 대학교수가 되었다.

지금까지 사소하다고 여겨진 사항들, 가령 영양섭취, 장소, 풍토, 휴양, 이기심(자기보존)의 사례들이 그 무엇보다 중요하다고 환기시키면서, 니체는 위대한 과제를 제시하는 것이 자신의 운명이라는 사실을 강조한다.

"인류가 이제껏 진지하게 숙고해 온 세계는 실재가 아니라 한갓 상상이고, 엄밀하게 말하자면 가장 심층적인 의미에서 병들고 해로운 본능에서 나온 거짓이다." 니체는 신, 영혼, 덕, 죄, 피안, 진리, 영생 등 모든 개념이 위조되면서 삶의 근본적인 문제들을 사소한 일로 경멸하라고 가르쳤다. 니체는 좋은 본능에서 감행하는 모든 가치의 전도를 자신의 운명으로 인식한다. 지금까지 '최고의 인간'이라고 불린 자들은 "인류의 쓰레기이며, 병증과 복수욕에 불타는 본능에서 생긴 나쁜 소산물"이고 "삶에 복수를 하며 재앙만을 불러오는, 근본적으로 치유 불가능한 자"라고 말한다.

지금까지 '최고의 인간'으로 불린 자들에게 대립각을 세우고자 한 니체의 '특권'은 건강한 본능에서 모든 좋은 덕목을 감지해 내는 '최고의 섬세함'에 있다. 자신이 건강하다는 것을 자부하는 니체는 '꾸며진 포즈'도 없이 자신의 위대한 과제를 유희로서 즐기고자 한다. 그것이 가치전도의 핵심이다. 위대함의 징표이자 본질적인 전제 조건은 튼튼한 신경을 갖되, 교만이나 경멸 없이 모든 사람을 똑같이 대하는 태도인데, 특히 낮은 자를 훌륭하게 대하는 일이다.

니체가 선택하는 인간의 위대함이란 무엇인가? 인간에게 있는

위대함에 대한 니체의 정식은 '운명애'로 요약된다. 삶의 동일성을 원하기 때문에 앞으로도, 뒤로도, 영원토록 다른 것은 갖기를 원하지 않는다는 것, 필연적인 것을 단순히 감당해 내거나 은폐하지 않고 사랑하는 일이다. 운명애는 동일하게 반복되는 것을 영원히 원함으로써 필연성을 사랑하는 인간의 진실한 태도다. 그러나 소위 삶을 부정하는 이상을 운명처럼 사랑하는 것은 논리적으로 불가능하기 때문에 과거의 모든 이상주의는 필연적인 것 앞에서는 허위로 드러날 뿐이다. 이상주의는 삶의 필연성을 거부하게 된다.

나는 왜 이렇게 좋은 책을 쓰는지

니체는 자신이 그의 작품과 별개라는 점을 밝히면서 왜 자신의 작품이 제대로 이해되지 못하는지의 문제를 되짚어 본다. 그리고는 아직 자신의 작품이 읽힐 시기가 오지 않았다는 결론을 내놓는다. 몇몇 사람은 후세의 평가를 받아 사후에 다시 태어나는 법이기 때문에 자신이 이해하는 삶과 가르침을 교육하는 기관이 필요하며, 특히 『차라투스트라는 이렇게 말했다』를 연구하는 전문적인 교수직도 생겨날 것을 기대한다. 언젠가 니체의 책 한 권을 손에 든다는 것이 사람들이 보여줄 수 있는 가장 진귀한 존경 표시의 하나가 될 것으로 예언했다. 대중의 반응에 대한 니체의 이러한 기대와는 달리 그의 책에 대한 전문가의 비판은 혹독했다. 예를 들어, 하인리히 폰 슈타인 박사는 『차라투스트라는 이렇게 말했다』의 말은 한 마디도 이해할 수 없다고 혹평했다. 결국 니체는 자신의 문장을 이해하고 체험하는 일에 많은 거리감을 느끼는 대중에게 "나는 읽히지 않는다. 나는 읽히지 않을 것이다"라고 폭탄 선언을 한다.

여러 대학의 교수들이 혹평을 내놓는 가운데 자신이 왜 제대로 이해받지 못하는지 니체는 다음과 같은 변명을 내놓는다.

"어느 누구도 책이나 다른 것들에서 자기가 이미 알고 있는 것보다 더 많이 얻어들을 수 없는 법이다. 체험을 통해 진입로를 알고 있지 못한 이들에게는, 그것을 들을 귀도 없는 법이다."

따라서 각자 자신이 알고 있는 지식에 비례해 이해의 양과 질이 결정되기 때문에 독자들에게 새로운 것일수록 전달이 어렵다는 말이다.

가령 경험의 가능성을 완전히 벗어난 '새로운 경험'에 대해 처음으로 말할 때 아무나 그 내용을 들을 수 있는 것은 아니다. 아무 소리도 들리지 않는 곳에는 아무것도 없다는 착각이 생기지만, 그렇다고 객관적인 소리가 전혀 존재하지 않는 것은 아니다. 소리를 알지 못하면 소리를 들을 수 없는 것처럼, 니체 사유의 새로움이 전혀 이해되지 못하는 것은 당연하다.

니체를 이해했다는 사람조차도 정작 자신의 상에 맞게 니체의 이상주의를 만들어 낸다. 초인은 최고로 잘 성장한 인간 유형에 대한 명칭이고 현대인, 선한 자, 기독교인, 다른 허무주의자와 반대되는데, 도덕의 파괴자인 차라투스트라에 의해 설파되는 초인은 반은 성자고 반은 천재, 더 고급스러운 인간의 이상적인 유형으로 오해된다. 어느 학자는 안타깝게도 니체를 다윈주의자로 여기고는, 니체가 거부한 영웅숭배를 차라투스트라에서 발견하기도 한다.

이러한 왜곡된 해석과 관련해 니체는 자신의 책에 대한 평가, 특히 신문에 나온 서평에 대해 아예 관심을 거둔다. 자신을 과소평가하는 독일의 독자는 애써 외면하지만 자신을 높게 평가하는 외국의 독자들, 특히 높은 수준의 교육을 받은 '정선된 지성', '천재'의 호평은 좋아한다.

니체는 작가로서의 특권과 관련해 자신의 작품에 대한 자부심이 대단하다. 누구나 자신의 작품에 익숙해지면 취향이 바뀌어 다른 책을 읽을 수 없게 된다고 경고한다. 고상하고도 미묘한 니체의 작품 세계로 진입하는 것은, 궁극적으로는 누구나 얻어야만 하는 큰 영예다. 이러한 배움의 진정한 황홀경을 체험해야 이 세계의 높이와 심연을 알게 된다. 중독성이 강해 밤잠을 설치도록 할 정도의 세련된 책은 독자가 '지상의 최고의 것'에 이르게 한다.

독자는 튼튼한 신경과 건강한 배를 지녀야 하며 약함, 소화불량, 영혼의 빈곤, 복수심, 비겁 등 나쁜 본능을 가져서는 안 된다. 니체는 완벽한 독자의 조건에 대해 다음과 같이 말한다. '엄격한 진리'에서 명랑함을 유지하려면 자기 자신을 아끼지 않는 '엄격한 습관'을 가져야만 된다. 완벽한 독자의 모습은 마치 용기와 호기심을 갖춘 괴물과 같다. 완벽한 독자는 꾀가 많은 신중한 자, 타고난 모험가이면서 발견하는 자이다. 이미 차라투스트라를 통해 밝힌 바 있듯이 위험한 인식의 바다를 향해 돛을 달고 항해를 감행하는 자, 수수께끼를 풀기 위해 대담한 인식의 미궁 속으로 진입하는 자가 완벽한 독자다.

니체는 글의 표현 형식인 자신의 문체 기법에 대해 기호와 그 속도를 통해 파토스의 내적 긴장 상태를 전달하는 것이 문체의 의미라고 밝힌다. 글이 표현하는 내적 상태만큼 형식의 차원에서 문체의 종류도 다양한데 특히 기호의 속도와 제스처가 중요하다.

그러나 읽을 독자가 많기 때문에 모두에게 이상적인 문체는 없다. 좋은 문체 그 자체에 대한 믿음은 마치 아름다움 자체, 선 자체, 물 자체처럼 순진한 우매함이자 이상주의자의 오류다. 글을 읽을 독자가 없다면 좋은 문체는 의미가 없다. "문체가 언제나 전제하는 것은 문체를 들을 귀가 있다는 것, 그와 동일한 파토스를 가질 수 있고 또 그 파토스에 적합한 자들이 있다는 것, 자기를 전달할 만한 자들이 있다"는 믿음이다. 니체의 차라투스트라도 자기 말을 들을 수 있는 자를 찾았지만, 니체의 말을 들을 자격을 갖춘 자를 아직 찾지 못했기 때문에 작품의 글쓰기 기법인 문체를 이해하는 사람도 없는 것이다.

예전에 독일어로는 불가능했던 『차라투스트라는 이렇게 말했다』에서 처음 만들어진 기법은 산문이 아니라, 위대한 리듬 기법과 복합문으로 숭고하고도 초인간적인 열정의 거대한 상승과 하락을 승화한 시적 표현이다.

　니체의 작품에는 좋은 독자가 첫 번째로 획득할 수 있는 탁월한 심리학자의 통찰이 있다. 니체가 찾는 좋은 독자는 '니체를 읽는 독자'다. 많은 사람들이 동의하는 도덕주의는 니체의 작품에서는 '실책'으로 드러난다. 가령 '이기적인 것'과 '이타적인 것'이 반대라는 주장은 오류이며, 자아라는 개념 자체 또한 고등 사기이자 이상일 뿐이다. 사실 이기적인 행동과 비이기적인 행동도 심리적인 자가당착으로 실제로는 존재하지 않는다. 또한 행복에 대한 이론, 가령 "인간은 행복을 추구한다", "행복은 덕에 대한 보상이다", "쾌와 불쾌는 반대다"라는 명제도 틀렸다. 니체에게 행복은 인간의 목적이나 덕에 대한 보상이 아니라 삶의 활동에 따른 쾌락이나 불쾌라는 결과에 불과하다.

　인류의 도덕은 모든 심리적인 것을 철저히 왜곡하였다. 사랑이 비이기적이라는 것은 섬뜩한 난센스에 불과하다. 왜냐하면 사랑을 하기 위해서는 먼저 강건하게 자기 자신을 잡고 용감히 두 다리로 서야만 한다. 자아가 없는 사람은 결코 사랑할 수 없다.

　니체는 여성과 남성의 심리적 차이를 여러 사례를 통해 분석하고 있으며 사랑, 결혼, 정치적 참정권 등에 대해 보수적인 입장을 내놓고 있다. 니체는 자신의 도덕 법전에 기록된 '악덕'의 항목인 '모든 종류의 반자연', 즉 이상주의와 치열한 싸움을 벌인다. 특히 "순결에 대한 설교는 반자연의 공공연한 도발"이며, 성생활에 대한 모든 경멸, 특히 성생활을 불결하다는 개념으로 더럽히는 것은 모든 삶에 대한 범죄 자체이자 삶의 성스러운 정신에 대한 진정한 죄가 된다. 니체가 도덕 현상의 허구를 밝혀내는 데 사용한 심리학은 모든 황금 낱알을 찾아내는 마법 지팡이처럼 매우 쓸모가 있다.

자신의 책에 대한 요약과 평가

니체는 자신의 저서 10권에 대한 솔직한 평가를 내놓는데, 자신이 생각하는 중요성에 따라 분량의 많고 적음의 차이가 매우 크다.

비극의 탄생

이 책의 내용은 '그리스 정신과 염세주의'라는 제목이 암시하듯이 어떻게 그리스인들이 염세주의를 잘 극복했는지, 무엇을 가지고 염세주의를 극복했는지에 대한 최초의 가르침이다. 비극은 그리스인들이 염세주의자가 아니었다는 사실을 증명한다. 니체가 의무병으로 근무할 때 떠올랐던 아이디어 '디오니소스적과 아폴론적이라는 대립'이라는 이념이 형이상학으로 옮겨져 역사 자체가 이 이념의 전개과정이 되었고 그

대립은 비극에서 통일로 지향되면서 『비극의 탄생』으로 완성되었다.

이 책에는 두 가지 새로운 내용이 있다. 첫째는 '최초의 심리학'을 통해 그리스인들의 디오니소스적 현상을 그리스 예술 전체의 한 뿌리로 이해한 것이고, 둘째는 소크라테스를 그리스의 용해(해체)의 도구(수단)이자 전형적인 데카당스로 처음 파악한 것이다. 본능 대 이성의 구도에서 이성이 삶의 근원을 파괴하는 위험한 힘으로 밝혀지면서 기독교에 대한 니체의 뿌리 깊은 적대적 침묵도 들어 있다.

비극의 탄생이 인정하는 두 가지 미적인 가치인 '아폴론적인 것'과 '디오니소스적인 것'을 기독교는 거부한다. 디오니소스적인 상징 안에서 삶이 긍정된다면 기독교에서는 삶이 부정되면서 허무가 된다. 내적 체험에서 디오니소스적인 것이라는 놀라운 현상이 처음 파악되면서, 아폴론적인 것이 퇴락한 소크라테스는 데카당스로 인식된다. "도덕 자체가 데카당스의 징후"라는 니체의 주장은 인식의 역사에서 새롭고도 유일한 제1급의 인식에 속한다.

바보들이 낙관주의와 염세주의의 대립에 대해 지껄여 댈 때 니체는 삶을 부정하는 이상주의와 삶을 긍정하는 예술 형식 사이의 진정한 대립을 알아차렸다. 삶에 대해 가장 비밀스러운(은밀한) 복수욕을 가지고 저항하는 퇴화하는 본능은 기독교, 쇼펜하우어의 철학, 플라톤 철학, 이상주의 전체에서 나타나고, 그 반대는 충만과 과잉에서 탄생한 최고의 긍정 형식, 고통 자체와 죄 자체와 삶 자체의 모든 의문스럽고도 낯선 것들에 대한 아무런 지체 없는 긍정에서 확인된다. 존재하는 것에서 빼 버릴 것은 하나도 없으며, 없어도 되는 것은 없기 때문에 삶에 대한 긍정은 최고의 통찰일 뿐만 아니라 진리와 학문에 의해 유지되는 가장 심오한 통찰이다.

진리에 다가서기 위해서는 힘과 용기가 필요하다. 진리의 획득 여부는 용기에 달려 있다. 실재에 대한 긍정으로서의 인식이 강자에게는 필연으로 다가온다면 약함에 의해 고무되어 있는 약자는 비겁하게 실재로부터 도망가고자 한다.

'비극적'이란 개념은 심리학에서 볼 때, 역설적으로 삶에 대한 부정이 아니라 긍정이다. 비극은 삶의 가장 낯설고 가장 가혹한 문제들에 직면해서도 삶 자체를 긍정한다. 자신의 최상의 모습을 희생시키면서 무한성에 환희를 느끼는 삶에의 의지를, 니체는 디오니소스적인 것이라 부른다. 비극 시인이 공포와 동정에서 벗어나기 위해 감정을 방출시켜 자기 자신을 정화(카타르시스)시킨 것과 비교하면, 디오니소스적인 것은 동정을 넘어 파괴의 기쁨도 포함하는 생성에 대한 영원한 기쁨 그 자체를 표현한다.

니체는 자신을 '최초의 비극적 철학자'로 여기면서 염세적 철학자에 대한 극단적인 대립이자 대척자로 이해하려고 한다. 이전에는 비극에 대한 이해가 결여되어 디오니소스적인 것을 철학적 파토스로 변형시키지 못했다. 약간의 의문점이 남아 있지만, 헤라클레이토스가 보여 준 디오니소스적 철학의 결정적인 면, 즉 유전과 파괴에 대한 긍정, 대립과 싸움에 대한 긍정, 생성과 존재 개념에 대한 극단적인 거부가 자신의 사유와 가장 비슷하다고 니체는 말한다. 무엇보다 영원회귀에 대한 가르침, 즉 무조건적이고도 무한히 반복되는 만사의 순환에 대한 차라투스트라의 가르침도 헤라클레이토스가 먼저 깨우쳤을 수 있다고 가정한다.

니체는 음악 분야에서 디오니소스적 미래에 대한 희망이 싹틀 것으로 기대한다. 2천 년간 자연성에 반대하여 인간의 본성이 모독받은 것에 맞서 니체가 기획하는 과제, 즉 인류를 더 높이 사육시킨다는 위대한 과제는 퇴화한 기생충을 무참히 파괴함으로써 디오니소스적인 상태, '생의 충일充溢'을 지상에서 다시 실현하는 새로운 당파를 탄생시킬 것이다. 니체가 미래에 약속하는 비극적 시대에서는 삶에 대한 긍정에서 최고의 예술인 비극이 부활하게 될 것이다.

반시대적 고찰

네 편으로 구성된 『반시대적 고찰』은 니체가 검을 빼서 싸우는 일을 즐겼다고 고백할 만큼 호전적인 작품이다. 첫 번째 공격은 한갓 여론에 불과한 독일의 교양이, 프랑스와 벌인 전쟁(프로이센-프랑스 전쟁)에서 거둔 승리를 가지고, 프랑스에 대한 문화적 우월성을 입증한다는 것이 잘못이라는 비판이다. 두 번째 공격은 삶을 갉아먹고 독살하는 질병을 학문, 노동 분업, 역사적 감각에서 비판하고 있다. 특히 기계의 톱니바퀴와 메커니즘에 의해 노동자가 비인격화되며 노동 분업이라는 잘못된 경제학으로 삶의 목적이 상실된다는 점이 지적된다. 현대적인 학문 경영으로 문화가 야만화되면서, 세 번째 공격은 역사적 감각이 병들어 버린 퇴락의 전형적인 징후로 파악된다.

네 번째 공격은 고급 문화 개념을 다시 세우기 위해 가장 엄격한 자기사랑과 자기도야라는 두 가지 목적을 제시한다. 또한 니체는 반시 대적 유형인 독일 제국, 교양, 기독교, 비스마르크, 성공 등 독일을 지배 하던 모든 가치에 절대적인 경멸감을 표시한다.

요약하면 『반시대적 고찰』에서 니체는 프랑스와의 전쟁에서 승 리한 이후 팽배해진 독일 민족의 자존심을 건드렸다. 네 가지 작품 가 운데 첫 번째 비판이 가장 큰 성공을 거두었는데, 특히 다비드 슈트라 우스를 "독일적인 교양 있는 속물"로 비난한 데 다양한 반응이 있었다.

니체는 결투를 통해 세상으로 나아갈 때, "나의 파라다이스는 내 칼의 그림자 안에 있다"는 스탕달의 격률을 되새겼다. '새로운 자유정 신'을 처음 표현하기 위해, 니체는 현대적 이념으로 인류를 개선하려는 '멍청이'와 '어릿광대'와 싸우려는 것이다. 『반시대적 고찰』에서 니체가 존경했던 쇼펜하우어와 바그너의 이름이 자주 등장하는데, 니체는 '교 육자로서의 쇼펜하우어'가 아니라 '교육자로서의 니체'를 표현하려고 학자다운 저술 작업을 했다. 니체는 비도덕주의자이자 무신론자로서 심리학과는 다른 관점에서 교육의 문제를 다루고자 했다. 이에 따라 중 요한 교육 문제를 가혹할 정도의 자기도야와 자기방어라는 새로운 개 념을 통해 위대함과 세계사적 과제로 향하는 길을 처음 요청한다.

인간적인, 너무나 인간적인

『인간적인, 너무나 인간적인』은 '자유정신들을 위한 책'으로, 니체가 자부하는 기념비적 작품이다. 자유정신은 두 가지 의미다. 첫째는 '자신의 본성에 속하지 않는 것에서의 해방'이라는 뜻으로 니체는 자신에게 속하지 않은 '인간적인, 너무나 인간적인' 이상주의에서 자유롭게 되었다. 둘째는 '스스로 자기 자신을 다시 소유하는 자유롭게 된 정신'을 뜻한다.

이 책이 출간된 1878년은 볼테르 서거 100주년이라는 점에서 큰 의미가 있다. 정신적 귀인으로서 계몽주의자 볼테르는 진정 진보적이었다. '지하 감옥, 은신처, 지하 세계'를 횃불을 손에 들고 구석구석 밝게 비춘 결과 이상주의는 반박되지 않고 얼어 죽었다. '천재, 성인, 영웅, 신앙'이 순서대로 얼어 죽고 '확신, 동정, 물자체'도 얼어 죽는다.

이 책의 서두를 썼던 첫 번째 바이로이트 축제 기간에 니체는 바그너와 그의 추종자 사이에서 갈등을 빚게 된다. 문제는 바그너와의 결별이 아니라 니체의 본능이 총체적으로 길을 잃고 있다는 느낌이었다. 바그너와의 결별, 바젤의 교수직 사퇴와 같은 개별적인 실책은 니체가 총체적으로 길을 잃었다는 징후일 뿐이다. 자신에 대해 도저히 참을 수 없는 힘든 상황을, 니체는 다시 자기 정신으로 돌아오기에 절호의 시기라고 생각했기 때문에 위기가 오히려 기회가 되었다. 니체는 엉뚱한 일에 많은 시간을 허비한 일을 후회했고 문헌학자로서의 연구 전체가 쓸모없었다는 사실을 명확히 깨달았다.

'정신의 영양섭취'가 끊겨 완전히 메말라 굶주려 있는 자신을 안타깝게 발견한 니체는 지식의 내부에 실재성이 결여되어 있는데 이상주의가 아무런 쓸모가 없다고 판단했다. 이 시기에 니체는 생리학과 의학과 자연과학 공부만을 하면서 바그너 음악과 거리를 두게 되었다. 왜냐하면 '본능에 역행하여 선택한 직업, 마취제 같은 예술'인 바그너 예술에서 황폐감과 굶주림의 느낌을 마비시키고자 하는 반反자연의 욕구를 보았기 때문이다. 곤경에 빠져 쇠약해진 젊은이가 바그너를 '아편'으로 이용해 고통스러운 자신을 잊으려는 시도와는 반대로, 니체는 바그너를 통해 자신을 찾고자 했다.

　　니체는 병이 악화되었을 때 아버지의 요절을 떠올리며 그것을 자기의 운명으로 느꼈다. 그러면서 그는 자신으로 되돌아가기로 결심한다. 특히 눈이 나빠 더 이상 책벌레로 지내지 못하게 되자, 책에서 구제되어 몇 년간 독서를 전혀 하지 않았다. 저자의 말을 듣느라 정신을 잃게 되는 독서를 멈추면서, 니체의 '가장 밑바닥의 자아'가 깨어나 말을 걸기 시작한 것이다. 그래서 삶에서 가장 아팠고 고통스러웠던 시절에 느꼈던 행복보다 더 큰 행복을 가져본 적이 없다고 니체는 고백한다. 질병을 통해 타성에 젖은 나로부터 분리되어 자유롭게 된 결과로 맛본 진정한 '나로의 귀환'은 최상의 회복 그 자체인 셈이다.

　　최초의 비도덕주의자로서 '인간행동'에 대한 결정적이고도 통렬한 분석에 의해 이른 자기의 핵심 명제는 "도덕적 인간이 생리적인 인간보다 예지계에 더 근접하고 있는 것은 아니라"는 사실이다. 왜냐하면 예지계란 애초에 없기 때문이다. 니체는 이러한 명제가 '가치전도'라는 과거의 가치를 파괴하는 과제에 필요한 도구라고 말한다. 그는 또한 이 도구가 인식의 망치질에 의해 단단해지고 날카로워지면 언제나 인류의 형이상학적 욕구의 뿌리를 발본색원하는 '도끼'가 될 것으로 예견한다. 형이상학의 나무를 잘라 내야 인간의 사유는 비로소 자유로워지는 것이다.

아침놀: 편견으로서의 도덕에 대한 사유들

이 책은 화약 냄새도 없고 포격도 없는 '도덕에 대한 니체의 전투'를 서술하고 있다. 도덕이라는 이름으로 숭배받던 것들과 작별을 고하고, 니체는 바다 동물처럼 바위 사이를 쏘다니면서 깊은 곳에서 끌어올린 사유를 펼쳐 보인다.

아침놀이라는 개념은 니체가 인도에서 가져온 것이다. "아직은 빛을 발하지 않은 수많은 아침놀이 있다"는 인도의 비문碑文이 책 앞을 장식하고 있다. 니체는 어디서 "새로운 아침을, 다시 새로운 아침을 여는, 이제껏 발견되지 않았던 은근한 붉은빛"을 찾으려고 한 것인가? 지금까지 모든 것을 부정하고 의심하고 저주해 온 도덕 가치의 지배에서 벗어날 때 새로운 세상을 열어 보이는 긍정과 신뢰의 시선이 생겨난다.

이 긍정의 책은 '자신의 빛'을 발산하며 인간의 '잃어버린 영혼'과 '가책없는 양심'에 삶에 대한 권리를 되돌려 준다. 모든 가치의 전도에서 도덕은 공격받지 않는다. 다만 더 이상 고찰 대상이 되지 않고 무시될 뿐이다.

아침놀에서 시작한 태양이 낮으로 넘어가는 시간이 정오라면, 빛이 가장 밝은 '위대한 정오'는 인간의 자기성찰의 순간을 상징한다. 니체의 과제는 인류 최고의 자기성찰의 순간인 위대한 정오를 준비하는 것이다. 인류는 과거를 회고하고 미래를 내다보면서, 우연과 사제의 지배에서 벗어나 '왜, 무슨 목적으로'라는 질문을 처음으로 제기한다.

이러한 과제는 인류가 지금까지 잘못된 길을 가고 있는 이유가 성직자의 신성한 가르침 아래 부정본능과 부패본능, 데카당스 본능의 유혹이 인간을 잘못 지배하고 있다는 통찰에서 생겨난다. 이처럼 잘못된 도덕가치가 인류의 미래를 결정하기 때문에 도덕가치의 기원이라는 문제가 니체에게 가장 중요한 탐색의 대상이 된다.

지금까지 인류는 나쁜 사람이 만든 가치의 지배를 받아 왔다. 즉 소외받고, 교활하고, 복수욕에 가득 찬 사람들이 세계를 비방하고 인간을 모독하는 소위 '성자'라고 불리는 자들의 지배를 받아 왔다는 사실이다. 성자가 종교 안의 세계뿐만 아니라 종교 밖의 세계도 지배하면서 데카당스, 곧 종말에의 의지가 도덕 그 자체로 간주되기 때문에 비이기적인 자에게는 자비를 베풀지만 이기적인 자에게는 적대감을 표출한다. 도덕은 인간의 행위에서 비이기성을 첫 번째 전제로 삼기 때문이다.

그러나 생리학자는 이기적인 것과 비이기적인 것의 대립을 전혀 의심하지 않고 당연하게 한다. 생존을 위해서는 이기적인 행동이 오히려 더 필수적이기 때문이다. 만일 유기체의 내부에서 가장 작은 기관이라도 자기보존과 자기 힘의 보충, 자기의 이기주의를 완벽하게 관철시키는 데 약간이라도 실패하고 있다면, 유기체 전체가 퇴화하기 마련이다. 생리학자는 퇴화된 부분을 과감히 없애 버리는 데 어떤 연민도 없다. 그러나 사제는 생리학자와 정반대로 인류 전체의 퇴화를 원하기 때문에 퇴화된 부분을 보존하려 한다. 사제가 인류를 지배하기 위해 활용하는 '영혼', '정신', '자유의지', '신' 등은 거짓 개념이고 그러한 도덕의 보조 개념은 인류를 생리적으로 파괴하는 데 기여한다.

만약 도덕을 통해 삶의 자기보존이나 힘의 상승을 무시하고 그 반대인 '빈혈증'에서 '하나의 이상'을 만들어 내고, '몸의 경멸'에서 '영혼의 구원'을 고안해 낸다면, 이것이야말로 인류에게 데카당스를 처방하는 짓이다. 삶의 중심의 상실, 자연적 본능에 대한 저항, 즉 '무사 Selbstlosigkeit'가 지금까지의 도덕의 본질이었다면 『아침놀』의 저술과 함께 니체는 그러한 '탈아Entselbstung'의 도덕에 맞선 전투를 시작한다.

즐거운 학문

『아침놀』이 긍정을 담은 책이라면, 『즐거운 학문』에도 심오함, 장난기, 호의가 들어 있다. 니체는 경이로운 1월의 경험에 감사하며 어떤 심오함에 의해 학문이 즐거운 것이 되었는지 다음의 간단한 시로 짧게 설명한다.

그대는 불꽃의 창으로

내 영혼의 얼음을 흩뜨린다.

내 영혼은 이제 거센 소리를 내며 바다로 향하고

그 최고의 희망으로 서둘러 간다:

끊임없이 더 밝고 끊임없이 더 건강하게,

자유롭게 애정 어린 의무를 가지고—

그리하여 내 영혼은 그대의 기적을 찬미한다.

그지없이 아름다운 그대 1월이여!

차라투스트라는 이렇게 말했다

니체는 『차라투스트라는 이렇게 말했다』의 내용을 설명하면서 무엇보다 영원회귀에 큰 의미를 부여한다. 니체에 따르면 이 책의 근본 사상인 영원회귀사유는 인간이 도달할 수 있는 최고의 긍정 형식이다. 이런 최고의 긍정 형식이 1881년 8월에 떠올라 '인간과 시간의 6천 피트 저편'이라는 메모와 함께 종이 한 장에 휘갈겨 적혔다.

실바플라나Silvaplana 호수의 숲을 걷던 니체, 피라미드 모습으로 우뚝 솟아오른 거대한 바위 옆에서 그의 머릿속에 영원회귀사상이 떠올랐다. 『차라투스트라는 이렇게 말했다』 마지막 부분은 리하르트 바그너가 베네치아에서 사망했던 시간에 완성되었다. 이 책의 잉태 기간은 모두 18개월이다. 바로 2년 전은 니체가 「삶의 찬가」 악보를 출간했을 즈음 긍정의 파토스가 니체에게 깃들었던 시기다.

　루 살로메에게 영감을 받아 쓴 가사에는 고통을 삶의 대척점으로 여기지 않고 고통을 오히려 행복의 조건으로 여기는 니체의 모습이 보인다. 1886년 가을 제노바Genova 라팔로Rapallo의 만에 가까운 해변을 니체가 다시 찾았을 때 『차라투스트라는 이렇게 말했다』 1부 전체의 내용이 떠올랐다.

　니체를 엄습한 차라투스트라의 유형을 이해하려면 우선 그의 생리적 조건인 '위대한 건강'에 대해 알아야 한다. "우리 새로운 자, 이름이 없는 자, 이해하기 어려운 자는 아직 증명되지 않은 미래의 조산아"로서 하나의 새로운 목적을 위해 하나의 새로운 수단인 '새로운 건강'을 필요로 한다. 그것은 이전의 어떤 건강보다도 더 강하고, 더 능란하고, 더 질기며, 더 대담하고, 더 유쾌한 건강이다.

　지중해의 모든 해안으로의 항해를 갈망하는 영혼처럼 기존의 모든 가치를 체험하려는 자, 이상을 발견하고 정복하면서 자기 고유의 경험이라는 모험을 통해 세계를 인식하려는 자는 위대한 건강을 갖추어야 한다. 하지만 위대한 건강은 한 번 보유하는 것으로 끝나는 게 아니라 계속 획득해야만 하기 때문에, 예전의 건강은 사라지고 새로운 건강이 채워지는 과정이다. 마치 뱃사람으로서 현명하기보다는 용감해야 가끔 난파를 당해도 위험을 감수할 만큼 더 건강해질 수 있다. 위대한 건강을 지닌 자는 오랜 항해의 대가로 누구도 경계를 보지 못한 미지의 땅을 발견하게 된다. 지적 호기심이나 소유욕으로는 찾을 수 없는 새로운 땅이다.

이 책은 영감으로 쓰였기 때문에 차라투스트라 1부, 2부, 3부, 4부는 각각 열흘이면 완성하는 데 충분했다. 이 책을 모두 쓰는 데 1년이 채 걸리지 않았다. 그러나 짧은 시간에 쓰면 고생도 적지 않았다. "'불멸하기 위해서는 비싼 보상"을 치러야 하기 때문에 위대한 작가는 "불멸을 위해서는 생전에 여러 번 죽어야 하는 법"이다. 니체가 작품을 완성하는 데 겪은 참을 수 없는 고통은 원한 감정과 고독이다. 불멸의 작품을 쓰는 데 필요한 원동력은 모든 창조적 행위, 가장 독창적이고 가장 내적이며, 가장 심층적인 데서 나오는 모든 행위가 전제로 하는 힘인 '방어력'이다. 즉 외부에 반응만 하지 않고 자기 사유의 독자성을 지켜 낸 것이다.

넘쳐나는 힘으로 쓰인 이 책은 단연 독자적이다. 디오니소스적이라는 개념이 이 작품에서 최고의 행위가 되었기 때문에 열정과 깊이에서 괴테나 셰익스피어, 단테, 베다Beda의 작품보다 더 위대하고 풍부하다고 니체는 자부한다.

초인은 매 순간 자신을 극복함으로써 최고의 현실이 되기 때문에 이미 지금까지 '인간에게 가장 위대하다'고 불려 온 것은 초인의 이상에 미치지 못한다. 차라투스트라라는 유형에서는 모든 것을 자신 안에 포괄하는 능력이 위대함의 본질이 된다. 차라투스트라는 자신이 만든 넓은 공간을 통해 대립적인 것에 접근할 수 있다는 점에서 자신이 모든 인간의 유형 중에 최고라고 말한다. 그렇기 때문에 그 내부의 모든 것은 순류와 역류, 썰물과 밀물을 동시에 지니고 있는, 자기 자신을 가장 사랑하는 영혼이다.

차라투스트라는 디오니소스 개념 그 자체와 같다. 차라투스트라의 유형은 심리적인 관점에서 볼 때 지금까지 모든 것을 부정하는 정신의 반대, 곧 긍정이라고 말할 수 있다. 무거운 운명과 숙명을 지닌 차라투스트라가 가볍고 피안적일 수 있는 이유는 '춤추는 자'이기 때문이다. 가장 심연적인 사유를 하는 차라투스트라는 삶의 영원회귀에 반박하지 않고 모든 것에 대한 영원한 긍정 자체일 수 있는 근거를 갖게 된다. 그러나 처음부터 삶을 축복하는 근거가 있었던 것은 아니다.

차라투스트라는 인간의 존재를 못생긴 돌에 빗대 설명한다. 인간이 사랑의 대상도 아니고, 결코 동정의 대상도 아니라면서 차라투스트라는 인간에 대한 '구토'를 극복하고자 한다. 원래 인간은 '조각가를 필요로 하는 기형이고, 소재이며, 보기 흉한 돌'이기 때문에 차라투스트라는 구토를 느꼈다. 인간은 원래 미완성의 거친 돌이기 때문에 그 자체로 긍정될 수 없어 다른 모습으로 바뀌어야만 했다.

차라투스트라는 다음과 같이 외친다.

"신들이 거기 있다면, 창조할 게 뭐 있겠는가? 그러나 내 불타는 창조 의지는 끊임없이 새롭게 나를 사람들에게로 내몬다: 이렇게 망치를 돌로 내모는 것이다. 아아, 너희 인간들이여. 돌 속에 하나의 형상이, 형상 중의 형상이 잠자고 있다! 아아, 그 형상이 가장 단단하고도 가장 흉한 돌 속에 갇혀 잠을 자야만 한다니!"

　　그렇다면 어떻게 아직 모양을 갖추지 않은 돌 안에 잠들어 있는 형상을 깨어 낼 수 있는가? 그것은 망치질이다. 형상을 가두고 있는 감옥인 돌을 망치로 깨서 차라투스트라는 인간을 완성하고자 한다. 초인의 아름다움이 '그림자'로서 다가온다. 때문에 그림자를 모방함으로써 돌을 깎아 내는 조각술은 덜 힘들다. 그림자는 가장 조용하고 경쾌한 것이며, 초인의 아름다움으로 다가온다. 이러한 초인의 그림자는 세계를 창조한 신의 의지와는 상관이 없다. 차라투스트라는 '초인의 그림자'와 똑같은 이상적인 인간을 자신의 힘으로 완성할 수 있게 된다.

　　자연적인 원석을 깎아 하나의 예술 작품을 만드는 조각술이라는 디오니소스적 과제를 위해서는 망치의 단단함과 파괴할 때의 기쁨 자체가 결정적인 전제 조건이 된다. 디오니소스가 창조와 파괴의 기쁨을 동시에 상징하기 때문에 '인간은 돌처럼 단단해져야 한다'는 명령과 함께, '모든 창조자는 단단하다'는 심층적인 확실성이 디오니소스적 본성을 특징짓는 명제가 된다. 그 결과 조형적 예술 작품으로서의 삶이 비로소 긍정될 수 있다.

선악의 저편: 미래 철학의 서곡

니체의 수년간의 과제는 긍정하는 부분을 먼저 해결한 다음 부정하는 부분을 나중에 다루는 식으로 순서가 미리 정해졌다. 따라서 지금까지의 가치 자체를 전도하는 것은 '위대한 전투'의 시작이므로 이제 결단의 순간만이 남은 것이다.

1886년에 나온 이 책은 현대성에 대한 비판을 다루고 있다. 그 대상은 현대학문, 예술, 정치를 포함하며, 현대와 반대편에 서서 고귀하고 긍정적인 유형의 인간을 교육하는 '귀족 학교'에 대한 암시도 포함되어 있다. 가장 정신적이고, 가장 철저하게 상정된 귀족 학교의 개념에 맞게 신체에 용기를 갖추는 사람은 데카당스나 허무주의라는 시대의 유형과는 반대되는 존재다. 『차라투스트라는 이렇게 말했다』가 멀리 보기를 강조했다면 이 책 『선악의 저편』은 가까이 보기를 강조한다. 가장 가까이 있는 것, 즉 우리 시대, 우리 주변을 예리하게 파악해야 한다.

도덕의 계보

『도덕의 계보』를 구성하는 세 편의 논문은 니체의 작품 가운에 가장 섬뜩한 것으로 평가할 수 있다. 세 논문의 내용은 다음과 같이 심리학에 근거한다.

첫 번째 논문은 기독교의 심리에 관한 것이다. 논문에 따르면 기독교는 우리가 믿고 있는 것처럼 정신에서 탄생한 것이 아니라 원한 감정에서 생겨났다. 따라서 기독교는 본성상 하나의 반동反動이자 '고귀한 가치의 지배에 맞선 대봉기'에 불과할 뿐이다.

두 번째 논문은 양심의 심리를 파헤친다. 양심이란 보통 믿고 있는 것처럼 인간 내부에 울리는 신의 음성이 아니다. 양심은 더 이상 바깥으로 향해 폭발할 수 없게 되어 자기를 향해 칼끝을 돌리는 잔인함의 본능이다. 이러한 잔인함이 도덕성을 이루는 가장 오래되고 가장 떨쳐 버리기 힘든, 문화의 하부 토대라는 사실이 처음 밝혀진다.

세 번째 논문은 '금욕주의적 이상, 사제적 이상'이 인류에게 매우 '해로운 이상, 종말 의지, 데카당스의 이상'임을 밝히고 그 이상이 갖고 있는 거대한 힘이 어디서 유래하는지 밝혀내고자 한다. 그동안 인류가 금욕주의적 이상에 사로잡혀 있었던 것은 우리가 믿고 있는 것처럼 신이 사제들의 배후에서 활동하고 있어서가 아니라 오히려 금욕주의적 이상보다 더 나은 것이 없었기 때문이다. 금욕주의의 이상이 지금까지의 유일한 이상이어서 그것의 경쟁 상대가 없었다. 그래서 금욕주의적 이상은 더 막강한 힘을 발휘하게 되었다.

인간은 아무것도 원하지 않는 것보다는 차라리 무無를 원하기 때문에 실재하지 않는 피안, 천국, 구원, 영생 등과 무를 동경함으로써 존재의 의미를 찾았다. 세상에 없는 것이라도 원함으로써 의미를 찾을 수 있다면 인간은 무의미의 두려움에서 벗어날 수 있었기 때문이다.

이렇게 『도덕의 계보』에는 모든 가치의 전도를 위한 세 가지 비판이 들어 있는데, 가장 주목할 점은 '최초의 사제 심리학'이 포함되어 있다는 사실이다. 사제들이 금욕주의적 이상을 통해 오히려 세상을 더 잘 지배할 수 있는 권력의 수단을 마련했다는 지적이다.

우상의 황혼: 어떻게 망치를 들고 철학하는지

150쪽밖에 되지 않는 이 짧은 에세이는 예외적으로 풍부하고 독자적이며 파괴적인 책이다. 우상이 의미하는 바는 간단하게 지금까지 진리라고 불려 온 것이다. 『우상의 황혼』이라는 제목은 인간이 받들어 왔던 옛 진리가 모두 종말을 맞이하게 된다는 뜻을 담고 있다.

이 책은 현실성과 이상성을 모두 다루는데, 영원한 우상만이 아니라 가장 젊은 우상들, 그래서 가장 여린 우상도 파괴한다. 가령 현대에 등장한 이념도 마치 세찬 바람에 낙엽이 떨어지듯이 사라진다. 땅에 떨어져 발에 밟히는 진리가 너무 많지만, 더 이상 의심스럽지 않은 진리를 손에 넣기 위해서는 결단이 필요하다.

진리의 척도를 손에 넣을 근거를 갖고 있는 최초의 사람으로, 진리를 결정할 수 있는 제2의 자의식을 갖고 있다고 자부한다. 지금까지 사람들이 진리로 향하는 길이라고 부른 것은 아래로 향해 달렸던 비뚤어진 궤도에 지나지 않았다. 선한 인간은 옳은 길에 대해 가장 무지했던 자다. 니체 이전에는 사람들이 옳은 길, 즉 위로 향한 길을 알지 못했다고 단언한다. 니체를 시작으로 비로소 문화의 희망들과 과제들, 예정된 길이 다시 생겨난다. 니체는 자신이 이처럼 새로운 복음을 전하는 자가 된 것을 하나의 운명으로 느낀다.

바그너의 경우 - 한 악사의 문제

니체가 '음악의 운명'으로 인해 괴로움을 느꼈다면 음악이 세계를 미화하고 긍정하는 자기의 특성을 빼앗겨 버리고 말았다는 점, 음악이 데카당스 음악이 되었으며 더 이상은 '디오니소스의 피리'가 아니라는 점 때문이다. 니체는 바그너처럼 음악의 문제를 자신의 문제로 느껴서는 안 된다고 말한다. 바그너라면 이 책에 호의적인 비웃음을 느꼈겠지만, 공박할 근거를 잘 알고 있는 바그너를 니체가 직접 비판하진 않았다. 사랑했던 바그너를 대신해 다른 사람이 쉽게 알아차리지 못하는 노회老獪한 '미지의 사람'에 대한 공격이 이루어졌다. 니체가 선택한 방법은 독일 미래 세대에 대한 비판이다.

니체가 말하는 독일 민족의 문제점은 "대립되는 것들 사이에서 어느 편도 들지 않는 것! 이런 위장의 중립성과 무사성無私性, Selbstlosigkeit, 모든 것이 맛있다고 느끼며 모든 것에게 동등한 권리를 부여하는 공평한 독일적인 미각"의 성향이다. 한마디로 독일인은 이상주의자의 잘못된 미각을 지녔다.

독일 역사가는 문화의 진행과정과 문화의 가치에 대한 거시적 안목을 상실하면서 정치와 교회의 어릿광대로 전락했고, 게르만 민족이 역사상의 도덕적인 세계 질서와 자유의 소유자이자 도덕과 정언명법의 재건자라는 환상을 갖는다.

니체가 볼 때 독일인은 르네상스를 파괴한 데 책임을 져야 한다. 그 이유는 진리와 실재를 대면하지 못하고 피하려는 경향으로, 본능처럼 된 비진실성 때문에 독일인이 이상주의를 지지하기 때문이다. 마지막 위대한 시대, 르네상스에서 최고의 질서인 삶을 긍정하고 미래를 보증하던 고귀한 가치가 그것과 반대되는 하강의 가치를 이기려던 순간에 독일인은 그 시도를 실패로 이끌었다.

유럽을 통일할 수 있던 상황에서 독일은 나폴레옹이 보여 준 기적의 의미를 제거해 결국 영원히 유럽의 소국으로 남게 한 데 책임이 있다. 지금까지 독일인은 거대한 운명으로부터 겨우 독일이라는 작은 나라인 "쥐새끼 한 마리"를 낳으려고 모든 수단을 동원한 셈이다. 독일인은 '유럽의 의미'와 유럽의 이성마저 없애 버렸다. 이제 막다른 골목에서 유럽의 여러 민족을 다시 엮는 과제를 니체는 자신만이 수행할 수 있다고 자신한다. 니체는 이미 러시아인, 스칸디나비아인, 프랑스인 등으로 확장되고 있는 자신의 독자가 더 늘어날 것이라고 예언한다. 니체의 사유를 공유하는 독자가 늘어나면 유럽의 문화적 연대도 확고해질 수 있을 것이다.

독일인은 정직성이 결여된 '무의식적인 위조범'이다. 그 예로 독일 철학자 라이프니츠와 칸트는 유럽의 지적 정직성의 발전을 가로막는 두 개의 거대한 제동장치다. 독일 철학자는 한갓 '베일을 만드는 자 Schleiermacher'일 뿐이다. 독일 정신은 니체에게 '역겨운 공기'와 같다. 오히려 프랑스인 라 로슈푸코와 데카르트가 가장 뛰어난 독일인보다 백배 더 나은 정직성을 갖는다.

반면 독일인은 선량하고 저급하고 동등하게 대하지만 자신의 발로 걷는 법조차 모르는 천민이다. 잔인하게 말해 독일인은 발이 없이 다리만을 갖고 있다. 그 사실을 모른 채 독일인들은 자신이 얼마나 비천한지조차 깨닫지 못하는 부끄러움을 모르는 민족이다.

왜 나는 하나의 운명인지-다이너마이트

니체는 "자신의 운명을 안다"고 고백하면서, 언젠가 자신의 이름에 '엄청난 것에 대한 회상'이 덧붙여질 것이라고 예언한다. 이 회상이란 지금까지 신성시된 모든 것에 대한 거역을 불러일으키는 결단의 회상이다. 니체는 자신을 '다이너마이트'라고 단언하면서 도덕의 파괴를 자신의 운명으로 여겼다.

지금까지 신성한 영역이었던 종교는 '천민의 사건'에 불과하다. 따라서 종교적인 인간과 접촉한 후에 손을 닦을 필요가 있다. 니체는 기독교에서 인정받는 신자나 성자이기를 거부하고 차라리 어릿광대이고 싶다고 말한다. 성자보다 더한 거짓말쟁이가 없기 때문이다. 니체에게 우리가 자명하게 믿고 있는 진리는 끔찍한 것이다. 왜냐하면 지금까지 거짓이 진리라고 불렸기 때문이다. 이제까지 잘못된 모든 가치의 전도가, 인류 최고의 자기성찰을 통해 바로잡힌 니체의 정식이 된다. 니체의 운명은 자신이 꼭 분별 있는 최초의 사람이고 수천 년간의 거짓에 맞서는 대립자로 인지되기를 원하는 것이다. 최초로 진리를 발견한 자로서 거짓을 거짓으로 최초로 경험한 천재성의 소유자로 인정받고 싶은 희망이다.

가치의 전도에서 니체는 단순히 가치를 부정하자고 말하는 것이 아니다. 그는 진정한 복음을 전달하는 자로서 희망을 갖고 드높은 과제를 수행한다는 점에서 숙명적인 사람이다. 수천 년간의 거짓에 맞서 지금까지 한 번도 벌어지지 않았던 전대미문의 전쟁을 벌인다면, 거짓 위에 세워진 옛날의 권력 구조는 사라지고 니체가 꿈꾸는 위대한 정치가 시작될 것이다.

니체가 말하는 "인간의 운명에 대한 정식"은 인간이 선과 악의 창조자가 되는 것이다. 선과 악의 창조자가 되려면 먼저 파괴자가 되어야 한다. 이러한 점에서 도덕적 가치의 파괴를 의미하는 최고악은 최고선, 정확히 말해 창조적 선에 속한다. 파괴할 때의 즐거움을 디오니소스 예술을 통해 잘 알고 있는 니체는, 부정하는 행위를 긍정의 말에서 분리시킬 줄 모르는 자신의 디오니소스적 본성에 따라 파괴와 창조의 뿌리가 같다는 성질을 이해한다. 부정은 긍정과 분리될 수 없다는 점에서 긍정이며, 긍정을 위한 것이다. 마찬가지로 파괴는 창조의 필요조건이 된다. 니체는 자신을 "파괴자 중의 파괴자"라고 말하면서 파괴의 즐거움인 디오니소스의 본성을 이해한다.

최초의 비도덕주의자인 니체가 들여온 '차라투스트라'의 이름이 뜻하는 바는 조로아스터교와는 무관하다. 페르시아인의 역사에 등장하는 차라투스트라는 니체가 말한 차라투스트라와 그 의미가 정반대다. 페르시아의 역사에 따르면 차라투스트라는 도덕의 창시자이지만 그 오류를 인식한 자이기 때문에 도덕적 세계 질서에 대한 반박을 상징하는 인물이다.

차라투스트라가 말한 자기극복에서 가장 중요한 최고의 덕은 진실성이다. 진실성은 실재성 앞에서 도피하는 이상주의자의 비겁과 다르다. 차라투스트라라는 이름은 진실성에서 나오는 도덕의 자기극복, 도덕주의자들의 내적인 자기극복을 의미한다.

비도덕주의자는 두 가지 부정을 내포한다. 첫째는 최고라고 여겨졌던 인간 유형, 즉 선한 인간, 호의적인 인간, 선행하는 인간을 부정하는 것이며, 둘째는 도덕 그 자체로서 행사되고 지배적이 되었던 도덕 유형, 즉 데카당스 도덕, 구체적으로 기독교 도덕을 부정한다. 여기서 두 번째 부정이 더 중요한 이유는 도덕적인 선의와 호의에 대한 과대평가가 데카당스의 결과이자 약함의 징후로, 상승하고 긍정하는 삶과는 화합할 수 없는 것이기 때문이다.

도덕적으로 선한 인간의 심리를 들여다보면 존재 조건이 거짓이다. 그들은 현실이 근본적으로 어떻게 구성되어 있는지 객관적으로 보려고 하지 않고, 그저 나쁜 현실을 부정하기만 한다. 그러나 생각해 보면 선의보다 정동과 욕구, 힘에의 의지라는 인간의 실재성이 더 영향력이 큰 것이 사실이다. 전체를 보는 거시 경제에서 실재성의 무시무시함은 소위 선의라고 말하는 작은 형태의 행복보다 측정할 수 없을 정도로 더 필연적이다.

선의는 본능에 대한 거짓말을 전제한다. "선한 인간은 거짓으로 본능을 기만하며 진실을 말하지 않는다. 세계는 호의적인 무리들이 발명한 작은 행복을 위한 본능에 기초하지 않는다." 선의라는 의미는 도덕에서 이타성에 대한 요구로 삶을 '거세'하는 것과 같다.

이타적으로 되어야 한다는 도덕적 요구는 삶에서 위대한 특성을 빼내 버리는 것이며 인류를 거세하는 것을 의미한다. 차라투스트라에 따르면 선한 인간은 사실 악한 인간이다. 차라투스트라가 '종말인, 종말의 발단'으로 부르면서 선한 인간을 가장 해로운 인간 유형으로 여긴 이유는, 그들이 진리와 미래를 희생시켜 자신의 존재를 관철시켰기 때문이다. 자신의 미래를 위해 타인을 십자가의 희생으로 삼는 소위 선한 인간이 가장 해롭다. 오히려 선한 자의 가면을 벗겨 낸 최초의 심리학자인 차라투스트라는 악한 자의 친구이고자 한다. 데카당스는 강한 삶의 힘을 약화시킨다. 데카당스 유형의 인간이 최고의 인간 유형으로 상승하려면 그 반대 유형인 강하고도 삶을 확신하는 인간 유형의 희생이 전제되어야 한다.

동물이 순수한 덕으로 빛날 때 예외적인 인간은 악으로 폄하된다. 마찬가지로 선한 자가 자신이 진리라고 기만할 때 진정 진실된 자는 최악의 이름, 곧 '악마'로 불린다. 소위 선한 자, 정의로운 자는 초인마저 악마라고 비난한다.

이 세계와 인간을 선과 악으로 덧칠하는 도덕적 편견에 맞서 차라투스트라가 구상하는 위대한 인간 유형은, 현실을 있는 그대로 생각할 정도로 충분히 강하며, 그런 현실에서 소외되지도, 멀리 떨어져 있지도 않은 존재다. 현실 자체를 긍정하기에 현실의 끔찍하고도 의심스러운 모든 것을 자기 내부에도 품는다. 도덕을 극복한 인간은 높고 멀리 바라보는 시각, 그리고 이제껏 전혀 들어 보지 못했던 심리적인 깊이와 심연을 갖는다.

기독교 도덕의 이상에는 세계를 비방하는 독기가 있다는 것을 최초의 심리학자인 니체가 밝혀낸다. 니체가 자신을 기만하는 고등사기꾼, 이상주의자와 반대인 최초의 심리학자가 된 것은 하나의 운명일 것이다.

니체는 심리학의 관점에서 기독교적 도덕의 병폐를 알아차렸지만 사람들이 기독교적 도덕의 문제에 눈뜨지 못한 것은 본능이 되어 버린 자기기만 때문이다. 기독교는 심리적 사항에 대한 위조이자 삶에 대한 범죄다.

니체를 제외한 모든 인간, 최초의 인간과 최후의 인간을 포함해 모두가 기독교에 대해 맹목적이라는 점은 마찬가지다. 기독교는 지금까지 유일하고 절대적인 도덕적 존재였지만, 더 불합리하고 더 기만적이며, 더 허영기 있고 더 경솔하며, 자기 자신에 대해서도 더 유해한 것이 분명하다. 기독교적 도덕은 가장 악의에 찬 형식의 거짓 의지이며,

인류에 대한 진정한 키르케Circe(그리스 신화에 등장하는 마녀)로서 인류를 완전히 망쳐 버렸다.

　　인류가 범한 가장 큰 오류는 수천 년간 선한 의지를 가지고 인간의 정신을 지배해 온 것이 아니라, 자연성이 결여된 기독교를 신봉했다는 점이고, 반자연 자체가 도덕으로서 최고의 명예를 부여받은 법칙이자 정언명법으로서 인류 위에 걸려 있었다는 점이다.

　　지금까지의 도덕은 데카당스다. 삶의 최고 본능을 경멸하라고 가르치며, 육체를 모욕하기 위해 영혼과 정신을 날조해 내고, 삶의 전제인 성性에 대해 불결하다고 느끼게 했다. 또한 생명의 성장을 위해 가장 필요한 이기심에서 악의 원칙을 찾고, 그 반대인 무사와 무게중심의 상실, 탈개인화와 이웃사랑, 탈아의 도덕에 더 높은 가치를 두는 것이다.

　　도덕은 삶의 부정으로서 데카당스의 가치만을 최고의 의미로 잘못 가르쳤다. 인류보다 더 퇴락할 위험이 있는 기생충 같은 성직자는 도덕이라는 수단을 가지고 자기들이 인류의 가치를 결정하는 자라고 속여 기독교 도덕에서 자신을 권력에 이르게 해 주는 수단을 간파한다. 그러나 이들의 가치가 속한 데카당스는 모든 가치를 삶에 적대적인 것으로 전도시켜 도덕을 만들었다. 도덕의 정의定意에 따르면 도덕은 삶에 보복하려는 숨은 의도를 갖고 있는 데카당의 특이한 성질이다.

　　니체가 차라투스트라를 통해 말했던 전부는 기독교가 무엇인지 알아차린 후 그 거짓을 부수고자 하는 것이다. 기독교 도덕을 해명하는 자는 하나의 불가항력이자 맞닥뜨려야 할 하나의 운명으로 인식하며 진리의 번개를 통해 모든 도덕을 파괴하고자 한다.

만약 사람들이 지금까지 진리라고 불러 온 모든 것이 거짓이며, 인류를 개선한다는 신성한 구실이 오히려 "삶의 피를 빨아 삶을 빈혈증을 앓게 만드는 책략"이라는 것을 깨닫게 되고, '흡혈귀로서의 도덕'이 무가치하다는 것을 알게 되면, 존경받던 성자도 불구이며 그들을 유혹했던 신 개념은 삶의 반대 개념으로서 고안된 장치였다는 것을 파악하게 된다.

신의 개념은 삶의 반대다. 신은 건강한 삶에 대한 적개심을 바탕으로 피안, 참된 세계를 고안하는 근거가 되었으며, 존재하는 유일한 현실의 가치를 없애고 탈가치화하기 위해, 즉 지상에 아무런 목표나 과제를 남기지 않기 위해 영혼 개념, 정신 개념, 결국 영혼의 불멸 개념을 고안하는 근거가 되었다. 이뿐만 아니라 몸을 경멸하고, 몸을 병들게 만들기 위해, 그리고 삶에서 당연히 중요한 것, 즉 영양섭취, 주거지, 정신적인 섭생, 병의 치료, 청결, 기후 등의 문제에 형편없이 경솔하게 대처하도록 만든다. 신체의 건강 대신 영혼의 구원을 강조하는 것은 기독교인이 경험하는 참회의 경련과 구원의 히스테리 사이에서 오락가락하는 조울증적 광기다.

죄는 인간의 자유의지라는 개념과 본능에 대한 불신, 혼란을 가져오기 위해 만들어졌다. 이기적인 인간과 이기적이지 않는 인간을 대립하게 함으로써 자기부정, 자기파괴, 자기무용성을 인간의 의무, 성스러움, 신적인 것으로 만들어 선한 인간이 도태의 법칙에 어긋난 약자와 병자, 실패자와 스스로 고통받는 자, 즉 몰락해야만 하는 모든 것의 편을 들도록 한다. 이상주의가 긍지를 가진 건강한 인간에 대한 반박에서 나왔기 때문에 그 결과 긍정하는 인간과 확신하며 미래를 보증하는 인간은 악인으로 낙인찍힌다.

니체는 지금까지의 가치를 전도하기 위해 지금까지 도덕으로 믿어 온 모든 것을 분쇄하려고 한다. 니체는 다음과 같은 물음으로 책을 마무리한다. "나를 이해했는가? ─ 디오니소스 대 십자가에 못 박힌 자." 니체는 디오니소스의 추종자로서 기독교적인 가치에 맞서는 본격적인 전투를 시작한 것이다.

Umwerthung aller Werthe: das ist meine Formel für einen Akt höchster Selbstbesinnung der Menschheit, der in mir Fleisch und Genie geworden ist. Mein Loos will, dass ich der erste anständige Mensch sein muss, dass ich mich gegen die Verlogenheit von Jahrtausenden im Gegensatz weiss⋯ Ich erst habe die Wahrheit entdeckt.

모든 가치의 전도: 이것이 내 안에서 살이 되고 천재가 되어 있는 인류 최고의 자기성찰에 대한 내 방식이다. 내 운명은 내가 꼭 최초의 적당한 사람이기를. 내가 수천 년간의 거짓에 맞섰다는 사실을 아는 것이다⋯. 나는 최초로 진리를 발견했다.